47都道府県・
温泉百科

山村　順次 著

丸善出版

まえがき

　日本では観光において、温泉地で憩うことを目的の一つにしたいと思っている人が多いのではないだろうか。四季折々の優れた自然景観の真っ只中に身をおいて、忙しい日常生活の疲れを癒し、また地域色を今に残す歴史的町並みを歩いて先人の労苦を感じることもあろうが、宿泊場所はできれば温泉地であることを望んでいるのであろう。宿泊客が大地の底から湧き出した天然の温泉に浸かって、旅の疲れを取るのはもちろんだが、日々の厳しい労働を強いられる農漁民にとっては、温泉入浴によって心身を癒す湯治や保養は古くからの生活習慣であった。温泉資源が豊富な日本で生を受けたものとして、温泉の恵みを感じない人はいないと思われる。

　ところで、観光という言葉は中国古代、周の『易経』にある「国の光を観るは以って王に賓たるによろし」に因んでいる。為政者は他国を視察して参考とすべきことを見聞し、すなわち光を学び、自国の発展に資することが大切であるということであり、そこには移動の概念も含まれている。また、観光には「優れたもの」「誇示する」の意味があり、江戸幕府13代将軍の徳川家定は、オランダ国王ウィルヘルム３世から贈られた軍艦に「観光丸」と命名した。観光の英訳である Tourism は、ラテン語の Tornus（轆轤）が語源であるといわれ、観光客が観光地をめぐり、再び戻ってくることがその本質である。

　世界的にみても、日本ほど温泉資源に恵まれ、古来温泉を浴用や飲用に利用して人々の療養や保養に活かし、さらに現在では観光に欠かせないほどに温泉地が客を集めている国はないであろう。山の一軒宿の秘湯から大小の温泉ホテルや旅館が建ち並ぶ観光温泉都市に至るまで、全国各地に約3,100カ所もの多様な温泉地が存在してい

るのである。

　近年、各温泉地は厳しい社会経済の波に対応しながら経営努力を続けている。しかし、手軽に利用できる日帰り温泉施設の急増もあって、環境省の最新統計では温泉地での年間延べ宿泊客数は約1億2,000万人であり、最盛期の1990（平成2）年代の1億4,000万人に比べて2,000万人も減少し、最近の1年間でも450万人の減少を示している。

　温泉地への志向性が多様化している現在、数多くの個性的な温泉地を国民の療養、保養、健康増進、観光の場として位置づけ、地域的に機能分化させて宿泊客の増加を図ることが必要であると思われる。そのためには、まず各温泉地の当事者が今一度、先人の築き上げた温泉地域形成への努力の跡を探り、地域の歴史に学ぶ姿勢をもつことが大切である。同時に、来訪した温泉客の志向性を把握して、ホスピタリティ豊かな姿勢で事に当たることが求められる。

　そこで本書では、第Ⅰ部の総論「温泉と温泉地」において、温泉の定義と湧出、泉質と効用、温泉地の発達、温泉地の現状と課題などを概説した。読者には日本の温泉と温泉地の本質とその意義を踏まえた上で、温泉地での思い出深い余暇を過ごしていただきたいからに他ならない。第Ⅱ部の「都道府県別・温泉地とその特色」では、多様な温泉地を47都道府県別に選定し、その立地、歴史、温泉資源や温泉地の特色、観光対象、交通などをまとめたが、温泉地の形成に尽力した先人の足跡にも触れて、温泉地での滞在を豊かなものにするための解説を心がけた。

　温泉地の選定については、まず環境省の2012（平成24）年度の最新資料により、年間延べ宿泊客数の多い100温泉地のうち資料の整っている94温泉地を取り上げた。次いで、今後の温泉地の振興にとって大きな役割を果たすべき環境省指定「国民保養温泉地」92地区を紹介した。さらに、その他の主な温泉地や地域性豊かな温泉地などを加え、合計300ほどの温泉地を紹介した。

本書が温泉地を利用する観光客や保養客のみならず、温泉地における観光経営者や地域住民にとっても、日本の多様な温泉地の特性を知り、各温泉地の持続可能な発展を図る際に参考とするところがあれば幸いである。

　　2015年11月

　　　　　　　　　　　　　　　　　　　　　　　　山　村　順　次

目　　次

第Ⅰ部　温泉と温泉地

1. 温泉の定義と湧出 …………………………………… 2
温泉の定義　2 ／ 温泉の湧出　4

2. 温泉の泉質と効用 …………………………………… 5
温泉の泉質　5 ／ 温泉の効用　9

3. 温泉地の発達………………………………………… 16
古代　16 ／ 中世　18 ／ 近世　19 ／ 近代　23 ／ 現代　26

4. 温泉地の現状と課題………………………………… 30
温泉地の分布　30 ／ 温泉地の取り組み　32 ／ 温泉地の評価と志向性　37 ／ 温泉地の課題とあり方　42

第Ⅱ部　都道府県別・温泉地とその特色

北海道　46 ／【東北地方】青森県　63 ／ 岩手県　68 ／ 宮城県　75 ／ 秋田県　79 ／ 山形県　84 ／ 福島県　92 ／【関東地方】茨城県　100 ／ 栃木県　102 ／ 群馬県　109 ／ 埼玉県　119 ／ 千葉県　121 ／ 東京都　126 ／ 神奈川県　128 ／【北陸地方】新潟県　133 ／ 富山県　140 ／ 石川県　143 ／ 福井県　149 ／【甲信地方】山梨県　151 ／ 長野県　155 ／【東海地方】岐阜県　166 ／ 静岡県　171 ／ 愛知県　180 ／【近畿地方】三重県　182 ／ 滋賀県　186 ／ 京都府　188 ／ 大阪府　190 ／ 兵庫県　192 ／ 奈良県　198 ／ 和歌山県　200 ／【中国地方】鳥取県　204 ／ 島根県　208 ／ 岡山県

212 / 広島県　215 / 山口県　218 /【四国地方】徳島県　221 / 香川県　223 / 愛媛県　225 / 高知県　229 /【九州・沖縄】福岡県　231 / 佐賀県　234 / 長崎県　238 / 熊本県　242 / 大分県　248 / 宮崎県　257 / 鹿児島県　259 / 沖縄県　264

付録　267

参考文献　305
索引　307

第Ⅰ部

温泉と温泉地

1 温泉の定義と湧出

温泉の定義

　温泉とは、その字句のように地下から湧き出た温かい水（泉）のことであるが、世界各国の定義づけには若干の違いがある。人間が冷水と温水を区別できる温度は34.5℃であるといわれ、温泉医学的にはそれ以上の温度の湧泉を狭義の温泉としている。しかし、一般的に地下水の温度はその土地の年平均気温より1〜4℃ほど高いので、湧出した地下水の温度がそれ以上であれば、地下にある種の熱源があるとして、これを温泉とすることができる。

　世界各国では、1911（明治44）年にドイツのナウハイム温泉で開かれた世界温泉会議での決議、すなわち20℃以上の湧出泉の温度と16種類の成分の値を参考にして、温泉を定義づけている。例えば、湧出温度では日本や韓国、南アフリカは25℃以上、イギリス、フランス、ドイツ、イタリアなどの西ヨーロッパ諸国では20℃以上、アメリカ合衆国では21.1℃（70°F）以上を温泉と規定している。日本の温泉の定義で、雨水が浸透して地下から湧出した温水や鉱水の温度を25℃以上としたのは、第2次世界大戦前には台湾が日本の統治下にあり、現在より年平均気温が若干高かったためといわれる。

　日本の温泉法は、1948（昭和23）年7月に制定された。その第2条に、「この法律で温泉とは、地中からゆう出する温水、鉱水及び水蒸気その他のガス（炭化水素を主成分とする天然ガスを除く）で、別表に掲げる温度又は物質を有するものをいう。」とあり、**表1**のように温泉と温泉源の定義づけをしている。すなわち、温度が25℃以上か、または25℃未満であっても定められた19種類の物質を一つでも規定量以上含んでいれば、これを法律的には温泉とした。したがって、大分県の九重山麓にある「寒の地獄」は泉温が約14℃であっても、泉質が規定量以上ある硫黄泉（硫化水素泉）

表1　温泉法による温泉の基準値

別表	
1　温度（温泉源から採取されるときの温度とする。）　25℃以上	
2　物質（次に掲げるもののうち、いずれか一つ）	
物質名	含有量（1kg中）
溶存物質（ガス性のものを除く）	総量 1,000 mg 以上
遊離炭酸（CO_2）（遊離二酸化炭素）	250 mg 以上
リチウムイオン（Li^+）	1 mg 以上
ストロンチウムイオン（Sr^{2+}）	10 mg 以上
バリウムイオン（Ba^{2+}）	5 mg 以上
フェロ又はフェリイオン（Fe^{2+}, Fe^{3+}）（総鉄イオン）	10 mg 以上
第一マンガンイオン（Mn^{2+}）（マンガン（Ⅱ）イオン）	10 mg 以上
水素イオン（H^+）	1 mg 以上
臭素イオン（Br^-）	5 mg 以上
沃素イオン（I^-）	1 mg 以上
ふっ素イオン（F^-）	2 mg 以上
ヒドロひ酸イオン（$HAsO_4^{2-}$）	1.3 mg 以上
メタ亜ひ酸（$HAsO_2$）	1 mg 以上
総硫黄（S）（$HS^- + S_2O_3^{2-} + H_2S$ に対応するもの）	1 mg 以上
メタほう酸（HBO_2）	5 mg 以上
メタけい酸（H_2SiO_3）	50 mg 以上
重炭酸そうだ（$NaHCO_3$）	340 mg 以上
ラドン（Rn）	20（百億分の1キュリー単位）以上
ラジウム塩（Raとして）	1億分の1 mg 以上

（注）環境省自然環境局資料。

であるので正真正銘の温泉である。

　温泉1kg中の含有物質とその量は、表1のとおりであり、この値によって温泉と常水とを区別している。

　温泉医学的には、一定の治療効果を有する療養泉の定義は、温度は25℃以上で温泉法と同じであるが、遊離炭酸は1,000 mg 以上（温泉法では250 mg 以上）としているように、温泉成分の値を高く設定している。また、温泉の温度によって25℃未満を冷泉（冷鉱泉）、25～34℃未満を低温泉、34～42℃未満を温泉、42℃以上を高温泉という。

温泉の湧出

　日本列島は太平洋を取り巻く環太平洋造山帯の西側を構成し、火山地帯に沿っていて世界的な温泉地域として性格づけられる。温泉が地下から湧出するには、熱源の有無が関係する。一般的に温泉は火山地帯に多く、事実、北海道、東北、上信越、北陸、東海などの東日本の各地や山陰、九州の火山地帯に沿った各地で温泉が湧出し、多くの温泉地が分布している。

　環境省の資料によると、2012（平成24）年度の全国の温泉湧出量（毎分温泉湧出量で単位は $\ell/m.$）は258.8万 $\ell/m.$ である。都道府県別温泉湧出量は別府温泉郷を含む大分県が28.6万 $\ell/m.$ でトップである。次いで20万 $\ell/m.$ 台に北海道（23.2万 $\ell/m.$）と鹿児島県（20.7万 $\ell/m.$）が続き、以下に青森、熊本、静岡、長野、福島、秋田、岐阜の各県が7万〜14万 $\ell/m.$ で上位10位に入っている。これらの上位10道県の温泉湧出量は、148万 $\ell/m.$ に及び、全国の57%を占めるほどである。

　全国の宿泊施設のある温泉地数は3,085カ所、その源泉総数は27,219カ所である。そのうち、利用源泉数は17,640カ所で65%に止まっている。また、自噴源泉は7,519カ所であり、わずか21%にすぎないので、温泉資源保護の上で問題である。温度別源泉数をみると、42℃以上の高温泉は52%、25℃以上〜42℃未満は28%、25℃未満は16%、水蒸気ガスは4%ほどであり、浴用には加熱を必要とする源泉がかなり存在する。

　古来、温泉が自然に湧出している場所で、温泉浴場を中心にして温泉地が形成されてきた。しかし、近代になると地下の温泉源を調査し、掘削して温泉を人工的に湧出させ、温泉地を計画的に造成するようになった。さらに近年では、温泉掘削技術の進歩で地下1,000mを超える大深度掘削が普及し、これまで温泉資源に乏しかった非火山地域でも、容易に温泉地が形成されるようになった。しかし、温泉地の持続可能な発展にとって、温泉資源のみならず、その立地条件、温泉施設の経営、そして何よりも温泉を利用する顧客のニーズの安定が欠かせないので、温泉資源を保全しつつその有効利用を図ることが大切である。

　温泉の生成機構は、雨や河川水が地下に浸み込んで、地温によって高温となるとともに成分が加わり湧出するのであるが、火山性と非火山性に分けられる。火山性の温泉は地下数km〜十数kmのマグマ溜まりの1,000

℃以上の地温によって、浸透した水が温められて温泉となる。また、地表温度が15℃の非火山地帯でも、地下の深度が100m増すごとに地温が約3℃上昇するので、地下1,000mの地温は45℃となり、水脈に当たれば50℃ほどの温泉が湧出することになる。さらに、非火山性の温泉は深層地下水型と化石海水型に分類されるが、温度が25℃に満たなくても、化石海水であれば塩分を含んでいるので温泉法では温泉となる。

2 温泉の泉質と効用

温泉の泉質

　日本で最初に泉質という言葉が使われたのは、幕末の温泉医学者である宇田川榕菴が1837（天保8）年に著した『舎密開宗』であるといわれる。明治時代になると、1874（明治7）年から大阪司薬場で鉱泉の分析が行われるようになった。そこでは、温泉は酸泉、硫泉、鉄泉に分類されていた。その後、1886（明治19）年には内務省衛生局が全国温泉地の詳細な調査をまとめて『日本鉱泉誌（上巻・中巻・下巻）』3巻を発行し、泉質を単純泉、酸性泉、炭酸泉、塩類泉、硫黄泉、泉質未詳の6種類に分類した。

　我が国では、温泉を含有鉱物成分によって**表2**のように分類している。その分類は専門的見地から1979（昭和54）年に化学成分名に基づいた名称に改められたが、一般的ではないので9種類のわかりやすい掲示用新泉質名が定められた。最も多いのは単純温泉と塩化物泉（旧食塩泉）で、それぞれ全体の約25％を占め、次いで硫黄泉が17％となっている。

表2 温泉の新旧泉質名対照表

掲示用新泉質名	新泉質名	旧泉質名	温泉地の例
単純温泉	単純温泉	単純温泉	層雲峡、飯坂、鬼怒川、下部、上諏訪、鹿教湯、伊東、下呂、湯田、道後、由布院
二酸化炭素泉	単純二酸化炭素泉	単純炭酸泉	船小屋、長湯
炭酸水素塩泉	カルシウム・マグネシウム－炭酸水素塩泉 ナトリウム－炭酸水素塩泉	重炭酸土類泉 重曹泉	東鳴子、湯ヶ島、平湯、白浜、川湯、別府、嬉野
塩化物泉	ナトリウム－塩化物泉	食塩泉	湯の川、東山、湯河原、熱海、瀬波、城崎、皆生、湯平、指宿
硫酸塩泉	硫酸塩泉	硫酸塩泉	浅虫、伊香保、法師、四万、山中、玉造
含鉄泉 含アルミニウム泉 含銅－鉄泉	鉄泉	鉄泉	有馬、鉄輪
	鉄(Ⅱ)－炭酸水素塩泉	炭酸鉄泉	
	鉄(Ⅱ)－硫酸塩泉	緑礬泉	
	アルミニウム・鉄(Ⅱ)－硫酸塩泉 含鉄(Ⅱ)－アルミニウム－硫酸塩泉	含明礬・緑礬泉	鳴子、那須湯本、万座
	酸性・含銅－鉄(Ⅱ)－硫酸塩泉	含銅・酸性緑礬泉	
硫黄泉	硫黄泉 硫黄泉（硫化水素型）	硫黄泉 硫化水素泉	川湯、酸ヶ湯、日光湯元、強羅、野沢、白骨、雲仙
酸性泉	単純酸性泉	単純酸性泉	玉川、須川、草津
放射能泉	単純弱放射能泉 単純放射能泉 含弱放射能－○－○泉 含放射能－○－○泉	放射能泉	増富、三朝

（注）日本温泉協会資料。含アルミニウム泉と含銅－鉄泉は含鉄泉に含まれる。

このように、温泉は地下から湧出した際の温度と含有物質とで規定される。それが資源として価値をもつには、自噴泉であれ掘削泉であれ、地中から継続して湧出することが前提となる。泉質別にみた日本の主な温泉地を例示すると（**表2**）、1温泉地で複数の泉質を有することも多い。登別、鳴子温泉郷、別府温泉郷、黒川などは複数の泉質を有しているので、温泉客の楽しみを増している。

　同じ単純温泉であっても、長野県の鹿教湯(かけゆ)は高血圧症に効能がある湯治場として確立し、国民保養温泉地として今日に至っているが、岐阜県の下呂はアルカリ性の泉質で肌触りがよいことから女性客に人気があり、観光温泉地を形成している。大分県の長湯は日本一の二酸化炭素泉として知られ、また塩化物泉の湯平(ゆのひら)は飲泉をすることで慢性胃腸病によいといわれる。硫黄泉の万座や白骨は、乳白色で独特の臭いがあり、入浴客にはまさに温泉そのものといった印象を与えてくれる。また、玉川や草津は酸性泉、増富と三朝は放射能泉として名高い。

　地下から湧出した温泉は、都道府県ごとに登録された専門機関によって分析され、知事から利用許可を受ける。その分析をもとにして、療養泉については泉質名がつけられる。

　以下、日本温泉協会の資料をもとに、**表2**の掲示用新泉質名について概説する。

単純温泉

　温泉水1kg中の溶存物質量（ガス性のものを除く）が1,000mgに満たず、湧出時の泉温が25℃以上のものである。そのうち、pH8.5以上をアルカリ性単純温泉とよぶ。入浴すると肌触りがやわらかく、すべすべ感があって刺激が少ない。層雲峡、飯坂、鬼怒川、伊東、下呂、道後、由布院など全国各地の多くの著名温泉地にみられる。

二酸化炭素泉

　温泉水1kg中に遊離炭酸（二酸化炭素）を1,000mg以上含むものである。入浴時に全身に泡が付き、爽快感があり、我が国では数少ない泉質である。特に大分県の長湯と福岡県の船小屋が知られている。

炭酸水素塩泉

　温泉水1kgの溶存物質量（ガス性のものを除く）が1,000mg以上あり、陰イオンの主成分が炭酸水素イオン（HCO_3^-）のものである。陽イオン

の主成分によりナトリウム－炭酸水素塩泉、カルシウム－炭酸水素塩泉、マグネシウム－炭酸水素塩泉に分類される。平湯、白浜、別府、嬉野などが例示される。

塩化物泉

温泉水1kgの溶存物質量（ガス性のものを除く）が1,000mg以上あり、陰イオンの主成分が塩素イオン（Cl^-）のものである。日本では多くみられる泉質で、主成分が陽イオンのナトリウム－塩化物泉、カルシウム－塩化物泉、マグネシウム－塩化物泉に分類される。塩分が主成分であるので、飲用すると塩辛く、塩分濃度が濃い場合やマグネシウムが多いと苦く感じる。ナトリウム－塩化物泉は湯の川、湯河原、熱海、皆生、指宿など各地に多い。

硫酸塩泉

温泉水1kg中の溶存物質量（ガス性のものを除く）が1,000mg以上あり、陰イオンの主成分が硫酸イオン（SO_4^{2-}）のものである。陽イオンの主成分により、ナトリウム－硫酸塩泉、カルシウム－硫酸塩泉、マグネシウム－硫酸塩泉に分類される。浅虫、伊香保、山中、玉造などの温泉地が例示される。

含鉄泉

温泉水1kg中に総鉄イオン（鉄Ⅱまたは鉄Ⅲ）を20mg以上有するものである。陰イオンによって炭酸水素塩型と硫酸塩型に分けられ、温泉が空気に触れると次第に鉄の酸化が進み、赤褐色になる。有馬が代表的である。鉄の含有量が20mg未満の場合は、炭酸水素塩泉や硫酸塩泉などに分類されるが、鉄の酸化によって温泉水は含鉄泉と同じ赤褐色になり、鉄分が少ないと茶褐色、緑褐色、黄褐色になったりする。有馬のほか、別府温泉郷の鉄輪（かんなわ）が知られている。含アルミニウム泉は温泉水1kg中にアルミニウムイオン（Al^{3+}）を100mg以上含有するものである。陰イオンの主成分が硫酸イオン（SO_4^{2-}）の場合は、アルミニウム－硫酸塩泉（明礬泉）ということもある。我が国には比較的少ない泉質であり、アルミニウム・鉄（Ⅱ）－硫酸塩泉は那須湯本、万座でみられる。

硫黄泉

温泉水1kg中に総硫黄2mg以上を含有するものである。単純硫黄型と硫化水素型に大別され、我が国では比較的多い泉質である。タマゴの腐乱

臭に似た特有の臭いは、硫化水素によるものである。日光湯元、箱根温泉郷の強羅、雲仙などはその代表例である。
酸性泉
　温泉水1kg中に水素イオン（H^+）を1mg以上含有しているものである。多くの場合、遊離の硫酸や塩酸に含まれ、強い酸性を示す。玉川、草津など、各地でみられる。
放射能泉
　温泉水1kg中にラドンを30×10^{-10}キュリー以上（8.25マッヘ以上）を含有しているものである。放射能といえば人体への悪影響を考えがちであるが、ごく微量の放射能は人体によい影響を与えることが実証されている。代表例は増富、三朝などである。

　以上のように、日本各地の温泉地では、多様な成分の源泉を利用しているので、療養泉として利用する場合は個別の温泉施設での温泉の特性に留意する必要がある。療養泉に該当しない温泉は泉質名がつかず、「温泉法上の温泉」と分析書に記載される。

温泉の効用

　我が国では、温泉はそのほとんどが浴用に利用されており、温泉の効能が著しい療養泉は昔から経験的に民間温泉療法として役立ってきた。温泉発見伝説に鳥獣の湯浴みに由来するものが多いのも、身近な鳥や獣を例にして温泉の効用を強調するためであったと考えられる。

　代表的な例として、鶴に由来する温泉地は温海、上山、城崎、嬉野、白鷺は下呂、山中、道後、武雄、鷹は白布、松之山、鶯は鶯宿、鳥は湯河原、山代、猿は平湯、俵山、杖立、熊は野沢、熊ノ湯、鹿は酸ヶ湯、峨々、鹿教湯、山鹿、狐は湯田などであり、珍しい例としては白狐の三朝があげられる。

　温泉に入浴して病気を治す温泉療養、いわゆる湯治は原始、古代の時代より行われてきたであろうが、人々は霊験あらたかな温泉に驚き、それが神や仏への信仰にまで昇華されていった。多くの温泉地には、温泉に関係の深い神話の大己貴命（大国主命）や少彦名命を祀った温泉神社、湯前

神社、湯神社などのような温泉や湯の名のついた神社がある。一方、衆人の病を治す仏である薬師如来を安置した薬師堂や温泉寺が多くみられるのも、その具体的な表れである。野沢では、源泉地の麻釜(おがま)に面して大己貴命と少彦名命の名を刻んだ石碑があり、四万の日向見薬師堂は茅葺きの見事なもので、国の重要文化財に指定されている。

高僧の温泉発見伝説も、こうした思潮に関連して生まれたものである。僧行基、僧空海（弘法大師）や修験道を大成した役小角(えんのおづぬ)は、その代表格である。行基は作並、東山、大湯、栃尾又、伊香保、草津、蓮台寺、渋、山中、山代など、空海は温海、熱塩、塩原、法師、湯村、出湯、修善寺など、役小角は五色、田沢仙人湯、伊豆山、谷津、龍神などを発見したという。

その後の温泉発見者は、武士のほかに樵(きこり)、猟師、農民などの庶民へと移っていく。中世の戦乱の時代には、源頼朝が鷹狩りの際に草津の温泉に浴したとの言い伝えがあり、共同湯の一つ御座の湯（白旗の湯）にその名を残している。山梨県の下部、湯村、積翠寺などは「信玄の隠し湯」といわれ、武士の傷を癒した。

近世期になると、灸の漢方医の後藤艮山(こんざん)が城崎で湯治の方法を詳しく説き、その弟子の香川修徳（太冲）が、1738（元文3）年に我が国初の温泉医学書『一本堂薬選』を著して、これを体系づけた。その所説は、温泉は「助気、温体、破瘀血、通壅滞、開腠理、利関節」とあり、精神的にも身体的にも効能があることを示した。

また、福岡の儒学者である貝原益軒は、『有馬湯山記』で「いずれの温湯にも治せんとせば、先其病症に湯治の相応すると相応せざるとを良く考ふべし」として、留意事項を示した湯文に従って入浴することを強調している。

> 湯に入るには食後よし、うゑて空腹に入るをいむ、一時に久しく入るをいむ、又しげく入るをいむ。つよき病人は一日一夜に三度、よはき病人は一、二度をよしとす、三度は入るべからず、つよき人も湯の内にひたりて身をあたため過すべからず、はたにこしかけて先足をひたし次にひしゃくにて、湯を汲みて、頭よりかたにかけてよし、湯の内に入りひたるべからず、……湯あがりに風に当たるべからず、入湯の間上戸は酒多く飲むべからず、気めぐり食すすむとも大食すべからず、……時々歩行して気をまぐらし、食を消すべし。

備前藩の温泉医学者の河合章堯は、『有馬湯山道記拾遺』において、次のような温泉利用に際しての根本精神を説いた。

　　（此地に来るの）人温泉を疎かにおもふが故に、一日の内わづかにふたたび廻る暮のあないありても、飲食を心よくせんと欲してうけかはず、あるひは盤上連歌の席の盈さるを惜しみ、鞠洋弓の場のなかばなるをいとふが故に、期をはづして養生の節を失ふは浅ましき事なり。凡湯治に来る人は四民共におしむべき時日をついやすのみかは、仕官たる身は暇なき君辺の勤をかきて此地に来りながら、養生を疎かにすべからず、唯温泉を君のごとく神のごとく敬ひ慎しみ、是に仕ひては温泉の心に叶ひて病を除くの術を思ふべし、湯入の間心体を不潔にして温泉の心に背くべからず。

　こうして、温泉地によっては湯治一回り7日とし、三回り21日間の滞在が必要であるとか、中10日の湯治といった習慣が一般化した。これは、平安末期の貴族九条兼実の日記『玉葉』に薬湯の記述があり、真水に入った後に「五木の湯」（桃、梅、柳、桑、杉など）に一七日（7日）、二七日（14日）、三七日（21日）のように、7日を湯治一巡りとし、三巡りすることが知られていて、その後の湯治法に引き継がれたものといえよう。
　日本人の温泉好きについては、単に蒸し暑い湿潤な夏季、寒冷な冬季の気候条件などの自然条件のみならず、土着の農耕民族としての水田の農作業との係わりを無視できない。古くから正月の湯、寒湯治、春湯治（花湯治）、梅雨湯治、田植え後の湯治（野上がり、田植上がり、早苗饗）、夏湯治（泥落とし、丑湯治）、秋湯治など、日本各地で季節に応じて湯治に出かける習慣がある。湯治に行けば風邪を引かない、腰痛に効果があるなどの目的もあるが、のんびりと入浴を楽しむといった骨休めとしての利用も多い。特に、東北の稲作農民の間には、農閑期における湯治が盛んであり、療養、保養の温泉地が数多く分布している。また、漁民も出漁前後に温泉でくつろぐことも多い。
　明治初期に東京帝国大学医学部の教授として招かれたドイツのベルツ博士は、『日本鉱泉誌』を著し、日本の温泉地について気候療法、飲泉療法、浴泉療法の併用が重要であると説き、特に草津や箱根で指導的な役割を果たした。その後、温泉の医学的研究が進んで医療効果が泉質別に明らかにさ

れ、経験的に言い伝えられてきた効能も慢性疾患の長期療養においては、その意義が証明されつつある。現在でも、湯治場には近代医学だけでは病気が治らない人々が各地から集まってきており、その効果は無視し得ない。

　これまで、医学的見地からの温泉利用については、病気を治療する「療養」、健康を保持し、病気を予防する「保養」、疲労を回復する「休養」に分類して、温泉の三要素といわれてきた。近年では、温泉そのものだけではなく、温泉地の地形、気候、植生などの自然環境や、温泉場の散策に欠かせない歴史や生活風土を残した史跡、集落景観なども重要視されている。

　日本では、第2次世界大戦後に温泉地は観光地としての性格を強め、特に高度経済成長期には高層ビル化した温泉ホテルが林立し、温泉街で夜の飲食などを楽しむ歓楽温泉地が発展した。しかし、低成長期を経た今日、閉鎖された大型ホテルなどが地域の景観美を損なうことにもなっている。今後、温泉地の地域的特性を踏まえた落ち着いた景観と環境を再生し、持続可能な発展方策を推進することが欠かせない。

　次に、泉質別に温泉の適応症を示したのが**表3**であり、温泉地選定の際の参考になる。

　胃腸病や肝臓病には飲泉、リウマチ、関節障害、神経障害、皮膚病、創傷などには主に泉浴がよく、呼吸器病は吸入療法が適用されている。特に日本人に多い胃腸病には飲泉もよいとされているが、その際にきめ細かな指導が必要である。日本では経験的に効果が認められている一部の温泉地を除いては、入浴の方法を実際に指導する温泉医療体制が十分に機能しているとはいえない。江戸時代後期の漢方医である宇津木昆壹が、「温泉を辯ぜずんば医の欠点と言うべし……故に世上温泉に浴するもの素人同士相相談して入るまじき病にも入り、入ってよき病は入らず、其上、浴方、調摂も、みな素人推量にて往々害を受くるものあり……」と述べている。

　温泉の医療効果は、単に温泉水そのものの性質に左右されるだけでなく、温泉地の位置や地形、気候環境、植生、宿泊施設の経営形態、食事内容などが総合的に考慮されて初めてよい結果をもたらす（**図1**）。客を受け入れる温泉地の関係者は、地域性を活かした総合的な見地からの配慮が必要となる。

　温泉入浴法については、全身浴、部分浴、特種浴にまとめられている（日本温泉協会資料）。

表3　泉質からみた温泉の適応症　　（○：浴用、☆：飲用を示す）

泉質＼適応症	高血圧症	動脈硬化症	糖尿病	痛風	肥満症	胆石症	慢性胆のう炎	肝臓病	慢性消化器病	慢性便秘	貧血(鉄欠乏症)	慢性婦人病	月経障害	虚弱児童	慢性皮膚病	切り傷	やけど
単純温泉	一般的適応症に準じる※																
塩化物泉									☆	☆		○			○	○	○
炭酸水素塩泉			☆	☆			☆	☆									
硫酸塩泉		○	☆	☆	☆	☆	☆	☆		☆							
二酸化炭素泉	○								☆	☆							
含鉄泉											☆			○			
含銅・鉄泉											☆			○			
酸性泉・含アルミニウム泉									☆						○		
硫黄泉	硫化水素型○	硫化水素型○	○☆	☆								☆			○		
放射能泉				○☆		○☆	○☆			☆							

※一般的適応症：神経痛、筋肉痛、関節痛、五十肩、運動麻痺、関節のこわばり、うちみ、くじき、慢性消化器病、痔疾、冷え性、病後回復、疲労回復、健康増進

(注) 日本温泉協会資料。

図1　温泉と温泉地の効果

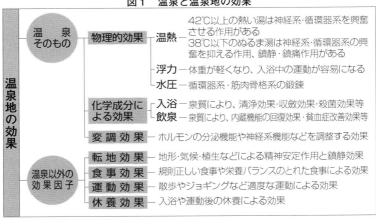

(注) 日本温泉協会資料。

全身浴 全身を温泉に浸すもので、半座位浴（比較的に深い浴槽で中腰、座るなど）と寝湯がある。
 高温浴 ：43℃以上の高温の温泉に短時間入浴する。草津温泉の時間湯が知られている。高血圧症や心臓疾患の人は特に注意が必要である。
 温浴 ：41℃前後の中温の温泉に入浴する。一般的な温泉浴であり、圧注浴や泡沫浴のように物理的作用を併用して、マッサージ効果が高められる。神経痛、腰痛などに効果がある。
 微温浴 ：36〜38℃の比較的低温の温泉に長時間入浴する。持続浴ともいわれ、高血圧症や動脈硬化症に効果がある。
 寒冷浴 ：7〜20℃の低温の温泉に入浴する。大分県の寒の地獄が有名で、神経症に効果がある。循環器疾患にとっては、注意が必要である。
 寝湯 ：37℃前後の比較的低温の浅い浴槽に横たわって長時間（20〜30分）入浴する。リラックスでき、精神疲労、不眠症、高血圧症によい。

部分浴 身体の一部分を温泉に浸けたり、浴びる方法である。
 かぶり湯：頭部や首筋に温泉をかけるもので、入浴始めの血圧上昇の防止や脳貧血予防に効果がある。
 打たせ湯：滝の湯ともいい、落下する温泉で肩、首筋、腰などを打たせるので、筋肉のこわばりを和らげ、肩こり、腰痛によい。
 腰湯 ：腰下や足の部分だけを温泉に浸す方法である。血流を改善し、冷え性、下肢の血液循環不全に効果がある。全身浴に比べ体力の弱っている人によい。
 鯨噴浴：温泉を床面から上向きに噴出させる方法で、痔や冷え性に効果がある。
 歩行浴：膝下までの深さの温泉に浸かり、素足で歩く方法である。温泉の部分浴と運動療法を併用したもので、自律神経失調症、冷え性などに効果がある。

特種浴 温泉運動浴を除いて、温泉そのものへの入浴ではないものである。
 泥湯 ：泥浴ともいわれ、温泉に鉱泥や泥炭などの天然の泥を加えたものに入浴する。全身浴と部分浴があり、別府温泉郷の明礬

の鉱泥浴は有名である。慢性関節リウマチ、痛風、骨折、捻挫などに効果があるという。

砂湯　　：温泉が湧出する海岸や河岸の砂に身体を埋め、入浴する方法である。一般に温泉の全身浴に砂の圧力が加わり、新陳代謝を高め、発汗を促進する。別府温泉の「砂湯」や指宿の「砂蒸し」が有名である。運動器疾患、神経痛に効果がある。

蒸気浴　：温泉の蒸気を利用した入浴法であり、温泉蒸気函浴、温泉蒸気室浴、痔蒸しに分けられる。後生掛で有名な箱蒸しは、首を出して全身を蒸す方法である。肥満症、神経痛、疲労回復によいといわれる。温泉蒸気室浴は温泉蒸気で満たされた部屋で温泉蒸気を吸入するもので、夏油、四万などでみられ、蒸気函浴と同じ効果がある。痔蒸しは蒸気を床面から上向きに噴出させ、患部を蒸すものである。

熱気浴　：温泉の熱で熱くなった地面や床に横たわるもので、秋田県玉川の「岩盤浴」が有名である。腰痛、神経痛に効果がある。

運動浴　：温泉プールのように、温泉で水中運動を行う方法である。全身浴と運動の効果が得られる。

以上のように、温泉の利用法は数多くあるが、ヨーロッパの温泉地で一般的な飲泉については、日本では江戸時代中期の記録にあるとはいえ、明治初期にベルツ博士がヨーロッパの飲泉療法を伝えて以後、伊香保などで早くから定着したといわれる。

温泉の利用として、浴場や露天風呂などでの入浴や飲泉のほか、温泉華（湯の花）の採取、花や野菜のハウス栽培、ウナギやテラピアなどの養殖、雪国での融雪、暖房など多目的に行われている。かつて、谷津では製塩、大鰐、上諏訪では味噌の醸造も行われた。また、松川をはじめ、近年では大岳や霧島など地熱利用の発電が行われている。その地域には保養や観光の客のための自然環境に優れた温泉地が存在しており、地熱発電によって温泉湧出に影響を与えないように配慮されなければならない。自然資源の温泉を地域の特性に合わせつつ、持続可能な利用を図ることが大切である。

3 温泉地の発達

古代

　古代の温泉と温泉地については、『古事記』『日本書紀』『風土記』などに各地の様子が記されている。その中で、伊予の湯（道後）、有間の湯（有馬）、牟婁の湯（白浜）や出雲の玉造などは、歴史に早くから現れた温泉地であった。奈良や京都のような政治の中心に比較的近かったからであろうが、特に伊予の湯、有間の湯、牟婁の湯は「日本三古湯」といわれている。天皇が身を清めるために禊を行う思潮があったが、身を清める水を「斎川水（ゆかわみず）」といい、斎は湯と同音で温かい湯が禊払いに使われた。これは、後に熊野の湯峰や湯川での「湯垢離（ゆこり）」に引き継がれた。

　玉造については、『出雲国風土記』に次のように記されており、温泉による禊払いの風習とともに、老若男女が集まって温泉を神の湯と崇め、楽しみ、湯治をしていた様子を伝えている。

　　　忌部の神戸、郡家の正西二一里二六〇歩なり、国造、神吉詞奏（かむよごとまを）しに、朝廷に参向ふ時、御沐（みそぎ）の忌里なり。かれ忌部といふ。すなはち川の辺に出湯あり。出湯のあるところ、海陸を兼ねたり。よりて男女老いたるも少なきも、或いは道路に駢駅（つらな）り、或いは海中の洲に沿いて日に集い市をなし、繽紛（さがり）に燕楽（うたげ）す。一たび濯げばすなはち形容端正（かたちきらきら）しく、再び沐すればすなはち万の病悉く除ゆ。古より今に至るまで、験を得（よ）ずといふことなし。かれ、俗の人、神の湯といへり。

　同様に、『伊予国風土記』の逸文のなかで、湯の郡（道後）について、泉源は別府の温泉であり、豊後水道の海底から引いていること、大己貴命（おおなおちのみこと）（大国主命）が重病の少彦名命（すくなひこなのみこと）を温泉に入れて全快させたという神話を伝えている。道後温泉本館の脇に、少彦名命が立ち上がったという玉の石が祀られているが、その存在を知らずに帰る客も多い。また、聖徳太子

が596（法興6）年に僧恵慈と葛城臣を従えて来湯し（**図2**）、温泉の効験を得て伊佐爾波岡（現道後公園）に温泉の碑を建てたといわれ、これは我が国最古の金石文のひとつとして伝えられている。その大意は、『伊予国風土記』に「天には月日が照り、地上では温泉が湧いてあまねく人々に恩恵を与えている。極楽浄土と同じである。人々は入浴をして病をなおし、温泉を囲んで椿の花が咲き、鳥はさえずって地上の楽園である。この温泉を大切に守り育てることが根本精神である。」とあり、神から授かった温泉の恵みと利用者の心構えを高所から論じたのであった。

図2　道後温泉の椿樹下の聖徳太子
（注）松山市『道後温泉』による。

天皇の温泉行幸の嚆矢は舒明天皇によるものとされ、631（舒明3）年の9月に85日間の有馬湯治をし、7年後に再来し、その翌年には皇后同伴で伊予温湯（道後）を訪れた。647（大化3）年には孝徳天皇も有馬行幸をし、82日間も滞在したという。

源氏物語の注釈書『河海抄』には、伊予の湯桁について「予州温泉はその勝天下に冠絶し、その名人中に著聞す。……その温泉を観れば、上下区して以て別となす。以て貴賤をして混誂せしめざる故なり、……」とある。また、清少納言の『枕草子』には「湯はなゝくりの湯、有馬の湯、玉つくりの湯」とあって、榊原、有馬、玉造の3温泉地を高く評価している。有馬では、奈良時代の僧行基が724（神亀元）年に病人治療のために温泉を復興し、その利用を図るために温泉寺、蘭若院、施薬院、菩提院の一寺三院を建てたという。ここに、古代の湯治場の展開をみることができる。

伊豆山の走湯については、『伊豆国風土記』に尋常の温泉ではなく、沸騰泉を温めて湯船に引き、これに入れば諸病は悉く治ると記されている。熱海の大湯の存在も知られており、近くの湯前神社の縁起には、大湯の起源は箱根山を開いた万巻上人が海中に湧出した熱湯を引いて現在地に移し

第Ⅰ部　温泉と温泉地

たとある。古代、熱海地域は直見郷、または阿多見(美)郷とよばれていた。別府も同様に速見郡敵見郷とあって温泉の湧出に関係があり、後に朝見郷とされた。日本を代表する東西の温泉観光都市が、古代にはアタミとよばれていたということになる。

中世

　古代の温泉経営は、国司と近くの有力寺院とがこれにあたったが、中世になると地方の豪族が監督し、領内の寺院に経営させた場合が多いという。豊後国守護の大友氏は、初代の能直から22代義統までの約400年間にわたって勢力を伸ばし、代々別府一帯の温泉施設の管理を行ってきた。三代頼泰は1272(文永9)年、蒙古軍を撃破した傷痍武士のために、別府、浜脇、鉄輪などに温泉療養所を造らせた。

　道後でも、豪族の河野氏が伊佐爾和岡に温泉館を建設し、河野通信の孫の一遍上人は、1288(正応元)年に通信の依頼で湯釜の宝珠に南無阿弥陀仏の名号を書いた。下って14世紀の建武年間に、通盛は同地に湯築城を築き、四国八十八箇所51番札所の石手寺に温泉の経営をゆだねた。河野氏は豊臣秀吉の全国統一に反抗して戦いに敗れ、後に近世の松山城の建立に伴って湯築城は廃城に帰した。

　有馬では、1097(承徳元)年に大洪水があり、人家も温泉も荒廃して長く廃墟と化していた。1191(建久2)年に、大和国吉野郡川上村の仁西上人は山籠りの最中にお告げを受け、余田氏、河上氏など平家の残党12人を引き連れて有馬へ入り、ここに十二坊舎を建てて湯戸(湯宿)を経営させ、有馬温泉が復活したという。その後、有馬は再三の大火によって衰微したが、豊臣秀吉は1585(天正13)年に有馬へ入り、泉源の改修、浴場や寺院を改築し、従来の十二坊に新たに八坊を加えて二十坊として温泉地の拡大を図った。また、泉源改修後に「今後は泉源およびその周囲二三丁の間には手を触れてはならない。」と取り決め、泉源を保護した。

　東国に目を転じると、源頼朝が1192(建久3)年に鎌倉幕府を開いて政治の中心は東に移り、以後、数多くの温泉地が史実に現れてくる。伊豆山の走湯は頼朝の庇護を受け、箱根権現と一体化して信仰の拠点となり、貴賎、男女を問わず多くの参詣者が訪れ、熱海で湯治をした。また、言い

伝えでは頼朝が狩りで草津近辺を訪れた際、案内役を務めた土豪が湯本姓を授かったといわれ、草津の「御座の湯」の温泉浴場名を今に留めている。

　群馬県榛名山の北東に位置する伊香保は、標高750mの傾斜地に立地している。その起源は明らかではないが、15世紀末に尭恵上人が来湯し、その効果を伝えたという。この頃、源泉地近くの土豪や伊香保神社の神官が村を支配していたが、天正年間に木暮下總守が領主武田氏の没後、伊香保温泉の支配を命じられて一族を率いて入り、今日の温泉場の基礎を築いた。

近世

　1600（慶長5）年の天下分け目の関ヶ原の戦いで徳川家康が勝利をおさめ、その3年後に征夷大将軍に任ぜられて江戸幕府が開かれた。以後、幕藩体制下にあって幕末に至る265年間の天下泰平の世となり、湯治が全国的に盛んになった。東海道、中山道、甲州街道、日光街道、奥州街道の五街道をはじめ、多くの脇街道も整備された。都市では商品経済が発展し、農村では中世的土豪が本百姓化して近世村落が定着した。近世中期以後には新田開発が進み、農業生産力を高めた。こうした時代的背景のもとに、将軍、大名や武士の支配階級から農民、職人、商人の庶民を問わず温泉地での湯治が定着し、今日の温泉集落の基本型が確立した。各藩は領内の温泉地の整備に力を入れ、また多数の他国人が出入りするので、湯治中に守るべき掟を出して治安の維持に努めた。

　近世後期の1810（文化7）年に発刊された『旅行用心集』には、「諸国温泉二百九十二ヶ所」の温泉地が紹介されている。その前書きに、「抑温泉ハ天地の妙効にして、人体肌膚を膏沢し、関節経絡を融通して腹蔵表裏に貫徹するか故に、其症に的中するにおゐてハ万病を治すること、医薬の及ふ所に非ず。依之湯治する人、温泉を尊信せずんバ有べからず。」とある。その留意事項をまとめると、次のようである。

　　一　諸国の温泉地については、養生のための湯治をする人はもちろん、物参り、遊山のためにも見やすいように国別に分け、里数、効験を記した。温泉の効能がわからない場合は、土地の人によく聞くこと、病による適否があるので注意が必要である。

一 温泉の適否を知るには、一度入浴した後に「胸腹すき食物味ひよきハ相応したると知へし。若一両度入ても胸腹はり食の味ひあしく不進ハ、先ハ不相応と知るべし。」とある。
一 湯治の仕方は、初めは1日に3～4回に留め、問題が無ければ5～6回の入浴はよい。老人、虚弱者は留意する必要がある。
一 湯治中、病人はもちろん、無病の人も慎むことは、飽食、大酒、房事、冷えた食物などである。湯上がり時には毛穴が開くので、深山の涼風にあたり、清水に足を浸し、うたたねをするなどは決してしてはならない。
一 温泉源は1カ所で数軒の湯宿に配分する場合は、その効能が変化する場合があるので、湯宿によく問い合わせることである。

　近世期の有馬には、共同浴場を中心に有力な二十坊の温泉宿をはじめ、各坊には2～3軒の付属した小宿が多数立地しており、各種の商店が軒を並べていた。二十坊には、それぞれ入湯客の世話をする湯女が2人おり、40歳ほどで和歌や芸事を修めた大湯女と10代後半の小湯女に分けた独特の湯女制度があった。二十坊の頂点に立つのが御所坊であり、大名クラスの温泉宿としての地位を誇った。江戸時代中期の大火に際して集められた寄付金は、1725（享保10）年の清涼院本堂再建寄進帳にまとめられており、当時の有力温泉地の集落構成が明らかになる。623軒の寄進者のうち、宿屋67軒をはじめ、籠屋47軒、有馬筆屋23軒などを中心とした物産品店が多かった。
　北陸の伝統温泉地である山中は、総湯の菊の湯共同浴湯を取り巻いて配置された湯本十二軒の有力な宿屋を中心に発展した（図3）。この宿屋は、老(おとな)百姓といわれていた地侍的な10人が、総湯の共同浴場を管理運営する権利を得て村の支配層をなし、後に2軒が増えて湯本十二軒となった。近世期を通じて、湯本十二軒を取り巻いて36軒の湯持宿屋が配置され、宿屋は約50軒を数える有力な温泉集落を形成していた。温泉入浴に際して湯治客は湯銭を支払い、運上金として藩へ納められた。
　近世期における温泉の所有形態は、少数の有力者が独占的に所有して内湯に引いていたか、外湯の総湯（共同浴場）であった。前者では、伊香保の大屋十四軒、草津の大屋十一軒、熱海の二十七湯戸、別府の二十一湯株の存在が指摘できる。後者では、道後、城崎、山中など多くの温泉地でみ

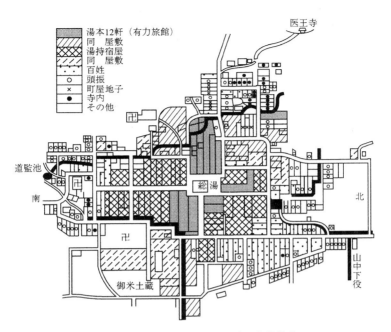

図3 江戸時代後期の山中温泉の集落構造
(注) 山中町『山中町史』(筑紫屋古図 斉藤晃吉作成)による。1830～44年(天保年間)。

られ、普遍的な温泉利用形態であった。

　熱海の温泉地開発者は半太夫、彦左衛門、五郎左衛門の3者と伝えられ、このうち前2者の今井氏、渡辺氏が近世期に本陣として大名の宿泊に供された。熱海の大湯は高温で湯量も豊富であり、二十七湯戸はこれを引湯していたが、1681(天和元)年の「豆州熱海絵図」をみると、大湯に近い場所に地域的にまとまって建ち並んでおり、本通町を除いて周囲は一面の畑や水田であった(**図4**)。大湯のほかに、清左衛門の湯、野中の湯、平左衛門の湯(小沢湯)、風呂の湯、左次郎の湯、河原湯などがあり、熱海七湯とよばれていた。

　1604(慶長9)年、徳川家康は熱海湯治の後に温泉を江戸城へ運ばせた。後に、毎年数回ほど定期的に江戸城本丸と西丸へ温泉を搬送することにな

第Ⅰ部　温泉と温泉地　21

図4　江戸時代前期の熱海温泉絵図
（注）熱海市『熱海』による。1681（天和元）年。

ったが、これが「御汲湯」である。毎年、正月には苗字帯刀を許された湯戸は、紋付袴姿で覆面をし、長柄の柄杓で大湯の湯を新しい檜の桶へ移し、これを武士の護衛つきで脚夫に肩次で昼夜を通して江戸城へ運ばせた。後に、陸上輸送から海上輸送へ変わったが、8代将軍吉宗は治世下の7年間で毎年冬季を中心に計3,634の湯樽を運ばせたという。

　大名の湯治については、江戸在府中に熱海をたびたび訪れたことが特筆される。大名が宿泊した本陣今井家の宿帳によると、1629（寛永6）年から1845（弘化2）年までに65人の城主が熱海で保養をしており、随行者を入れれば相当な数になる。

　『守山日記』によると、1699（元禄12）年3月に2万石の常陸額田藩主松平頼定が熱海湯治をした内容が記されている。まず、将軍から湯治の暇

の許可をもらうとともに、江戸城内の櫓火事番を分家に頼んで3月6日に出発、道中御定に従って行列をし、途中小田原藩家臣の出迎えを受けて8日に到着した。21日の出発までの13日間に数多くの湯治見舞品が贈られてきた。本家の水戸光圀から甘漬鮭が届いたのをはじめ、関係各藩主からも飛脚で干菓子、仙台漬、酒樽など、地元の商店や熱海滞在中の江戸商人からも肴、鴨、枝柿などが届けられ、その返礼に銀2枚、金300疋が与えられた。頼定は逗留中に1日だけ外出し、般若院を訪れた後に滝の湯を見物して、夜は浄瑠璃に興じたのみで、あとは湯治に専念した。各種の湯治土産は将軍、老中をはじめ大名とその家族などに贈られたが、伯父の光圀への土産は江川酒1手樽と杯1箱であった。各大名は、在国にあってはたびたび藩内の温泉地を訪れており、その宿泊施設として御茶屋を設けていた。

　庶民の湯治については、病を治そうとして多くの困難を乗り越え、必死になって湯治をした多くの人々が目に映る。しかし、近世中期以降になると、遊山の場として温泉地を利用する客も現れ、種々の家業が営まれていた。

　湯治をしたい人は、温泉地が藩の内外のいずれであっても、まず湯治願いを出し、道中の通行手形を用意しなければならなかった。上総国夷隅郡三門村（千葉県）の農民8人は、医者の勧めで1848（嘉永元）年に草津湯治を願い出た。その滞在日数は40日を超えており、草津温泉の医療効果が遠隔地まで知られていたとともに、医者の指導のもとに湯治行きが実行されていたことは注目される。

近代

　明治時代になって新政府の富国強兵策、殖産興業のもとに、資本主義経済が進められることになった。商工業が発展し、都市が成長して中産階級が生まれた。温泉地もこうした社会経済情勢を反映して、従来の湯治場（療養温泉地）としての機能だけではなく、都市住民の保養の場、さらに大都市近接の温泉地では観光、慰安の場ともなった。

　温泉の所有、利用形態も私有財産制のもとに、旧慣に基づく総有的な特性は次第に変質を余儀なくされてきた。同時に、新規の温泉掘削が自由に

行われるようになり、旅館の内湯が増えた。熱海では、1896（明治29）年に熱海〜小田原間の人車鉄道開通を経て、1925（大正14）年には熱海線が通じ、東京〜熱海間は3時間で直結された。各種の娯楽施設が増え、熱海梅園、横磯海水浴場、野中山遊園地などが整備された。大正時代に入ってからは、外来資本が進出して別荘地を開発し、1917（大正6）年にはすでに50軒の別荘が建ち並んでいた。

　別府では、熱海以上に新規温泉開発が展開し、共同浴場の竹瓦温泉、霊潮泉などの見事な共同浴場が新築され、その周囲に旅籠屋や木賃宿、各種商店などが誕生した。1888（明治21）年の内湯旅館は10軒、船問屋などとの兼業旅館14軒、貸座敷9軒、食料品店18軒、その他の商店18軒があった。

　この年に「上総掘り」による温泉掘削法が導入され、屋敷内や水田の至るところで突湯が行われて温泉集落も北の内陸部へと拡大した（**図5**）。明治末期には町有源泉26本（自噴9、掘削17）、私有源泉567本（自噴10、掘削557）に及び、掘削による温泉湧出が急増して中規模旅館にも内湯が完備した。旅館数は1908（明治41）年には139軒、その3年後には286軒へと倍増し、豊後水道を挟んだ愛媛県や九州各地から事業家が集まってきた。

　さらに、行政当局の土地区画整理事業によって直交状の道路網が整備され、商業地区や山ノ手地区の公園整備を進め、遊園地が開設された。こうした温泉町の拡大は、新規温泉開発の進展と湯量増加が背後にあったことはいうまでもない。また、明治初年から別府港が整備されて、大阪や中四国地方と直結されたこと、1900（明治33）年に全国に先駆けて別府〜大分間に路面電車が走ったことなど、交通網の整備も見逃せない。

　明治以降、昭和初期に至る第2次世界大戦前に新たに温泉が発見され、開発を行い誕生した温泉地も多い。なかでも、洞爺湖、水上、鬼怒川、箱根の強羅や仙石原、伊豆長岡、片山津、皆生などはその代表例であり、鬼怒川のように短期滞在の客が集まり、歓楽的色彩を強めた温泉地もみられるようになった。

　内務省衛生局の「全国鉱泉調査」によれば、1940（昭和15）年には、温泉地数は933ヵ所（温泉656、冷泉277）、源泉数は6,305ヵ所（温泉5,909、冷泉396）を数えた。また、前年の主要温泉地252の宿泊客数は

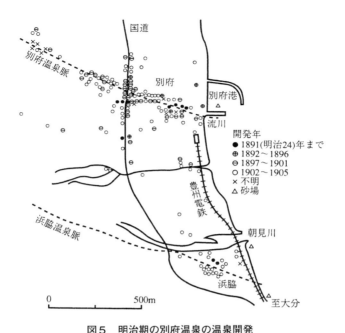

図5 明治期の別府温泉の温泉開発
(注) 別府町有文書により筆者作成。1905(明治38)年は2月までのみ。

2,579万人であり、地方別にまとめると、南関東や近畿、中国地方など、温泉資源は相対的に劣っているにもかかわらず、大都市を含む地方やその近接の地方が上位にランクされていた。温泉資源に富む東北や北海道は宿泊客数が少なく、九州と中部地方はバランスを保っていた。

次に、年間宿泊客数1万人以上の186温泉地について、療養型、保養型、観光型(慰安型)の性格づけをすると、熱海をはじめ、伊東、伊豆長岡や甲府、湯村、常磐湯本、宝塚などの主に大都市に隣接し、かつ観光資源性に比較的劣る温泉地が慰安型に特色づけられる。これらの少数の例のほかは、一般的には、療養、保養の段階に止まっていた。年間10万人以上の宿泊客を数える有力温泉地でも、近県からの客を吸収し、よりローカルな入湯圏を形成していた。しかし、このうち登別、定山渓、浅虫、鳴子、東山、鬼怒川、箱根、戸倉上山田、上諏訪、下呂、宇奈月、片山津、山中、

第Ⅰ部 温泉と温泉地 25

芦原、有馬、湯田、長門湯本、川棚、道後、別府、山鹿、嬉野、雲仙などは、観光温泉地化への前段階にあったといえよう。

温泉の利用が盛んになり、温泉地が発展するなかで、温泉の医学、地学、工学、法学、温泉地計画など、各分野からの温泉と温泉地の研究が進められた。1932（昭和7）年、別府に九州大学医学部付属温泉治療学研究所が設立され、先導的役割を果たした。その後、登別（北海道大学）、三朝（岡山大学）、鳴子（東北大学）にも同様の研究機関が設置された。東京大学や慶應義塾大学の医学部でも実証的な温泉医学研究が盛んになった。

一方、温泉地では源泉の開発が激増し、泉源の保護が大きな問題になるとともに、湯治場が慰安、歓楽の場へと変質しつつあった。こうした傾向を憂う研究者や温泉行政に関わっている内務省や鉄道省、さらに鉄道省の分身で送客の任にあたっていた日本旅行協会（ジャパン・ツーリスト・ビューロー：日本交通公社の前身）の関係者が集い、旅館業者、温泉業者を中心とした会員を募って、1929（昭和4）年に日本温泉協会が設立された。

その目的は温泉に関する学術研究、知識の普及、温泉地の発展に貢献することであり、翌年4月に機関紙『温泉』が創刊された。以後、温泉講演会や展示会の開催、泉源保護のための立法措置へ向けての活動がなされた。

温泉医学者の真鍋嘉一郎東京大学教授は、温泉の厚生的利用の論文の中で、温泉利用を療養、保養、休養に分け、従来、温泉地といえば半病人の集落というような療養一点張りではなく、寒湯治のように風邪を引かないための病気予防、農民の田植後や稲刈り後の骨休めの場、あるいは都会人の緊張した日常生活からの解放の場として、温泉地の多様な意義を強調した。さらに、温泉地の性格づけをして、機能が両面にわたっている場合は集落内で地帯区分をすべきであるとの卓見を述べている。そして、歓楽化が著しい温泉地が出現し始めたことに触れて、温泉地の旅館経営者や客のいずれにとっても、温泉の本質をわきまえた利用を図るべきであると警鐘をならした。

現代

第2次世界大戦直後の混乱期を経て、朝鮮戦争が勃発した1950（昭和25）年以降の軍需景気によって日本経済は息を吹き返し、企業の団体旅行

が盛況となった。洗濯機、テレビなどの電化製品を多く販売した商店主を1泊2日の温泉慰安旅行に招待するものなど、列車を貸し切る数百人規模の団体もあった。国も平和産業としての観光産業を振興したので、温泉旅館も収容力の拡大を図った。温泉地での宿泊は宴会に始まり、その後は歓楽街へ出て遊興にふける客が多かった。温泉地所在の都道府県には料理飲食等消費税が入り、宴会での酒代、芸者の玉代が増えると税収が増加した。市町村にも目的税としての入湯税が入ったので、行政当局も多数の客を吸引することに意を注ぎ、地域の温泉情緒や景観美などの環境保全は軽視されてきた。

　1950年代の高度経済成長期に入ると、ホテル、旅館の大規模化が進み、入湯税からみた熱海の延べ宿泊客数は1957（昭和32）年の240万人から1964（同39）年の506万人へと倍増した。一方では、草津、野沢や蔵王などをはじめ、各地の温泉地でスキー場開発が進み、冬季の宿泊客数の割合を著しく高めた。この時期の温泉地は、交通網が整備されて広域化が進むとともに、規模の拡大と多様化がもたらされた。

　このように、全国的に温泉地の観光化が著しくなるとともに、療養、保養型の温泉地が急速に減少することになった。1954（昭和29）年、厚生省（現環境省）は療養、保養の場として優れた温泉地を整備するために、「国民保養温泉地」制度を発足させ、その第1号として青森県酸ヶ湯、栃木県日光湯元、群馬県四万の3温泉地が指定された。国は国民保養温泉地の整備に尽力し、指定温泉地は増加して92温泉地域、155カ所の温泉地が指定された（図6）。現在、その一部の見直しが進められた。

　その後、1973（昭和48）年末の石油ショックによって、日本経済は大打撃を受け、同時に、1泊宿泊型の歓楽的温泉地に多大な影響を与えた。当時の環境庁資料によると、温泉地延べ宿泊客数は、石油ショック直前の年に、それまでで最高の1億2,146万人を数えたが、翌年には1,000万人もの減少をみた。

　この時期の温泉観光地の停滞は全国的傾向であったが、各温泉地は新しい試みに取り組んできた。経済の低成長期にあって、温泉地のスキー場開発は各地で盛んになり、草津や蔵王、野沢などをはじめとして、それまで冬季のオフシーズン解消が課題であった温泉地が盛況を呈するようになった。また、岩手山の北西山麓に位置する松尾村は、十和田八幡平国立公園

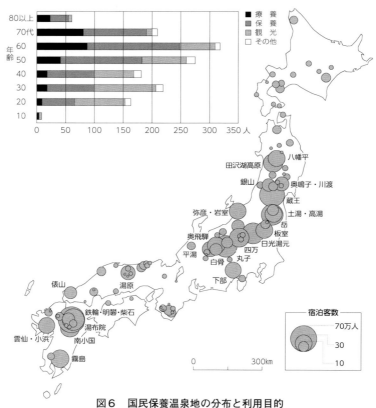

図6　国民保養温泉地の分布と利用目的
（注）小堀貴亮・山村順次作成。2004年。地名は主な温泉地。

の自然景観と東洋一の硫黄鉱山の村として知られていたが、石油化学コンビナートでの大気汚染解決策として脱硫装置が導入された結果、硫黄の需要が途絶え鉱山は閉山された。ここで、村当局は岩手県の指導のもとに旧国鉄を取り込み、温泉を松川地熱発電所から引湯して温泉ホテル、別荘分譲地、スキー場からなる東八幡平リゾートを開発した（**図7**）。

　また、城崎のように温泉情緒の醸成と温泉町に宿泊客を引き戻す動きも活発化した。まず、7つの共同浴場に入湯する「外湯七湯巡り」を推進し、

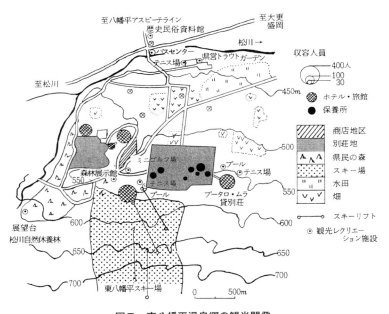

図7　東八幡平温泉郷の観光開発
（注）実地調査により筆者作成。1981（昭和56）年。

観光協会の仕事も、旅行業者に客の誘致を依存する従来のパターンから、入湯客個人に直接サービスを提供することに尽力した。その結果、宿泊客の約80％が外湯を利用したため滞在時間が増え、町場に賑わいをもたらしたのである。

　その後、高速道路の建設が進み、新幹線が各地へ路線を延ばすなど交通網が充実して、観光名所を巡り温泉地に宿泊する旅行形態が広がった。一方、東京周辺に限らず全国的に気軽に温泉浴ができる日帰り温泉地が急増した。その温泉浴場の数は、1972（昭和47）年の1,749軒から2005（平成17）年には7,294軒へと4倍以上も増加した。バブル経済の崩壊を背景に、高齢化社会を迎えて健康センターで低料金の温泉浴を楽しめるようになり、地方行政当局も地域振興のもとに、「ふるさと創生1億円事業」などで温泉施設を整備した。また、これまで温泉とは無縁であった非火山地域でも

第Ⅰ部　温泉と温泉地　29

地下1,000m以上の大深度掘削技術の登場で温泉を確保できるようになった。こうして、現在では温泉客の行動もさらに多様化する時代となっている。

4 温泉地の現状と課題

温泉地の分布

2012（平成24）年現在の環境省温泉統計によれば、全国の宿泊施設のある温泉地は大小3,085カ所、宿泊施設数は1万3,521、収容人員は約137.3万人である。年間延べ宿泊客数は約1億2,470万人であり、日本人1人あたり一度は温泉地で宿泊したことになる。宿泊客数のうち、環境省指定の国民保養温泉地に宿泊した人は882万人で、7％を占める。

温泉地の存立に欠かせない温泉資源については、前述したように別府温泉郷を含む大分県が他を圧倒して温泉湧出量が多く、以下、北海道、鹿児島、青森、熊本、静岡、長野、福島、秋田、岐阜、新潟、岩手、栃木、群馬、山形の道県が上位で続いている。

年間延べ宿泊客数は、北海道の1,104万人と静岡県の1,067万人が突出しており、長野、神奈川、群馬、大分、新潟、栃木、福島県が400万～700万人台にランクされている。

2010（平成22）年の温泉地（域）ごとの年間延べ宿泊客数の上位は、次のようである（本来はすべて1温泉地ごとの統計があればよいが、複数の隣接温泉地を含めて温泉郷となっているところもあるので、そのまま使用した）。トップ10は460万人の箱根温泉郷をはじめ、熱海温泉郷290万人、別府温泉郷260万人、伊東250万人、草津180万人、鬼怒川・川治180万人、白浜170万人、層雲峡150万人、石和・春日居120万人、那須温泉郷116万人である。

以下、50位までの45万～100万人にランクされた有力な温泉地を上位から並べると、次のようである。

湯の川、伊香保、東伊豆温泉郷（100万人台）、登別、下呂、有馬、定山渓、塩原温泉郷、山代・別所新加賀、和倉、道後、阿寒湖、秋保温泉郷（70万〜99万人）、鳴子温泉郷、那智勝浦、安楽島、飯坂、穴原、赤倉・新赤倉、由布院、あわら（芦原）、湯河原、いわき湯本、城崎、雲仙・小浜、玉造、池ノ平・妙高高原、水上温泉郷、河口湖、ウトロ、高山、伊豆長岡・古奈、上諏訪、美白泉、花巻温泉郷（50万〜69万人）、霧島温泉郷、指宿、東山、皆生、越後湯沢、蔵王（45万〜49万人）である。

　以上の上位50温泉地をみると、そのほとんどが観光温泉地として性格づけられる。それらの10年前の延べ宿泊客数の増減をみると、規模の大小に関係なくかなり減少している温泉地が多い。箱根温泉郷、熱海温泉郷は東京観光市場に近接していて微増、停滞であるが、別府温泉郷、鬼怒川、白浜などは100万人以上の減少となっている。また、51位以下の中規模温泉地も同様の傾向にあり、全国的に数万から10万〜20万人レベルで減少しており、人気のある黒川も例外ではない。まさに、温泉地の個性を維持しつつ、地道ながら安定した地域づくりが求められる時代となったのである。

　51位以下の温泉地は次のとおりである。犬落瀬堀切沢、湯田、嬉野、鹿児島、蓼科、戸倉・上山田、雄琴、山中、札幌中央、片山津、舘山寺、遠刈田、三朝、泉川、湯田中渋温泉郷、浜島、日光湯元・中禅寺、昼神、丸子温泉郷、奥道後（34万〜44万人）、天童、月岡、甲府・湯村、万座、阿蘇内牧、三浦、北湯沢、穂高温泉郷、奥飛騨温泉郷、宇奈月、粟津、十勝川、浦安、修善寺（30万〜33万人）、上山・葉山、湯野浜、磐梯熱海、芦ノ牧、洲本、八幡平温泉郷、黒川、土肥、岳、瀬波、花巻南温泉郷、千草、榊原、土湯、洞爺湖、大町温泉郷（21万〜29万人）。このランクの温泉地には、20年前には現在の2〜4倍の延べ宿泊客を集めていたところも数多く、嬉野と洞爺湖は100万人を超える年もあった。

　温泉地の持続可能な発展にとって、当然のことながら温泉資源の存在が最も重要である。安定した温泉資源を確保にするために、温泉地は火山地域に立地することが一般的である。北海道、東北、関東甲信越、伊豆、山陰、中九州、南九州などの温泉地は火山との関連が強く、有力な温泉地が形成されているとともに、その一方では素朴な秘湯なども数多く分布している。

湯原浩三・瀬野錦蔵著『温泉学』には、泉温25℃以上のいわゆる温泉と25℃未満の冷泉とに分けた泉温別温泉分布図がある（p.282参照）。それによると、25℃以上の温泉地は、北海道中央部を東西に横切り、さらに羊蹄山付近から東北地方の奥羽山脈、関東山地へと続き、北陸、山陰、九州山地へと延びる地帯と箱根、伊豆半島の南方方向に集中している。その理由は、一般的には新しい火山活動と一致するのであるが、詳細にみると蔵王岳や富士山のような溶岩流や火山噴出物の堆積がみられるアスピーテ（楯状）型やコニーデ（円錐）型の火山には、温泉の湧出がほとんどみられないという。また、非火山地域であっても、白浜のように第三紀深成岩層から高温泉が湧くこともあり、地下深い岩床の熱源と関係があるとされている。
　一方、25℃未満の冷泉は、主に新潟平野、房総半島や北関東の山麓部、伊豆を除く東海地方、近畿、瀬戸内地方などに数多く分布している。大深度掘削によって温泉開発が進み、栃木県の喜連川、宇都宮などのように住宅開発に温泉が利用される事例もみられる。
　温泉地の開発、利用にとっては、入浴に適する42℃以上の高温泉の存在が重要である。特に、60℃以上の有力な温泉が集中している地域は、北から阿寒、大雪山、洞爺、大沼周辺、十和田、八幡平、田沢湖高原、栗駒、磐梯高原、草津、山ノ内温泉郷、黒部、乗鞍、箱根、南伊豆、九重、霧島などであり、広域的には北海道、東北、北関東、中央高地、箱根、伊豆、九州が温泉集中地域として把握される。
　これらの温泉資源に恵まれた地域は、箱根、伊豆のように観光地化が進んだ温泉地もあるが、その他の温泉地でも高地に立地していて、第一級の自然環境のもとに健全な保養温泉地として展開している。

温泉地の取り組み

　現在、宿泊施設のある3,085カ所の温泉地は、それぞれの立地条件下にあって、温泉資源、温泉施設、温泉経営形態、観光市場性、温泉地の環境などで多様な特性を有している。その地域の特性を活かすことに各温泉地の存在意義があり、持続可能な温泉地が形成されるのである。他の温泉地の特性を研究するとともに、そのよさを取り入れつつ、それぞれの温泉地

のユニークさを打ち出すことが大切である。

　とはいえ、温泉旅行の活発化、大衆化の波に乗って、まず温泉旅館の大規模化が進み、多様な温泉浴場が新設されるようになった。特に、近くに大きな観光市場を控え、観光ルート上に立地する温泉観光地での温泉掘削が活発化し、乱開発的な温泉掘削の結果、温泉の枯渇を招くことも多くなってきた。こうした温泉資源確保の競争が激化するなかで、温泉の集中管理や循環ろ過方式の導入が一般化した。

　温泉の集中管理は、山形県湯田川のように第2次世界大戦前から存在してはいたが、高度経済成長期に急増した。山形県では行政の指導と補助金もあって、温海、天童、東根、小野川、瀬見、銀山、寒河江、上山などで早くから温泉の集中管理が普及した。また、全国的にも洞爺湖、浅虫、繋、越後湯沢、伊豆長岡、修善寺、下田、鹿教湯、下呂、城崎、湯平などの各温泉地で導入された。

　1980年代後半の低成長期になると、温泉施設の充実が図られて露天風呂ブームが起きた。多くの人々に共通する至福のひと時は、大自然の真っ只中にある天然の露天風呂に浸かり、四季折々の景色の変化に触れて忙しい日常生活を忘れて心身を癒し、温泉のありがたさをしみじみと味わうことであろう。温泉観光経営者にとって、温泉そのものの資源性と周囲の景観にも調和した温泉地の雰囲気を活かしつつ、そのよさをいかに温泉客に提供するかが問われている。

　津軽半島西海岸の荒磯に面して、黄金根崎不老ふ死温泉の露天風呂があり、野趣豊かで温泉客に人気を集めている。その温泉の湧出には苦労したようであるが、自然景観と一体化しており日本海に沈む素晴らしい夕日を眺めながらの入浴は忘れがたい。また、奥羽山脈の真ん中にあって、交通も不便であった乳頭温泉郷の鶴の湯には、源泉そのものが情緒ある大露天風呂となっており、また近くの黒湯には地獄の大源泉と一体化した素朴な檜皮葺きの打たせ湯などがあり、首都圏からの客が数多い。

　環境省の資料によると、1994〜2004年の10年間で新規に温泉掘削をした源泉数は4,146であるが、その43％が地下1,000mを超える大深度掘削であった。その水源は長い年月を経て浸透した天水（雨水）であり、湯量が限られていて枯渇することが懸念される。すでに、大深度掘削による源泉の13％の自噴が止まり、湯量を増やすために動力揚湯に変えるなど、温

泉資源保護の上で問題である。

　平成時代の低成長期においても、国民の温泉志向はますます高まっている。大手旅行会社が催行する温泉地宿泊型の格安ツアーが盛況となり、多くの中高年者が参加している。その一方、一部の著名大規模温泉旅館に宿泊するというよりは、山間のひなびた秘湯などを巡って素朴な露天風呂に浸かり、心身を癒している温泉愛好家も増えている。

　こうしたなかで、自然環境と一体化した地域性豊かな伝統的温泉浴場や入浴法、さらに和風旅館の建築美を守りつつ発展を図ろうとする「日本秘湯を守る会」も結成され、40年の歴史を背景に中高年の温泉愛好家に喜ばれている。その対極に、大型温泉ホテル、旅館は苦境に立たされていて倒産が相次ぐなかで、これを買収して格安料金で客を動かす再生企業のチェーン店も出現した。宿泊料金は１室２名の場合、１人１泊２食付きでも7,000円台から9,000円台のものがある。

　この10年来、温泉、温泉地や温泉客をめぐる諸問題が多発している。2002（平成14）年７月、宮崎県日向市の開業間もない市営日帰り温泉施設で、レジオネラ属菌の感染により７名が死亡し250名が急性肺炎を発症した。この事件は、新設の第三セクター施設でありながら、経営主体である市当局の温泉循環ろ過装置についての知識不足と管理の不備により、多数の高齢の入浴者などが被害を受けたのであった。

　その２年後の2004（平成16）年には、知名度の高い長野県旧安曇村白骨温泉で温泉偽装が発覚し、全国的な騒動となった。この天然温泉は主にカルシウム含有の硫黄泉（硫化水素型）で、湯量が豊富な上に90％が自噴泉であり、この白濁した天然大露天風呂を求めて訪れる温泉客に高く評価されていた。ところが、近くの共同浴場の露天風呂では、源泉が乳白色にならなくなったので、旅館組合が入浴剤を混入して人工的に白濁させ、偽装していたのである。これを契機に、全国の温泉地でも井戸水や水道水を使って温泉と偽り、行政当局はこれを黙認して入湯税を客から徴収していたことが発覚した。

　環境省は温泉問題の噴出を踏まえて、2004（平成16）年、全国約２万軒の温泉旅館に対して温泉利用に関する調査を実施した。回答率が57％であったとはいえ、１万を超える回答があり、全国規模での調査の意義は大きい。

その結果、源泉かけ流しの浴槽は59％（複数回答）、循環ろ過は53％で相半ばしている。また、加水と加温も多くの浴槽で行われており、入浴剤使用はほとんどなかった。循環ろ過装置の使用理由は、浴槽の汚染防止が60％で多く、湯量不足と温泉資源保護が各16％であった。循環ろ過装置設置の理由として、浴槽の汚染防止が高い比率を示しているのは、換水と清掃が1週間に一度でよいことにも起因している。加水は湯量不足を補うためであるとの回答が多かったが、これは自ら温泉そのものの泉質を変えていることを認めたことになる。さらに、58％が塩素殺菌をしていることは、泉質の変化、臭気による雰囲気の破壊など問題が多い。
　公正取引委員会でも、温泉偽装は景品表示違反に相当すると指摘し、環境省は温泉法の改正に関して温泉利用の掲示の義務化を検討した。その結果、2005（平成17）年5月24日から温泉法施行規則の一部改正に伴う温泉利用上の掲示が施行された。すなわち、温泉法第14条第1項の規定に次の4号を掲示することが加えられた。

・温泉に水を加えて公共の浴用に供する場合は、その旨及びその理由
・温泉を加温して公共の浴用に供する場合は、その旨及びその理由
・温泉を循環させて公共の浴用に供する場合は、その旨（ろ過を実施している場合は、その旨を含む。）及びその理由
・温泉に入浴剤（着色し、着香し、又は入浴の効果を高める目的で加える物質をいう。ただし、入浴する者が容易に判別することができるものを除く。）を加え、又は温泉を消毒して公共の浴用に供する場合は、当該入浴剤の名称又は消毒の方法及びその理由

　火山列島としての日本の各地には、地熱地帯が分布しており、高温の源泉を利用して温泉地が形成されてきた。また、1966（昭和41）年、岩手県松川に日本初の地熱発電所（5万kW）が開設され、翌年には九州電力が大分県大岳で1.25万kWの発電を開始した。松川で造成された温泉は東八幡平リゾートの開発に利用された。その後、大岳に近い八丁原発電所は2期にわたって出力11万kWの日本最大の地熱発電を稼働させた。現在、地熱発電所は東北や九州地方の各地で稼働しており、地球の低炭素社会へ向けたCO_2削減の意義が強調されている。しかし、その適地は温泉地域や国立公園、国定公園などの自然景観地域にある場合が多く、温泉地経営

者との調整も欠かせない。地熱開発に関連する温泉地は、温泉資源の安定的な確保とともに持続可能なユニークな温泉地として、その雰囲気を失うことなく対処することが肝要である。

前述した環境省指定の国民保養温泉地制度は、マスツーリズムの画一的な流れに沿った観光温泉地が成長するなかで、温泉地本来の保養機能の維持を図るために、地域主体に対して国が支援する政策であった。1981（昭和56）年には国民保養温泉地のなかで特に保健機能の強い温泉地を「国民保健温泉地」とした。さらに、1993（平成5）年には自然環境を積極的に活用する「ふれあい・やすらぎ温泉地」として、補助金が引き継がれた。

長野県鹿教湯は、滞在型の湯治場として発展しており、早くから国民保養温泉地に指定された。温泉医のいるリハビリ温泉病院を核に、当初は県内の農家を中心とした癒しの場として機能してきたが、その後県内のみならず、愛知県の農家なども誘致するユニークな冬季集団保養事業を展開した。一方、落ち着いた環境を保ちつつ、地域を挙げての早朝体操や冬季の氷灯篭のイベントなどを実施してきた。

最上川河畔の山形県碁点では、1977（昭和52）年に温泉掘削が成功し、我が国初のクアハウス（温泉保養館）の名で温泉施設が誕生した。後に、本場のドイツの温泉関係者から、クアハウスは保養客が憩う施設であって、温泉浴場ではないとのクレームが届いた。1986（昭和61）年に国民保養温泉地に指定され、その4年後には温泉利用型健康増進施設として厚生省の認定を受けた。温泉療法医と提携しており、ヘルストレーナーの指導を受けられ、洋風露天風呂も整備された。

環境省は2012（平成24）年、国民保養温泉地指定の新基準について、次のように改正した。今後の温泉の適正利用と保養温泉地の育成にとっての指針となっている。

第1 温泉の泉質及び湧出量に関する条件
 (1) 利用源泉が療養泉であること。
 (2) 利用する温泉の湧出量が豊富であること。なお、湧出量の目安は温泉利用者1人あたり0.5ℓ/m.以上であること。
第2 温泉地の環境等に関する条件
 (1) 自然環境、まちなみ、歴史、風土、文化等の観点から保養地として適していること。

(2)医学的立場から適正な温泉利用や健康管理について指導が可能な医師の配置計画又は同医師との連携のもと入浴方法などの指導ができる人材の配置計画もしくは育成方針等が確立していること。
　(3)温泉資源の保護、温泉の衛生管理、温泉の公共的利用の増進並びに高齢者及び障害者等への配置に関する取組みを適切に行うこととしていること。
　(4)災害防止に関する取組みが充実していること。
第3　温泉地計画の策定
　(1)温泉地における温泉利用施設の整備及び環境の改善を図るため、環境大臣が国民保養温泉地ごとに「第2　温泉地の環境等に関する条件」に関する温泉地計画を策定すること。
　(2)国民保養温泉地の指定を希望する地方公共団体は、住民、事業者等の意見を聴いて、温泉地計画の案を作成し、環境大臣に提出すること。

温泉地の評価と志向性

　日本のすべての温泉地を評価することはできないが、これまでに温泉客へのアンケートから各種の評価がなされてきた。その最大規模の温泉客志向性調査は、2002（平成14）年に国土交通省観光部（現観光庁）が実施したものであり、全国352カ所の温泉地における旅行者7万人の志向性が明らかにされた。

　その結果、温泉地選びでは料金、交通の便、温泉そのもの（泉質、湯量、湯けむりなど）、料理、露天風呂、外湯への期待感が高いことなどが明らかになった。満足度は温泉資源そのものが各年齢層に共通して高いが、露天風呂、外湯では20代の若年層が著しく高かった。総合的に温泉地の満足度を左右するものは、温泉地の雰囲気、宿泊料金、宿泊施設の充実度、接客サービスなどであった。

　2005（平成17）年の日本温泉協会の調査では、温泉地訪問者の目的は、観光45％、保養35％、湯治8％で計88％を占め、家族、友人連れが90％に達した。温泉地に望む施設は露天風呂をはじめ、散歩道、低料金の宿、温泉プール、郷土資料館、郷土料理店、外湯、和風旅館街などが続いた。また、2011（平成23）年の調査では、2,118人の回答があったが、新宿駅

での調査のために、回答者の70％が東京都民であり、神奈川、千葉、埼玉県を加えると89％を占めたが、その結果は次のようであった。

今まで訪れた温泉地で最も印象の良かった温泉地として、草津がトップにランクされ、以下に箱根、乳頭、下呂、別府、登別、四万、野沢、白骨、那須が続いている（**表4**）。その理由として、「温泉資源」「温泉情緒」「自然環境」の3要素が重視されており、温泉客は温泉地の地域的特性と優れた環境を特に求めていることが明らかとなる。この傾向はこれまでの調査の時期を問わず、変わりはない。また、温泉情緒を感じることとして、和風旅館の町並みと湯の香りがいずれも30％強で高く評価されており、10％台に外湯めぐり、以下に浴衣姿、下駄の音などが指摘された。

11位（34票）以下50位（7票）までに評価された温泉地を示すと、次のとおりである。

伊香保、熱海、酸ヶ湯、道後、由布院、八幡平温泉郷、南小国温泉郷（黒川）、有馬、湯西川、鬼怒川、高湯、万座、鳴子温泉郷、東伊豆温泉郷、奥飛騨温泉郷、塩原温泉郷、蔵王、伊東、湯田中渋温泉郷、湯河原、加賀温泉郷、水上温泉郷、夏油、法師、城崎、和倉、石和、三朝、銀山、奥鬼怒温泉郷、花巻温泉郷、日光湯元、湯沢、別所、以下同票7の嬉野、玉造、霧島温泉郷、修善寺、指宿、雲仙。

近年、日本人の宿泊観光において、温泉地の地位はますます高くなって

表4　今まで訪れて最も良かった温泉地とその理由

順位	温泉地	回答数	温泉資源	温泉情緒	自然環境	観光施設	宿泊施設	料金	交通	やすらぎ
1	草津	258	61	45	31	13	12	10	10	10
2	箱根	153	28	18	41	24	32	19	17	17
3	乳頭	86	48	48	71	1	15	9	2	20
4	下呂	77	49	46	42	14	25	10	18	12
5	別府	73	52	44	23	16	8	10	14	7
6	登別	58	52	35	55	22	24	16	10	17
7	四万	41	37	59	42	0	17	17	5	24
8	野沢	40	38	65	50	8	18	13	10	20
8	白骨	40	63	43	58	5	13	10	3	8
10	那須	39	46	23	51	8	21	13	13	23

（注）日本温泉協会資料。2011（平成23）年調査。複数回答。

いる。同時に、外国人の温泉志向性も同様の傾向を示している。日本観光協会の調査では、宿泊観光の目的は1980（昭和55）年では慰安旅行32％、自然・名所・行楽30％、スポーツ・レクリエーション11％、温泉浴5％であったが、2001（平成13）年ではそれぞれ16％、24％、17％、20％となり、温泉浴の急増が明らかである。日本交通公社の調査では、旅行の動機は日常生活からの解放、旅先での食事や経験、保養、休養などであり、行きたい旅行は年齢、性別に関係なく、温泉旅行が特に多い。

次に、温泉地に常設してほしい施設やサービスについて、2,228名の有効回答数のうち14％以上を占めた回答は、観光ガイド、散策案内（40〜60％）、特産品販売、マッサージ（20〜30％）、入浴指導、郷土史講座、森林浴指導、健康相談、観光果樹園、郷土料理指導、リラクゼーション（14〜19％）であった。近年では、地域の観光スポットや散策についてボランティアによる案内が強く望まれている。今後は、日本の温泉地にとって滞在型保養温泉地を再生することが求められているので、温泉地を散策しながら、四季折々の自然を楽しんでもらうとともに、歴史景観や郷土景観の説明をする案内者の存在は欠かせない。その養成が急がれる。

温泉史研究家の木暮敬によると、温泉番付（諸国温泉効能鑑）は江戸時代中期の安永から寛政年間頃に始まったとされ、各地で発行されたという。東の最高位の大関には常に草津、西には有馬がランクされていた（**表5**）。東西の各10位までの温泉地は、東之方では草津、那須、諏訪、湯河原、足の湯、嶽の湯、伊香保、鳴子、最上高湯、河内原、西之方では有馬、城崎、道後、山中、阿蘇、浜脇、肥前、霧島、別府、山家（鹿）が番付表の上位に並び、温泉地の少ない西番付の下位には、東の温泉地が配列されていた。各温泉地の江戸よりの里程と効能が書かれており、温泉案内書の役割を果たしていたのである。

2000（平成12）年、筆者は全国の旅好きの方々に温泉地に関するアンケート調査を実施し、360名から回答を得た。そして、「行って良かった温泉」「行きたい温泉地」の上位を選び、その温泉地の「温泉資源」「温泉情緒」「自然環境」を評価した。アンケート回答者の評価した温泉地を10点、その温泉地の温泉湧出量、宿泊収容人員あたり温泉湧出量、温泉施設のユニークさ、温泉地の自然環境、温泉情緒の5項目を各5点、計25点とし、合計35点満点とした（**表6**）。

表5　江戸時代後期の温泉番付

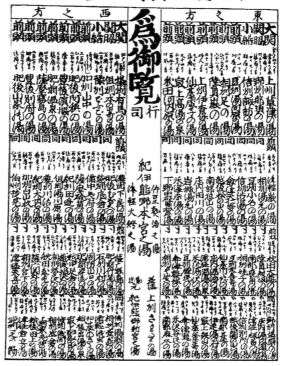

（注）西川義方『温泉と健康』による。

　東之方の番付では、小結以上の役付に草津、白骨、登別、箱根、玉川、乳頭が並び、西之方では由布院、別府、黒川、指宿、城崎、奥飛騨がランクされた。いずれも温泉地評価の3要素に特化しており、温泉客の満足度を高めた温泉地が示されたといえよう。
　2003（平成15）年、日本経済新聞社は全国で30軒以上の旅館が集積し、年間宿泊客数が全国50位以内の有力温泉地を対象とし、当時評価が高ま

表6　新世紀日本温泉地番付

新世紀日本温泉地番付

西之方		蒙御免	東之方	
横綱　由布院（大分）三十三（十）	大関　黒川（熊本）三十一（八）		横綱　草津（群馬）三十四（十）	大関　白骨（長野）二十八（六）
関脇　別府（大分）二十七（四）	関脇　指宿（鹿児島）二十六（八）		関脇　登別（北海道）二十七（八）	関脇　箱根（神奈川）二十五（六）
小結　城崎（兵庫）二十五（四）	小結　奥飛騨（岐阜）二十四（四）		小結　玉川（秋田）二十五（六）	小結　乳頭（秋田）二十四（六）
前頭一　道後（愛媛）二十一（六）	前頭二　勝浦（和歌山）二十一（四）		前頭一　那須（栃木）二十二（二）	前頭二　蔵王（宮城）二十一（二）
前頭三　雲仙（長崎）二十（二）	前頭四　下呂（岐阜）二十（四）		前頭三　秋保（宮城）二十一（四）	前頭四　伊香保（群馬）二十一（二）
前頭五　和倉（石川）二十（二）	前頭六　白浜（和歌山）二十（二）	行司・勧進元　山村順次	前頭五　銀山（山形）二十（二）	前頭六　鳴子（宮城）二十（二）
前頭七　有馬（兵庫）十九（四）			前頭七　伊東（静岡）十九（二）	
前頭八　三朝（鳥取）十八	前頭九　大牧（富山）十八		前頭八　鬼怒川（栃木）十九（〇）	前頭九　法師（群馬）十八
前頭十　内牧（熊本）十七	前頭十一　山中（石川）十七		前頭十　四万（群馬）十八	前頭十一　野沢（長野）十七
前頭十二　五箇山（富山）十六	前頭十三　湯原（岡山）十六		前頭十二　鬼首（宮城）十七	前頭十三　湯西川（栃木）十六
前頭十四　皆生（鳥取）十六			前頭十四　別所（長野）十五	

（注）筆者作成。2000（平成12）年。

ってきた秘湯的温泉地も若干加えた66温泉地について、識者へのアンケート結果を踏まえてランクづけをした。

その結果、総合魅力度の高い温泉地の上位20は、乳頭、草津、由布院、城崎、四万、白骨、黒川、野沢、銀山、新穂高、登別、雲仙、修善寺、渋、有馬、指宿、仙石原、阿寒湖、伊香保、道後の順で選ばれた。これらの温泉地は、温泉資源をはじめ、温泉街の情緒、共同浴場、遊歩道、自然景観

第Ⅰ部　温泉と温泉地　41

などのよさが評価されている。前掲した温泉旅行者の志向性が示されている筆者の「新世紀日本温泉地番付」のランキングと識者のそれがほぼ一致していることは、今後の日本の温泉地の方向性を見極める際の参考となろう。

温泉地の課題とあり方

　日本の温泉地の課題とあり方をまとめると、以下のようである。
　まず、温泉資源の過剰利用と温泉浴場の管理の不備、温泉情報の不透明さ、温泉客の志向性の変化に十分に対応できていない観光温泉地の経営姿勢、温泉地振興に欠かせない行政の対応などである。1948（昭和23）年制定の温泉法では、温泉成分分析表の掲示を義務づけているが、温泉利用者からは実際に入浴する浴場での温泉分析の表示が求められている。2005（平成17）年に温泉法施行規則が改正され、温泉浴場で使用されている温泉について、加温、加水、循環、入浴剤や消毒薬添加などの有無とその理由についての情報公示が規定され、2007（平成19）年には10年ごとの温泉分析検査と温泉可燃性天然ガスの爆発防止が義務づけられた。そこで、温泉客を受け入れる宿泊施設では、温泉の泉温、泉質、湯量や適応症などの情報をわかりやすく伝えることが必要である。カラフルなパンフレットに多額の予算を費やす温泉地も多いが、温泉客に必要な情報を手づくりで伝えることこそ、客と受け入れ側との信頼感を増すことになろう。
　次に、温泉客が温泉地に求めているものは、地域性豊かな「温泉資源」「温泉情緒」「自然環境」の3点に集約されることを踏まえて、よりよい温泉地域創出のために地域社会を挙げて取り組む必要がある。まず、1泊宿泊型の観光温泉地に加えて、滞在型の保養温泉地を再生するためにも、歴史的価値のある共同浴場や町並みの景観を整備し、温泉地を訪れた客の心が和むような温泉地空間づくりが必要である。個別に和風建築の良さを維持している宿もあるが、多くの温泉地では地域が一体となって看板の色、形、材質などを統一する姿勢に乏しく、電柱、電線の地下埋設は計画の予定すらないのが現状である。このような最低限の温泉地環境の整備をするために、目的税としての入湯税があるにもかかわらず、直接温泉地の整備に関係のない事業に費やされているところが多い。

今後、温泉地本来の機能として、客の保養や健康保持のための心身の癒しを意味するウエルネス（wellness）の観点を取り入れることが重要である。まず環境省の国民保養温泉地制度への関心を高め、温泉の適正利用、温泉地内や周辺の地形療法、気候療法などに裏づけられた散策路の整備、温泉療法を学んだトレーナーによる入浴指導、滞在型保養が可能なリーズナブルな料金設定など、関係者が話し合うなかで持続可能な保養温泉地域づくりを検討し、実行に移すことである（**図8**）。現在、温泉療法医の資格をもつ医者が多数いるにもかかわらず、温泉地づくりに活かされていないので、その積極的な参加が望まれる。

　全国に3,000を超える温泉地がある日本では、それぞれの地域的特性を活かしつつ、他の温泉地との差別化を図って活性化することが望まれる。その際、温泉地の自然、歴史、文化などを観光客に紹介する地域ガイドの存在が欠かせない。スケール（縮尺）の正確な地図を持って、ガイドとともに温泉地内外を歩きながら地域理解を深めることは、温泉客にとっては

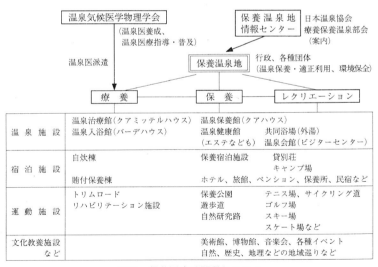

図8　保養温泉地開発システム

（注）筆者作成。木暮敬博士の資料を一部参照。各種施設は温泉地の性格の程度によって混在する。

満足度を高め、健康増進にもなり、観光業者にとっては滞在型温泉地の復活につながり、地域経済の向上に資することになる。また、ボランティアによるガイド自身の生きがいにも通じるのである。

　さらに、国内の客のみならず、外国人観光客の増加が期待できる現在、足元をしっかりと学ぶことから始めなければならない。そのためにも、小学校高学年の児童や中学生に郷土意識を高めるための地域の野外学習を取り入れ、温泉地内の案内スポットをガイドする実践的学習があってもよい。

　温泉地の観光関係者や住民にとって、まず温泉地域づくりにおける協働の精神と温泉客に対するもてなしの心を常日頃から醸成することが大切である。江戸時代中期、鳥取藩主が領内の温泉地の住民に出したお触れには、「温泉浴場や温泉場をきれいに保ち、他国のものに対して無礼の無いように」と書かれていた。全国の温泉地の関係者は、心してこの言葉を受け止める必要があろう。

第Ⅱ部

都道府県別
温泉地とその特色

凡例
* 温泉地は、①環境省資料により、2010(平成 22)年度の年間延べ宿泊客数の上位 100 温泉地のうち、一部資料不明分を除く 94 温泉地、②国民保養温泉地 92 地区(158 温泉地)、③その他の特色のある 116 温泉地(日帰り温泉地を除く)を選定した。なお、①で温泉郷として温泉地がまとめられているものは、そのまま掲載した。都道府県別の温泉地の配列は①〜③の順であり、それぞれ地域的にまとめ、①には 2010(平成 22)年度の年間延べ宿泊客数と順位を入れた。
* 温泉地の解説は、位置、歴史、温泉資源、浴場、景観、見所、取り組み、交通などを取捨選択してまとめたが、温泉地の形成に関わった人々にも触れた。泉質は主な掲示用新泉質名を掲載した。交通は、一部を除き JR 駅を起点に記した。

1 北海道

地域の特性

　北海道は、本州、四国、九州とともに日本列島を構成する主な島の一つである。最北の宗谷岬を境に、東はオホーツク海、西は日本海に分かれ、道東の納沙布岬の南は太平洋に面している。道庁のある札幌市の東に石狩川が流れ、一大畑作地域を形成している。山地はエゾマツなどの針葉樹林で覆われ、西は開発が進んだ渡島半島、北は北見山地や天塩山地の麓に原野が広がる。梅雨がなく夏は涼しいので観光客で賑わう。

　この地は、かつてアイヌ民族が住む蝦夷地とよばれ、近世期に松前藩との交易が始まった。1869（明治2）年、明治政府は開拓使を置き、北海道と改称した。屯田兵や内地からの移住者による農地開発が進み、渡島半島ではニシン漁が盛況で鰊(にしん)御殿が残されている。第2次世界大戦後の開発で、根釧原野の大規模畜産農場、十勝平野の広い畑地と見事な防風林の景観、道東の海岸のコンブ乾燥風景や可憐なハマヒルガオの群落などを観察できる。2014（平成26）年の面積は国土の約5分の1を占めて全国1位、2012（平成24）年の人口は547万人で8位、人口密度は1 km²あたり65人で最下位である。

◆旧国名：蝦夷　道花：ハマナス　道鳥：タンチョウ

温泉地の特色

　道内には2013（平成25）年3月現在、宿泊施設のある温泉地が254カ所あり、源泉総数は2,225カ所、42℃以上の高温泉が1,157カ所で多く、湧出量は毎分23万ℓで全国2位である。年間延べ宿泊客数は1,100万人であり、都道府県別では日本一である。温泉地別延べ宿泊客数では、層雲峡の148万人をはじめ、湯の川、登別、定山渓、阿寒湖、ウトロが50万人以上、泉川（ルスツ）、北湯沢、十勝川、洞爺湖が20万～50万人で全国の上位100位内にランクされている。国民保養温泉地はカルルス、北湯沢、ニセコ、

恵山、十勝岳、然別胡、芦別、雌阿寒、湯ノ岱、盃、貝取澗、幕別、ながぬま、豊富、洞爺・陽だまりの15ヵ所が指定されている。登別や多くの温泉地が火山地域と一体となっており、四季折々の大自然の景観、歴史、温泉、スキーなどを求めて来訪する客が、道内外を問わずに多数集まる。

主な温泉地

①層雲峡（そううんきょう）

148万人、8位
硫黄泉

道中央部、大雪山系北麓の石狩川上流の標高約600mに位置する山峡の観光温泉地である。近年、北海道で最多の年間延べ148万人もの宿泊客を受け入れており、全国温泉地の第8位にランクされている。源泉のほとんどが高温の硫黄泉であり、毎分2,000ℓを超える温泉が湧出する。明治時代の詩人で文芸評論家の大町桂月（けいげつ）が大雪山登山の際にこの地を訪れ、アイヌ語で滝の多い沢を意味するソウウンベツという地名にちなんで層雲峡と名づけた。

温泉は幕末の1857（安政4）年に発見され、大正時代中期に開発が進んで温泉街が形成された。温泉地名も以前の塩谷温泉から層雲峡温泉に変わった。1934（昭和9）年、大雪山、十勝岳、石狩山地を中心に層雲峡、天人峡などの景勝地が大雪山国立公園に指定され、宿泊拠点としての価値を高めた。石狩川が火山灰の固まった凝灰岩を浸食し、両岸の切り立った岩壁が24kmも連続する地形を形成しており、柱状節理の見事な景観を満喫できる。温泉街上流には高さ120mもの銀河の滝や流星の滝が並んでおり、双観台から間近にみることができる。岸壁には春はエゾムラサキツツジ、秋は紅葉が素晴らしく、原生林のエゾマツ、トドマツなどとともに景観美を構成し、上流には、柱状節理の大函、小函の景観が続き、観光客で賑わう。

30軒を超える旅館を中心に温泉街が整備され、その一角に写真ミュージアムもあり、良好な温泉地環境を保っている。1月下旬から3月下旬まで層雲峡氷瀑祭りが行われ、断崖絶壁がライトアップされて幻想的な空間が出現する。7月末から8月中旬には峡谷火まつりがあり、アイヌの神秘的な古式舞踊なども行われる。温泉街から黒岳へはロープウェイが運行されており、高山植物が咲き乱れ、紅葉が見事な北海道最高峰の旭岳へのハ

イキング客も数多い。冬季には、大自然の真っ只中でスキーが楽しめる。さらに、勇駒別や天人峡の温泉地などへも足を延ばし、大雪山国立公園の大自然を満喫することができる。

交通：JR石北本線上川駅、バス35分

②湯の川(ゆのかわ)
102万人、11位
塩化物泉

　道南西部、北海道の玄関口である函館駅から北東方向へ7kmほど行くと、湯の川の温泉地が広がっている。この温泉地は、津軽海峡に注ぐ松倉川の西岸の湯の川と東岸の根崎に分かれていたが、後に地名が湯の川に統一された。湯の川の語源は、アイヌ語の「ゆべつ（湯川）」からきているといわれる。湯の川には設備の整った大規模な温泉ホテルや旅館が集中し、60℃の高温の塩化物泉が毎分4,800ℓも湧出しており、年間延べ102万人の宿泊客を集めている。

　1453（享徳2）年に樵が温泉を発見したといわれ、腕を負傷してこの湯に浸けて癒した後に薬師如来を祀る湯倉神社を建てた。近世初期にその存在が知られ、北海道で最も古い温泉地という。1654（承応3）年に松前藩の嗣子が入湯して病気が全快したことから、その存在が広まった。明治の戊辰戦争では、旧幕府軍の榎本武揚が傷病兵の療養に利用した。その後、1885（明治18）年に石川勝助が高温の温泉源を掘り当て、温泉浴場を整備したことから湯の川発展の基礎が築かれた。旅館、料理屋、商店などが建ち並び、馬車鉄道を経て1913（大正2）年には電車が開通した。また、動物園、竜宮城などの遊園施設ができて、賑わったという。根崎は明治時代後半の1902（明治35）年に発見され、6年後に温泉宿が開設されて温泉街が形成された。

　函館市の一地区でもあるので、近くの北海道唯一の国指定名勝香雪園（見晴公園）、熱帯植物園や日本初の女子修道院のトラピスチヌ修道院、五稜郭の史跡などを訪ね、函館山から陸繋島の砂州の上に形成された市街地の夜景を楽しみ、函館漁港に水揚げされた鮮魚の市場で買い物をすることもできる。函館空港は車で5分の距離にある。長年の懸案であった北海道新幹線新函館駅（仮称）が2016（平成28）年3月に開業する予定であり、函館は湯の川を宿泊拠点とした観光都市の性格をいっそう強めている。8月第3土曜日に湯の川花火大会が開催される。

交通：JR函館本線函館駅、市電30分

③登別（のぼりべつ） 99万人、14位
塩化物泉、硫黄泉、鉄泉、硫酸塩泉

　道南西部、支笏洞爺国立公園の原生林に囲まれた倶多楽湖近くに、噴煙を上げる地獄谷の地熱地帯があり、ここで湧く温泉を500mほど引いて日本有数の観光温泉地が形成された。温泉資源に恵まれていて湧出量は毎分6,600ℓに及び、その90％は自然湧出である。泉質は塩化物泉、硫酸塩泉、鉄泉、硫黄泉など9種類の多種にわたり、年間延べ宿泊客数は99万人を数える。登別の語源はアイヌ語のヌプルベツ（白濁した川）であり、温泉街はクスリサンベツ川（薬湯の川）に沿って大規模なホテルや旅館を中心に土産品店、飲食店などの観光施設が建ち並んでいる。

　爆裂火口の土地は、1799（寛政11）年に江戸幕府が硫黄採取のために直轄地として利用していた。幕末の1857（安政4）年に幕府の蝦夷地開拓に際し、近江商人の岡田半兵衛が道路を開削、武蔵国本庄の滝本金蔵が湯守として入植し、温泉地経営が始まった。その契機は、金蔵の妻が皮膚病で困っていたときに、霊夢のお告げでこの温泉に来て湯治をし、全快したことにあった。翌年、金蔵は温泉宿を開業し、今日の登別最大の宿泊施設である第一滝本館の基礎を築いた。1915（大正4）年に鉄道馬車が開設され、その後の蒸気機関車を経て1925（大正14）年に電車が通じた。一方、1936（昭和11）年に北海道帝国大学医学部附属登別分院が設立され、1943（昭和18）年には傷痍軍人登別温泉療養所が設置されるなど、温泉療養の拠点としても知名度を上げた。

　第2次世界大戦後、自動車道が札幌をはじめ道南各地とも直結されて、登別を宿泊拠点とした観光開発が加速された。温泉地内の遊歩道に沿う一帯は原生林に覆われていて、荒々しい地熱地帯の自然景観とは対照的であり、秋の紅葉も素晴らしい。登別といえば、地獄の鬼が主役である。温泉地内には鬼祠念仏鬼、親子鬼、湯かけ鬼像や3体のシンボル鬼像（商売繁盛、恋愛成就、合格祈願）があり、JR登別駅前と登別東インター前では歓迎鬼が客を迎えてくれる。近くには、ヒグマの観光ショーで知られるクマ牧場や登別時代村などがあり、大湯沼、倶多楽湖、日和山への散策も容易である。このように、登別温泉は年間を通じて多くの観光客で賑わっているが、さらに、近くのアイヌ集落の白老ポロトコタンに足を延ばすこと

もできる。主な行事として、源泉湯かけ合戦（2月上旬）、鬼踊り大群舞（8月末）などがある。

交通：JR室蘭本線登別駅、バス10分

④定山渓(じょうざんけい)　84万人、17位
塩化物泉

　道中央部、北海道庁のある札幌から豊平川を28kmほど遡ると、札幌の奥座敷とよばれる定山渓の大規模な観光温泉地がある。温泉街は渓谷の両岸に展開しており、渓谷美を求めて年間延べ84万人の宿泊客が来訪し、北海道ではトップクラスの地位にある。温泉は川床より60℃以上の塩化物泉が毎分6,000ℓ以上も湧き、温泉資源性は著しく高い。

　この温泉地は早くから知られており、鹿が温泉に浸かっていたことから鹿の湯といわれていた。幕末の1866（慶応2）年、越前の禅僧美泉定山が札幌に来てこの温泉の湯守となったので、1870（明治3）年に定山渓温泉の地名に変えられた。温泉場の整備が進んだのは、札幌を結ぶ函館本線白石駅から定山渓鉄道が開通した1918（大正7）年以後である。昭和前期には約50分で札幌と結ばれていて交通の便もよく、温泉旅館の規模も大きく、保養と慰安向きの温泉地として賑わった。

　2005（平成17）年、高層ホテルや旅館が林立する温泉街の一角の河川敷に、定山の生誕200年を記念して定山源泉公園が整備された。緑いっぱいの公園に定山像、長さ10mの足湯やひざ湯、高温の温泉でゆで卵をつくれる場所などが点在しており、浴後の散策に最適である。河岸には景勝地が続き、春の桜、秋の紅葉が彩りを添えるが、特に豊平峡は原生林に囲まれた深い断崖を形成しており、マツの樹林が優れた自然景観をつくりあげている。また、スキー場やパークゴルフ場もあり、体験型動物園、乗馬、カヌー、ラフティング、サクランボ果樹園、ワイナリーなども四季を通じて観光客を集めている。行事は渓流鯉のぼりが4月上旬から1ヵ月間行われる。

交通：JR函館本線札幌駅、バス約1時間

⑤阿寒湖(あかんこ)　73万人、22位
単純温泉、硫酸塩泉

　道東部、エゾマツ、トドマツなどの原生林に覆われた阿寒湖畔に形成された大規模観光温泉地である。現在、毎分5,000ℓの豊富な単純温泉と硫

酸塩泉が利用されている。年間延べ宿泊客数は73万人であるが、最盛期に比べて減少している。

　幕末の1858（安政5）年、松浦武四郎が踏査した際、すでにアイヌの先住民によって温泉が利用されていたという。1906（明治39）年に前田一歩園が、山林経営、温泉開発などの事業を進め、1912（明治45）年に最初の旅館が開業した。その後、道路や交通網が整備されて観光客が増え、1933（昭和8）年には年間延べ宿泊客数が2万人に達した。休火山の雄阿寒岳と活火山の雌阿寒岳に囲まれたカルデラ湖の阿寒湖には、特別天然記念物のマリモ（毬藻）が生育し、ヒメマス、ニジマスやワカサギが漁獲される。雄大な自然景観が素晴らしく、1934（昭和9）年に阿寒国立公園に指定された。阿寒湖は冬季にはほとんどが結氷するが、南岸のボッケ（アイヌ語で沸騰の意）から東岸のセセキモイにかけて凍結しない水域があり、これらは湯壺（湧壺）とよばれる。温泉街近くの遊歩道からは、阿寒湖畔に湧き出るこれらの源泉や、熱い泥と温泉が吹き出すボッケを観察できる。夏季に遊覧船でチュウルイ島に行くと、マリモ展示観察センターがあり、マリモを直にみることができる。また、阿寒湖畔エコミュージアムセンターでは常時、水槽内のマリモを展示している。

　湖畔の景勝に面して温泉ホテルや旅館が建ち並び、隣接して土産品店が密集しており、その中心に北海道最大のアイヌコタン（集落）がある。夜には松明行列が行われ、舞台では伝統的な民俗舞踊を披露しているので、先住民の子孫と観光客とが触れ合える場となっている。冬季には、結氷した湖上で花火が鑑賞できる「冬華美」が開催され、ワカサギ釣り、スケートやスキーが楽しめる。阿寒湖周辺には、阿寒湖から流れ出た阿寒川に沿って素朴な雄阿寒温泉があり、雌阿寒岳山麓にも1919（大正8）年に開かれた雌阿寒温泉があるので、これらの温泉地を訪ねるのもよい。主な行事は、まりも夏常灯（6月下旬〜8月末）、千本タイマツ（9〜10月）、イヨマンテ火祭り（9〜11月）、まりも祭り（1月末〜3月15日）などである。

交通：JR根室本線釧路駅、バス2時間

⑥ **ウトロ**　54万人、39位
　　　　　　塩化物泉
　道東部、斜里町の知床半島西岸の中央部に位置する新興の温泉地である。

1971（昭和46）年に高台の一角でボーリングをして温泉が湧出した。泉質は塩化物泉であり、42℃以上の高温で毎分2,500ℓの豊富な温泉が得られ、民宿が誕生した。この地は知床国立公園の原始景観が残されており、海上からの半島の景観を楽しむことができ、ホエールウォッチングや冬にはオホーツク海の流氷観光船が就航する。知床観光の拠点として、港の近くに旅館、ホテルが開業し、年間延べ54万人もの宿泊客で賑わうようになった。高台のオホーツク海を一望できる場所に露天風呂の共同浴場が誕生し、観光客に喜ばれている。その近くに、夕陽台展望台や足湯も設置されている。また、ウトロ港の温泉街にはゴジラ岩とゴジラ手湯が設置されている。

交通：JR釧網本線斜里駅、バス1時間

⑦ 泉川（いずみかわ）（ルスツ） 36万人、64位 塩化物泉

　道南西部、洞爺湖北部に位置する留寿都村に開発されたルスツリゾートは、2009（平成21）年にオープンした。温泉施設も整備されており、通年型の温泉リゾートとしての機能を有するとともに、リゾートホテルを中心にスキー場、ゴルフ場、遊園地が配置され、大自然の真っ只中でリゾート気分を満喫できる。温泉は塩化物泉であり、日帰り入浴のみの客にも開放されている。リゾートホテル周辺にはペンションやホテルなどの宿泊施設が増えている。

交通：JR室蘭本線洞爺駅、バス1時間

⑧ 北湯沢（きたゆざわ） 32万人、77位 国民保養温泉地 単純温泉

　道南西部、洞爺湖の北東にある北湯沢は、1897（明治30）年に北海道庁の技師が発見し、4年後に温泉旅館を開業した温泉地である。1957（昭和32）年に厚生省（現環境省）の国民保養温泉地に指定され、静かな温泉地として利用されてきた。単純温泉の湧出量は毎分3,000ℓもあり、その後の温泉地の発展をもたらした。雄大な山岳景観に囲まれた環境にあり、温泉地を流れる長流川の河床は緑色凝灰岩の幅広い川床が「白絹の床」の見事な景勝地をつくり、北湯沢温泉の観光資源となっている。

　この閑静な保養温泉地は、1996（平成8）年に観光会社経営の大規模ホ

テルが進出したことで、宿泊客数は一気に5倍の24万人を数えることになった。バイキングを中心とした格安宿泊料金のもとに集客力を高めてきたので、現在の宿泊客は年間延べ32万人に達している。ホテルの敷地の一角に小型ヨットを浮かべた温泉ビーチもあって温泉浴を楽しむ日帰り客も増え、温泉地の性格が大きく変化した。一帯にはスキー場や温泉病院、温泉利用のリハビリセンターもあり、国民保養温泉地としての機能を果たしている。

交通：JR室蘭本線伊達紋別駅、バス40分

⑨十勝川（とかちがわ）
31万人、82位
単純温泉

　道中南部、十勝平野の中心都市である帯広市の東、音更町にある温泉地である。地下約500〜700mの植物が腐蝕した泥炭層（モール層）から琥珀色の単純温泉が湧出している。そのユニークさから北海道遺産に指定されているほどで、年間延べ31万人の宿泊客を集めている。温泉については、1874（明治7）年の『北海道地誌要領』にある「音更川湯、河東郡ニアリ、泉質未詳」が最も古い文献であり、生ぬるい湯が湧いて周辺は冬も凍らず、鳥獣の休息場になっており、アイヌの人々は薬の湯と伝えていた。1900（明治33）年に依馬嘉平がこの湯を利用したのが十勝川温泉の始まりといい、その後、前田友三郎が1913（大正2）年に手掘りで掘削して30℃以上の温泉を得て温泉旅館を開業し、1928（昭和3）年には雨宮駒平が機械ボーリングで42℃の有力な温泉を得た。こうして、温泉名は下士幌温泉となり、雨宮温泉を経て昭和初期に十勝川温泉とよぶようになった。旅館が増え料理屋や土産品店もできて温泉街が形成された。

　現在、光と音のファンタジックショー「十勝川白鳥まつり」、アウトドア・インストラクターによる野遊び、川遊びの案内、5〜9月までの早朝にはバルーンで5分間ほど十勝平野の景観を楽しむこともできる。

交通：JR根室本線帯広駅、バス25分

⑩洞爺湖（とうやこ）
22万人、99位
炭酸水素塩泉、塩化物泉、硫酸塩泉

　道南西部、支笏洞爺国立公園の洞爺湖南西岸にあり、背後に有珠岳と昭和新山の活火山が聳える観光温泉地である。温泉は1910（明治43）年に有珠山の側火山である四十三山（よそみやま）の噴火で湧出し、1917（大正6）年に湖畔

で温泉宿が開業して床丹温泉とよばれていた。泉質は炭酸水素塩泉、塩化物泉、硫酸塩泉などであるが、温度は40℃未満で温泉湧出量は毎分600ℓと温泉資源性は高くはない。湖には中島、観音島、弁天島などが浮かび、蝦夷富士の羊蹄山を眺望できる景勝地に温泉街が形成されている。

　昭和前期の1940（昭和15）年には、ホテルと旅館が10軒あり、自炊制度も併用されていた。案内書には保養、慰安、療養向きと記され、療養のための滝湯や紫外線浴もあった。湖上ではモーターボートの遊覧を楽しめ、近くにゴルフ場も開設されていた。第2次世界大戦後は、中山峠を経由して札幌と2時間で結ばれるルートが開け、観光化の波に合わせて大規模な宿泊施設が林立する一大温泉地となった。森林博物館がある中島を巡る遊覧船は国内最大級の双胴船である。湖畔を取り巻いて56基の彫刻が点在するアートギャラリーもある。洞爺湖観光の最大のイベントは、毎年4月末から10月末まで毎日450発の花火を打ち上げるロングラン花火大会であり、これは1982（昭和57）年以来30年の歴史を有する。また、11月から3月末までの夜間には、温泉街が12,000ものイルミネーションで飾られる。

　昭和新山は、1944（昭和19）年に溶岩ドームが盛り上がり、高さ398mの山となった。郵便局長であった三松正夫は、ドームが刻々と成長する様を観察して貴重なダイアグラムを作成した。近くに100頭ものヒグマが飼育されている昭和新山熊牧場や世界各地から集めたガラスの館もある。1977（昭和52）年8月と2000（平成12）年には有珠山が大爆発し、温泉街の背後まで火砕流が押し寄せて大被害を受けた。現在、温泉街に接して火山活動と自然災害の実態を観察できるルートや火山科学館が整備され、ジオパークとして教育観光の振興に一役買っている。有珠山ロープウェイ山頂の展望台からは、洞爺湖、昭和新山を見下ろし、有珠山の噴火口を間近に観察できる。その他の行事として、伊達武者まつり（8月第1土曜日から1週間）がある。

交通：JR室蘭本線洞爺駅、バス15分

⑪カルルス　国民保養温泉地
単純温泉

　道南部、登別温泉から8km、オロフレ山麓の原生林に囲まれた環境にあり、札幌から車で1時間半で到達できる。泉質は単純温泉であり、ここは湯治場としての特性を有しており、1957（昭和32）年に北湯沢ととも

に北海道で最初の国民保養温泉地に指定された。1886（明治19）年、室蘭郡役所の日野愛憙が測量で山に入った際に温泉を発見した。彼の養子が温泉を飲んで慢性胃カタルが治ったので温泉地開発に意欲を燃やし、室蘭の市田重太郎と共同で事業を起こした。幌別からの道路を開削し、1899（明治32）年にカルルス温泉が誕生した。その地名は、札幌病院で温泉分析をした結果、チェコの世界的に有名なカルルスバード（カルロヴィ・ヴァリ）温泉に似ていることから命名された。昭和初年、室蘭病院の板澤庄五郎院長が胃腸病や神経痛によいことを示した。

第2次世界大戦後、開発者の曾孫が温泉を掘削し、50℃を超える毎分1,200ℓもの温泉を数軒の小規模旅館の内湯へ給湯した。閑静な環境にあるため、浴客のストレス解消に最適である。また、国民宿舎、国設スキー場が開設され、1986（昭和61）年には雇用促進事業団経営の全天候型テニスコート、ゲートボール場、多目的グラウンドや森林浴散歩コースが整備された。リフト、ジャンプ台、ナイター施設を完備したスキー場も開設され、日帰り客を加えて賑わう。近くに火口湖の橘湖、大自然を楽しめるオロフレ峠、登山や動植物の自然観察ができる来馬岳があり、豊かな滞在生活が送れる。3月第1日曜日にカルルス冬祭りが行われる。

交通：JR室蘭本線登別駅、バス登別温泉15分、乗り換えカルルス温泉20分

⑫洞爺・陽だまり　　国民保養温泉地
　　　　　　　　　　　塩化物泉、硫酸塩泉、単純塩泉

道南西部、札幌から国道230号で留寿都を経由し、2時間ほどの洞爺湖北岸にある保養温泉地である。1997（平成9）年に国民保養温泉地に指定された。洞爺村では、1982（昭和57）年に村当局の温泉掘削が成功して温泉地開発が進んだ。地下1,000mを超える4本の温泉大深度掘削が成功し、44～68℃の高温の塩化物泉と硫酸塩泉が毎分810ℓほど湧出した。適応症はリウマチ、高血圧症、神経痛、筋肉痛などで、洞爺温泉病院では温泉リハビリに利用している。8月の気温は26℃ほどで涼しく、秋は紅葉がきれいで、冬は洞爺湖が雪で囲まれる。

洞爺村は、1887（明治20）年5月に香川県財田町の旧丸亀藩士三橋政之が、実弟や募集した22戸、76名を引率して開拓の足跡を記したのが始まりである。日帰り温泉施設の村営「洞爺いこいの家」も開業し、洞爺湖を見下ろす展望浴場が好評である。「洞爺ふれ愛センター」の温泉浴場は

デイサービスにも利用され、一般客でも温泉浴場と運動施設を利用できる。宿泊施設は民間ホテルがある。環境省自然公園関係直轄事業として、水辺の里、財田キャンプ場、ふれあいパーク、大原ホロヌップや少年自然の家3カ所には各18ホールのパークゴルフ場が新設された。カヌーが体験できる洞爺湖ガイドセンターや夢遊館もある。湖畔に沿って、浮見堂公園をはじめ園地が連続し、洞爺湖を取り巻く町村が一体となって配置した彫刻が、洞爺村には16基も点在する。洞爺村を有名にした「洞爺村国際彫刻ビエンナーレ」は1993（平成5）年に始まったが、現在は休止している。ソウベツ川には9月中旬から1カ月間、サクラマスの遡上がみられ、親水公園と遊歩道が整備されている。

交通：JR室蘭本線洞爺駅、バス35分

⑬ニセコ温泉郷（昆布・湯本・新見・五色）

　国民保養温泉地
　塩化物泉、炭酸水素塩泉、硫黄泉、硫酸塩泉

　道南西部、ニセコ温泉郷は羊蹄山の西方のニセコアンヌプリ山をはじめ、連山の山麓一帯が支笏洞爺国立公園とニセコ積丹小樽海岸国定公園に属し、風光明媚な景観と温泉資源に恵まれている。温泉地はニセコアンヌプリ、ニセコ五色、ニセコ昆布、ニセコ薬師、ニセコ湯の里、ニセコ湯本、ニセコ新見（秘湯）などが点在してニセコ温泉郷を構成し、1958（昭和33）年に国民保養温泉地に指定された。

　明治期には温泉旅館があり、昭和前期にスキー場が開発され、夏はハイキング、冬はスキーの理想郷といわれた。各温泉地には数軒の宿泊施設があり、自噴の温泉湧出量が多くて塩化物泉、硫黄泉、炭酸水素塩泉などの泉質や自然環境など、それぞれに特色がある。豊富な温泉を利用した露天風呂は、各温泉地の観光価値を高めており、登山、ハイキング、スキーの客や保養滞在客の心身を癒している。源泉の大湯沼があるニセコ湯本温泉は、1996（平成8）年に環境省の「ふれあいやすらぎ温泉地」にも指定され、温泉沼を巡る遊歩道や自然展示館が整備された。大湯沼の湖面には、硫化水素が球状の泡となっており、珍しい。近年、オーストラリアからのスキーヤーが数多く訪れており、国際色が強まった。

交通：JR函館本線ニセコ駅、タクシー25分（湯本温泉）

⑭恵山（恵山・恵山岬）　国民保養温泉地
　　　　　　　　　　　硫酸塩泉、塩化物泉

　道南西部、函館市に属し、亀田半島南端の津軽海峡を望む恵山に位置し、1965（昭和40）年に国民保養温泉地に指定された。恵山は活火山であり、温泉は40℃の高温の硫酸塩泉と塩化物泉が湧き、海岸の岩場と一体化した露天風呂が心身を癒してくれる。一帯は恵山道立自然公園に指定されており、エゾヤマツツジの群落が広がっている。恵山の山頂から有珠山、羊蹄山や青森県の下北半島を遠望できる。

交通：JR函館本線函館駅、バス1時間半

⑮十勝岳（十勝岳・吹上）　国民保養温泉地
　　　　　　　　　　　　酸性泉

　道中央部、大雪山国立公園に属し、標高1,200mの十勝岳の高原に十勝岳温泉がある。1967（昭和42）年に国民保養温泉地に指定された。近くに吹上温泉もあり、大自然の景観を楽しめる岩場に褐色の温泉に浸かれる露天風呂が設けられている。一帯はエゾマツ、トドマツの針葉樹林で覆われ、6〜7月には高原に色とりどりの高山植物が咲き乱れる。秋には、紅葉が見事であり、冬には十勝岳温泉周辺がスキー場となり、雪質は東洋一ともいわれる。吹上温泉保養センターは、豊富な温泉を活かした健康増進、保養のための研修施設である。

交通：JR富良野線上富良野駅、バス50分

⑯然別峡　国民保養温泉地
　　　　　塩化物泉、炭酸水素塩泉

　道中央部、大雪山国立公園の南東に位置し、標高1,836mのウペペサンケ山南麓の温泉地である。1971（昭和46）年に国民保養温泉地に指定された。大自然の真っ只中に約40〜78℃の高温の温泉が30カ所以上の泉源から自噴しており、湧出量は毎分2,800ℓにもなる。この源泉地帯は半径約2kmに及び、地熱の温度は90℃にもなるという。「かんの温泉」の露天風呂は黄土色の温泉が溢れ、内湯は洞穴にあって透明な温泉を楽しめる。一帯はユーヤンベツ川、シーシカリベツ川の清流が「岩戸の滝」「洞門の滝」「夫婦の滝」をつくり、7月にはエゾイソツツジ、ガンコウラン、エゾシャクナゲなどをはじめ50種もの花が咲き乱れ、9月中旬から1カ月間は紅葉が美しい。

交通：JR根室本線帯広駅、送迎1時間半

⑰芦別(あしべつ)　国民保養温泉地
　　　　炭酸水素塩泉、塩化物泉

　道中央部、旭川の南西に位置し、森林で覆われた自然環境のもとに「星の降る里」といわれる芦別市の温泉地がある。1973（昭和48）年に国民保養温泉地に指定され、保養と健康づくりの客を対象に、露天風呂、サウナのある大浴場「星遊館」が整備された。夏は花菖蒲園が彩りを添え、オートキャンプ場が開かれ、パークゴルフ、テニスなどが盛んになり、秋の紅葉シーズンを迎える。冬は銀世界となり、スキー、スノーボードの客で賑わう。

交通：JR根室本線芦別駅、バス20分

⑱雌阿寒(めあかん)　国民保養温泉地
　　　　硫酸塩泉、塩化物泉

　道東部、この温泉地は阿寒国立公園内の南西、雌阿寒岳、阿寒富士などの西麓に位置し、アカエゾマツの純林で覆われている。1973（昭和48）年に国民保養温泉地に指定された。温泉は42℃を超える高温の硫酸塩泉、塩化物泉が毎分2,000ℓも湧き出ている。雌阿寒オンネトー（アイヌ語で老いた大きな沼）は火山性堰止湖であり、青く澄んだ水の色が変化するので「五色沼」ともよばれる。雌阿寒岳と阿寒富士が並んで湖面に映る神秘的な景色は、大自然の一大絶景であると称される。

　オンネトーから1.4kmほどの阿寒富士山麓に、43℃の温泉が30mの高さから2条の滝に分かれて流れ落ちる「湯の滝」がある。苔むした岩と温泉の流れが調和して美しいが、流れに沿って黒い酸化マンガンが堆積し、その生成を陸上で観察できる唯一のものとして国の特別天然記念物に指定されている。さらに、湖畔には国設キャンプ場が整備され、一帯は自然休養林や自然休養村にも指定されている。

交通：阿寒湖畔バス20分、雌阿寒登山口下車、オンネトー行きバス20分

⑲湯ノ岱(ゆのたい)　国民保養温泉地
　　　　炭酸水素塩泉

　道南西部、津軽海峡を挟んで津軽半島と対峙する渡島半島南端の温泉地である。1974（昭和49）年、国民保養温泉地に指定された。この温泉は炭酸水素塩泉が毎分1,200ℓも自噴しているが、宿泊施設は1軒のみであ

る。天ノ川の清流ではイワナやアユなどの釣りや山菜採り、秋の紅葉とナメコ、山葡萄の採取、冬はスキー場でのレジャーなど、四季を通じて楽しめ、湯量豊富な温泉で疲れを癒すことができる。
交通：JR江差線湯ノ岱駅、10分

⑳ 盃（さかずき）　国民保養温泉地
塩化物泉

　道中西部、北海道入口の渡島半島に続く積丹半島には、日本海に突き出た雄大な海岸線が連続する。半島付け根の泊村はニシン漁で栄えた歴史を有する。盃温泉は泊村北端の海岸にあり、切り立った海食崖と高さ55mの象徴的な弁天島が海岸線に変化を与えている。

　温泉は昭和初期に発見され、46℃、毎分280ℓの塩化物泉は、村当局が集中管理方式で村営国民宿舎と旅館に配湯している。温泉は慢性関節炎、リウマチや神経痛などによいといわれ、1975（昭和50）年に国民保養温泉地に指定された。1973（昭和48）年の延べ宿泊客数は15万人、日帰り客数は24万人を数えたが、近年でも宿泊客数は13万人を維持している。海を眺望できる高台の旅館が露天風呂を設置して以後は、日帰り客が増加した。温泉地内の海水浴場は、夏の格好のレクリエーション地である。遊歩道が整備されて弁天橋が架けられ、夜間照明のあるパークゴルフ場やテニス場、多目的広場がある。さらに、通年利用ができるアイスリンクがあり、スケート、カーリングのほかにトレーニング施設も整備された。その他、歴史的建造物を保存した「鰊（にしん）御殿とまり」や泊原子力発電所があり、PRセンターの「とまりん館」や風力発電の風車が並ぶ泊ウインドヒルズなどもある。
交通：岩内バス停、バス40分

㉑ 貝取澗（かいとりま）　国民保養温泉地
炭酸水素塩泉

　道南西部、渡島半島西部の日本海に面した温泉地であり、50℃を超える高温の炭酸水素塩泉が毎分約500ℓほど湧出している。日本海の離島の奥尻島と相対し、日本海追分ソーランラインの観光の一翼を担っている。一帯は檜山道立自然公園に隣接し、荒海に削られた岩石海岸が続いており、磯釣りの適地である。

　温泉地は海岸線から400mほど内陸の崖に沿って立地している。貝取澗

川上流に形成された渓谷遊歩道は、四季折々の散策に適している。1976（昭和51）年、国民保養温泉地に指定されており、拠点の国民宿舎にはガラス張りの屋内浴場とともに、屋外の黄土色の温泉で彩られた露天風呂があり、温泉好きにはたまらない。

交通：JR函館本線八雲駅、バス55分、熊石停留所より送迎バス、1時間半

㉒幕別（まくべつ）　国民保養温泉地　塩化物泉

道中南部、十勝平野の中心都市の帯広に近い標高90mの台地上にあり、50℃に近い高温の塩化物泉が湧く温泉地である。1977（昭和52）年に国民保養温泉地に指定された。広大な平野は火山灰が堆積した洪積台地をなし、麦、ジャガイモなどの畑作地帯となっており、北に石狩山地、西に日高山脈が連なる景観を展望できる。温泉地にはパークゴルフ場、郷土資料館、散策路や家族連れで楽しめるガーデンパークがある。

交通：JR根室本線帯広駅、バス15分

㉓ながぬま　国民保養温泉地　塩化物泉

道中西部、石狩平野の南端の台地にあり、温泉は50℃の高温の塩化物泉が湧き、湧出量は毎分1,900ℓに及ぶ。1988（昭和63）年、国民保養温泉地に指定された。札幌から車を利用すれば1時間で到達でき、高台から石狩平野の農村景観を展望するだけで心身が癒される。温泉地には、オートキャンプ場、パークゴルフ場などが整備されている。近くにはハイジ牧場をはじめ、多くの牧場があり、動物とふれあえる。冬季には長沼スキー場がオープンする。

交通：JR函館本線札幌駅、バス1時間半、JR千歳線北広島駅、バス30分

㉔豊富（とよとみ）　国民保養温泉地　塩化物泉

道北部、宗谷本線に沿って北上すると、サロベツ原野が広がる中に日本最北端の温泉といわれる豊富温泉がある。大正時代末の油田開発に伴って温泉が湧出し、1927（昭和2）年に旅館が開業したユニークな温泉地である。塩化物泉の温泉が利用され、6軒の旅館に約6万人の宿泊客が来訪している。観光客が増加している利尻島、礼文島にも近いので、その宿泊客を誘致するなど新たな展開が期待されている。1992（平成4）年に国民保

養温泉地に指定され、アトピーなどの皮膚病の患者の滞在が増えており、豊富観光協会は大都市圏からの湯治ツアーを実施している。そのため、遠隔地からの湯治客が多く、これらの湯治客のための情報センターも兼ねる日帰り温泉施設「ふれあいセンター」があり、日帰り入浴客は9万人を数える。

交通：JR宗谷本線豊富駅、バス15分

㉕川湯（かわゆ）　硫黄泉

　道東部、屈斜路湖に近い活火山の硫黄山麓にあり、阿寒国立公園の拠点である。温泉は硫黄泉であり、湧出量は毎分4,500ℓと豊富で温泉資源に恵まれている。温泉地は硫黄を採取するために入植した安田善次郎によって1886（明治19）年に開かれた。初夏になると、噴気地帯の近くでは白樺林と調和したシロエゾイソツツジの群落が広がり、観光資源性を高めている。20軒を超える旅館の年間宿泊客数は20万人に達する。

　屈斜路湖岸には碁石が浜のある仁伏温泉、砂湯や赤湯のある池ノ湯温泉、湖中の熱泉や噴気孔の多い和琴温泉などが点在している。川湯温泉への交通の拠点として弟子屈温泉や鐺別温泉があるので、川湯から多様な温泉地を巡ることができる。川湯は原田康子のベストセラー小説『挽歌』の舞台であり、後に映画化された。また、32回の優勝を誇る大横綱・大鵬の出身地であり、大鵬相撲記念館が設置されている。

交通：JR釧網本線川湯温泉駅、バス10分

㉖糠平（ぬかびら）　塩化物泉

　道中央部、大雪山系の音更川上流の糠平湖畔にあり、ニペソツ山、ウペペサンケ山を仰ぐ景勝の地に立地している。42℃以上の高温泉が毎分750ℓほど自噴し、温泉資源と景観に恵まれた山の温泉地として年間6万人の宿泊客が訪れる。行楽、登山やスキーの拠点として、宿泊施設は11軒あり、収容人数も1,000人に達する。

交通：JR根室本線帯広駅、バス1時間40分

㉗天人峡（てんにんきょう）　硫酸塩泉、塩化物泉

　道中央部、大雪山国立公園に属し、旭岳南麓の忠別川上流の天人峡にあ

る温泉地である。高温の硫酸塩泉と塩化物泉が毎分400ℓほど自噴しており、3軒の宿があり宿泊客は5万人を超えている。峡谷に沿って歩くと北海道最大の羽衣ノ滝があり、さらに上流には敷島ノ滝が続いている。大雪山やトムラウシ山の登山基地として知られる。

交通：JR函館本線旭川駅、バス1時間

㉘温根湯（おんねゆ）　単純温泉

　道中央部、道東と旭川を結ぶ国道39号沿いの無加川河畔に立地している北見市（旧瑠辺蘂町）の温泉地である。1899（明治32）年、国沢嘉右衛門と大江輿四蔵によって温泉旅館が開業したという歴史がある。その後、旅館の数も増えたが、現在では宿泊施設は4軒であり、収容人数は約2,000人で規模が大きい。高温の温泉が毎分1,200ℓも湧出しており、温泉資源性は高い。かつては歓楽的色彩もあったが、現在は1mものイトウが40匹もいる日本一の「山の水族館」が開業するなど多様な観光客を集めており、年間延べ宿泊客数は約16万人を数える道央東部の有力な観光温泉地となっている。

交通：JR石北本線留辺蘂駅、バス20分

㉙朝里川（あさりがわ）　塩化物泉、硫酸塩泉

　道南西部、1954（昭和29）年に小樽市南東郊外の朝里川沿岸で開発された新興温泉地である。小樽や札幌といった大都市に近く観光や行楽の客が多い。朝里川背後の台地一帯は、スキー場として知られ、ゴルフ場やテニスコートもある。温泉資源性は高くはないが、大都市隣接の行楽地として機能しており、年間延べ宿泊客数は13万人を数える。

交通：JR函館本線小樽駅、バス20分

2 青森県

地域の特性

　青森県は、本州最北端に位置する県であり、奥羽山脈によって東の南部地方、西の津軽地方に分けられる。本州最北端、大間崎のある下北半島は、陸奥湾をはさんで西の津軽半島と向き合っており、恐山の霊場や仏ヶ浦の見事な海食崖など見所が多い。県庁所在地の青森市は青函連絡船の拠点であった。近くに縄文遺跡の三内丸山遺跡があり、南部は八甲田山からカルデラ湖の十和田湖へと続く。十和田湖から流れ出る奥入瀬渓谷は、十和田八幡平国立公園のハイライトであり、新緑や紅葉の季節には多くの観光客で賑わう。

　西部は津軽平野の農村地域であり、中心の弘前市は近世期には津軽氏10万石の城下町であった。桜の花で覆われる弘前城、武家屋敷の続く歴史的町並みなど歴史遺産も豊富である。丘の上からは秀麗な津軽富士の岩木山をバックに、一面に広がる日本最大のリンゴ園が眺められる（生産量は全国の58％）。世界遺産の白神山地のブナの原生林や十三湖の湖沼群が点在し、日本海に沈む夕日を眺めるのも楽しい。

◆旧国名：陸奥　県花：リンゴノハナ　県鳥：ハクチョウ

温泉地の特色

　県内には宿泊施設のある温泉地が143カ所あり、源泉総数は1,093カ所、湧出量は毎分14万ℓで全国4位であり、温泉資源に恵まれている。年間延べ宿泊客数は136万人で全国27位にランクされる。新興の犬落瀬堀切沢が宿泊客数45万人で最も多く、次いで浅虫（20万人）、奥入瀬十和田（12万人）が上位を占める。その他、10万人未満の中小規模の温泉地が山間部に多く分布している。

　国民保養温泉地は1954（昭和29）年に日本で最初に指定された酸ヶ湯が知られるが、その後に薬研が加わった。その年間延べ宿泊客数は7万

4,000人である。観光、保養に適した温泉地は、浅虫、嶽、大鰐、碇ヶ関、蔦や新興の古牧などがあり、自炊施設の伝統を守っている温湯、日本海に沈む夕日の露天風呂で知られる不老ふ死、下北半島のヒバ林に覆われた薬研など、個性的な温泉地も数多く分布している。

主な温泉地

①酸ヶ湯（すかゆ）
国民保養温泉地
硫酸塩泉

　県中南部、十和田八幡平国立公園内、八甲田山西麓の標高925mに位置し、我が国を代表する湯治場として発展してきた。温泉は硫酸塩泉が毎分300ℓほど自噴し、泉温40℃前後の湯が一度に350名ほど入浴できる有名なヒバの大浴場（千人風呂）に利用されている。混浴の浴槽は「熱の湯」「冷えの湯」「四分六分の湯」と「鹿の湯（滝湯）」に分かれている。1954（昭和29）年、日光湯元、四万とともに日本で最初の国民保養温泉地に指定された。温泉療養や保養を目的とした滞在型の湯治客だけではなく、ブナ林に覆われた一軒宿の風情や総ヒバ造りの千人風呂大浴場などを求めて訪れる観光の宿泊客や日帰り客も多い。

　温泉は江戸時代の1684（貞享元）年に発見され、地元有志が湯治宿を開業したのは明治初年である。年間延べ7万人ほどの宿泊客が訪れているが、近年、滞在日数は3〜4泊ほどと短くなり、観光市場は青森県内のほか、東北各地や関東地方へと広域化している。酸ヶ湯は新緑と紅葉が素晴らしく、スキーや登山の野外レクリエーションにも適している。周辺の蔦、谷地、猿倉、青荷などの温泉地や十和田湖と奥入瀬渓流を巡る観光ルートの拠点でもある。

交通：JR奥羽本線新青森駅、バス1時間半

②薬研（やげん）
国民保養温泉地
単純温泉

　県北部、下北半島北部に位置し、日本三大美林のヒバの原生林で覆われた山地にある温泉地で、下北半島国定公園や津軽国定公園を巡る観光の拠点ともなっている。1971（昭和46）年に国民保養温泉地に指定された。この温泉地は大畑川上流の渓谷にあり、温泉が湧出する場所の地形が漢方の薬種を粉にする器（薬研）に似ているのでこの地名がつけられたという。

近世初期の寛文年間（17世紀中葉）に南部藩の湯守が入山したという歴史を有する。近くの奥薬研では河床から温泉が湧いており、露天風呂もある。一帯は秋の紅葉が素晴らしく、イワナ、ヤマメが生息し、アユが放流されていて県下有数の川釣り場となっている。

交通：JR大湊線下北駅、バス45分

③不老ふ死　塩化物泉

　県南西部、日本海に面する一軒宿の秘湯的な温泉地が、近年では海岸の岩場に造られた露天風呂からの夕日鑑賞が脚光を浴び、数多くの観光客を集めるようになった。かつて、JR五能線の艫作駅から徒歩15分ほどの海岸にあるこの地での温泉掘削は困難を極めたが、幸いに温泉開発に成功し、地下200mから52℃の黄褐色の温泉が毎分400ℓほど湧出している。近くには世界遺産に指定された「白神山地ブナ原生林」があり、自然保護に尽力された先人の労苦を知るためにも訪れるとよい。

交通：JR五能線艫作駅、徒歩15分

④浅虫　硫酸塩泉、塩化物泉

　県中央部、青森湾に面し、東北地方を代表する観光温泉地として知られる。歓楽色が強かったため、近年の客の観光志向性が変化するなかで、近隣の保養温泉地の成長に比べて宿泊客数は停滞気味であるが、年間20万人の宿泊客を受け入れている。2010（平成22）年12月4日には、東北新幹線の延長に伴ってJR線の浅虫温泉駅はなくなり（青い森鉄道線に譲渡）、新たな取り組みが求められている。

　鎌倉初期、円光大師諸国巡錫の際に鹿が海浜で湯浴みしていたため温泉が発見されたが、地元民は入浴するよりも麻を蒸していたので、後にこれが浅虫の地名に転訛したという。青森湾に浮かぶ湯の島、裸島や夏泊半島の景観、海水浴の適地である砂浜海岸を観光資源としており、観光立地条件に恵まれている。第2次世界大戦後は観光化、歓楽化の道をたどり、今日にいたった。泉質は硫酸塩泉、塩化物泉で、高温の源泉は100を超え、湧出量も多いので、集中管理方式のもとに規模の大きな浴場施設に利用されている。今後は日帰り客も受け入れつつ、周辺の性格の異なる温泉地との連携を図って、湯めぐり観光客の増加を推進することも期待される。青

森県出身で文化勲章受章者の版画家棟方志功は、浅虫温泉の椿館を定宿としていたので、関係資料が残されている。

交通：青い森鉄道浅虫温泉駅

⑤百沢(ひゃくざわ)　炭酸水素塩泉

　県中央部、弘前市の西方、岩木山麓にある温泉地であり、42℃以上の高温泉が多く、毎分湧出量も約3,000ℓで著しく多い。岩木山神社の参詣登山客、スキー客の立ち寄りや宿泊が多く、手頃な料金で宿泊でき、年間延べ宿泊客数は約3万人を数える。

交通：JR奥羽本線弘前駅、バス45分

⑥温湯(ぬるゆ)　塩化物泉

　県中央部、黒石市の浅瀬石川(あせいし)河畔にあり、450年ほど前に鶴の湯浴で発見されたという。共同浴場を囲んで内湯のない客舎が建ち並ぶユニークな集落形態の温泉地である。客舎は自炊をして長期滞在をする湯治客専門の宿であり、共同浴場の温泉は、50℃を超える高温の塩化物泉が利用されている。温湯は伝統的な津軽系こけしの産地でもあり、その継承が望まれている。

交通：弘南鉄道黒石駅、バス20分

⑦青荷(あおに)　単純温泉

　県中南部、黒石市にある秘湯であり、ランプの宿として知られている。源泉は42℃以上であり、湧出量も毎分300ℓで多く、温泉資源は優れている。年間延べ宿泊客数も18,000人と多いが、日帰り客も秘湯の風情を味わうことができる。

交通：弘南鉄道黒石駅、バス45分

⑧大鰐(おおわに)　塩化物泉

　県中南部、東北自動車道の近くに歴史のある大鰐温泉が立地している。約100本の源泉があり、いずれも42℃以上の自噴泉が湧出するが、利用源泉はわずかに3本であり、毎分1,100ℓの温泉が利用されている。大鰐温泉の開湯は、1190（建久4）年頃に円智上人が病に倒れた際に大日如来の

分身が夢枕に立ち、この温泉に浴すれば病が治るとのお告げを受け、その後の大鰐温泉の発展をもたらしたという。また、1593（文禄2）年、津軽藩主の津軽為信が眼病にかかった際、薬師如来のお告げを受けて大石の下から湧く熱湯を発見したともいわれる。温泉地は平川の河岸に立地し、豊富な温泉資源を利用して共同浴場が8カ所もある。スキー場として知られているが、流水プールやウォータースライダーのある「スパガーデン湯〜とぴあ」をオープンさせるなど、四季を通じての多様な客層の誘致を図ったが、現在閉鎖されている。行事として、丑湯まつり（土用丑の日の2日間）がある。

交通：JR奥羽本線大鰐温泉駅、徒歩10分

⑨蔦（つた）　単純温泉　硫酸塩泉

県中南部、八甲田山東麓の標高480ｍに位置し、ブナの原生林に覆われた一軒宿の秘湯である。明治の文豪の大町桂月が晩年を過ごした温泉地としても知られる。地下から温泉が湧き出している浴槽はブナとヒバの木造りで、山の秘湯の風情を味わえる。近くの遊歩道を散策すれば、小鳥や植生の観察を兼ねて点在する蔦七沼を巡ることもできる。

交通：JR東北新幹線新青森駅、バス1時間50分

⑩古牧（こまき）　単純温泉

県東部、三沢市にある温泉地であり、1991（平成3）年に旧財閥渋沢栄一の邸宅が現在地に移築され、22万坪の広大な土地が総合温泉観光公園として開発され、大浴場や温水プール、日本庭園、民俗博物館、南部曲がり家などが配置された。落ち着いた雰囲気のもとに、屋内には総ヒバ造りの温泉大浴揚、屋外にも大露天風呂が配置されており、ユニークである。現在、星野リゾートグループが諸施設を引き継いで経営している。

交通：青い森鉄道三沢駅、徒歩5分

3 岩手県

地域の特性

　岩手県は、東北地方の北東部を占め、北海道に次ぐ全国2位の広い面積を有する県である。南北に走る奥羽山脈を境に東側の山麓には日本第5位の北上川が流れ、盛岡、花巻、北上、一関などの主な都市を貫流している。北上川の東は北上高地で占められ、主に古生層の隆起準平原で開析が進んでいる。太平洋岸は陸中海岸国立公園に指定され、北部で海岸段丘が発達して北山崎の見事な海食崖をつくり、南部には三陸のリアス式海岸が続いていて浄土ヶ浜の景勝地となっている。気候の特色として、春から初夏にかけて北東の寒冷な「やませ」が吹き込み、古来冷害をもたらす局地風として知られる。

　自然条件から畜産、リンゴ生産、林業、水産業などに特化しており、また近年では、新幹線や航空網の発達で観光産業が盛んである。奥州平泉の中尊寺、毛越寺や厳美渓、柳田國男の『遠野物語』の遠野、6月10日の盛岡市の「チャグチャグ馬コ」など地方色豊かな観光対象が多い。

◆旧国名：陸中、陸前、陸奥　県花：キリノハナ　県鳥：キジ

温泉地の特色

　県内には宿泊施設のある温泉地が97カ所あり、源泉総数は360カ所、湧出量は毎分6万4,000ℓで全国12位である。年間延べ宿泊客数は381万人で全国12位にランクされる。中心的な花巻温泉郷と近接の花巻南温泉郷が各50万人、24万人で宿泊客を多く集めている。岩手県は温泉資源と山岳景観に恵まれており、青森県との県境に近い金田一、県南部の奥羽山脈中にある秘湯の須川、真湯、夏油の3温泉地域は国民保養温泉地に指定されていて、その宿泊客数は3万5,000人ほどである。各地に伝統のある滞在型湯治場の雰囲気を今に残している温泉地も多い。

主な温泉地

①花巻温泉郷（花巻・台）

50万人、44位
単純温泉、硫黄泉、硫酸塩泉

　県中央部、花巻市にある花巻温泉を中心に、近くの台温泉を加えて花巻温泉郷を形成している。花巻温泉は1923（大正12）年に金田一国士が1kmほど離れた台温泉から硫黄泉を引湯して開いた温泉地である。客の志向に合わせて旅館や貸別荘など多様な宿泊施設を整備し、さらに隣接した遊園地には動物園、高山植物園、薬草園などを配し、運動場もあった。かつては花巻電鉄が旧国鉄花巻駅から連絡していて交通の便はよかったが、現在はバス路線に変わっている。この一大温泉地域は関西の宝塚に対抗して造成されたといい、国際興業の資本のもとに和風旅館、ホテルや園地などを含めて環境、景観の保全に十分配慮した観光温泉地が形成されている。大浴場、露天風呂など施設が充実している上、宿泊料金がリーズナブルなため、台温泉も含めて年間延べ50万人の宿泊客を集めている。ホテルに隣接して、宮沢賢治が設計した日時計花壇や詩碑のある緑地が広がり、釜淵の滝もあり散策によい。JR東北新幹線新花巻駅からも近く、東北自動車道花巻インターチェンジからは5分で到着できる。

　近くの台温泉は15軒ほどの和風旅館が並ぶ落ち着いた町並みを残している。温泉は80℃以上もある高温の硫酸塩泉、硫黄泉である。坂上田村磨呂がこの湯に浸かって「躰癒ゆ」といい、この地を台とよぶようになった伝説や、387（元中4）年に猟師が山中で雉を追って湯けむりをみたが、これを聞いた将監が山へ入り温泉を発見したという言い伝えがある。各旅館とも日帰り客の温泉入浴を歓迎している。行事として、賢治祭での童話劇、鹿踊り、鬼剣舞（9月21日）、無病息災と五穀豊穣祈願の胡四王神社蘇民祭（1月2日）がある。

交通：JR東北新幹線新花巻駅、バス30分

②花巻南温泉郷（松倉・志戸平・渡り・大沢・山の神・高倉山・鉛・新鉛）

24万人、95位
塩化物泉、硫黄泉、単純温泉

　県中央部、ほぼその中心に花巻南温泉郷があり、北上川の一支流である

豊沢川の渓流に沿って、上流から新鉛、鉛、高倉山、山の神、大沢、渡り、志戸平、松倉の8つの温泉地が分布している。泉質も硫黄泉の大沢や単純温泉の鉛など異なっているので、湯めぐりにもよい。このうち、鉛、大沢、志戸平の諸温泉は歴史が古く、浴場にも特色がある。鉛温泉の白猿の湯は深さ1.25mのユニークな立ち湯の浴槽であり、観光客も多い。大沢温泉は自炊部を維持しており、湯治客は格安で滞在できる。鉛温泉と大沢温泉はともに、それぞれ河岸に面した小段丘の平坦地を利用して宿泊施設が建っており、周囲は自然の落葉樹林で覆われ、春の芽吹きと新緑、夏の緑陰、秋の紅葉、冬景色など、四季折々の変化に富んだ自然景観を堪能できる。両温泉地は、いずれも一軒宿ではあるが、自炊中心の湯治部と1泊客中心の旅館部を備えていて規模が大きく、多くの湯治客や保養客に閑静な安らぎの場を提供している。

　花巻南温泉郷には、その他に湯治場としての機能を有する志戸平温泉もあるが、これらの湯治場として名を知られる諸温泉地は、いずれも国民保養温泉地の指定を受けていない。山の神温泉では、落ち着いた大露天風呂への日帰り入浴も可能であり、昼食付きプランもある。鉛温泉、大沢温泉などへのアクセスはよい。東京からは、約2時間半でJR東北新幹線新花巻駅に到着し、バスで約45〜50分で到達できる。しかし、湯治客が多い三陸海岸方面からは、釜石線で花巻まで来て、バスやタクシーに乗り換えることになる。新幹線新花巻駅からはバスの本数が少ないので、花巻までは釜石線を使うと便利である。さらに、花巻空港へは札幌、名古屋、大阪、福岡から定期便が乗り入れており、台湾からのチャーター便も運航されている。大沢温泉では、4月末に金勢まつりが行われる。

交通：JR東北新幹線新花巻駅、バス45分

③ 八幡平（藤七）　国民保養温泉地
炭酸水素塩泉

　県中西部、八幡平の頂上に近い秋田県境に接した標高1,400mの高地に、一軒宿の藤七温泉があり、1959（昭和34）年に国民保養温泉地に指定された。1932（昭和7）年に秋田県湯瀬温泉のホテルが経営を始め、1969（昭和44）年までは地熱利用の湯治オンドル小屋があった。また、屋外には点在して日光浴台が置かれていた。翌年に八幡平アスピーテラインが開通すると、訪れる人のほとんどが観光客に替わった。雲上の90℃の乳白色

の露天風呂入浴が体験でき、近くに公営国民宿舎やキャンプ場も整備され、夏季には東京方面から訪れる若者が多くなった。混浴露天風呂では女性がバスタオルを利用でき、人気がある。一帯の高山植物を観察するのも楽しい。

交通：JR東北新幹線盛岡駅、バス2時間

④須川・真湯(すかわ・しんゆ)　国民保養温泉地
含鉄泉、硫酸塩泉

　県南西部、栗駒山の北斜面、標高1,125mの高地にあり、夏の平均気温は昼でも20～25℃、夜間は15～20℃という涼しさである。清浄な空気と紫外線の強さと相まって気候療養地としても知られる。素晴らしい眺望の高原には日光浴台が置かれ、地蒸し小屋もあって環境療法の保養温泉地として高く評価される。温泉は溶岩流末端の隙間から湧き出し、温度は47℃で毎分6,000ℓの湧出量を誇り、須川を特色づける千人風呂大浴場を誕生させた。

　この温泉は平安時代、9世紀後半の『三大実録』に記述されているという。地元巌美村の有志数名の共同経営のもとに運営され、1958（昭和33）年に近くの真湯とともに国民保養温泉地に指定された。冬季の積雪による被害で経営難が続き、岩手県南バスの資本進出によって、自炊部に加えて旅館部を新設し、観光客の誘致にも取り組んだ。三陸海岸の漁民や近くの農民からなる自炊湯治客は、かつては2週間もの長期滞在であったが、時代の変化で3～5日ほどとなり、日帰り客が増加した。東北大学の温泉医の指導で、蒸し湯の血圧低下や自然治癒力増大の効果が明らかとなり、療養相談も行われてきた。須川温泉は栗駒山登山の基地としての利用も多いが、強酸性の「直しの湯」としての硫酸塩泉の真湯温泉を訪ねるのもよい。

交通：JR東北新幹線一関駅、バス1時間30分

⑤夏油(げとう)　国民保養温泉地
塩化物泉、硫酸塩泉

　県南西部、奥羽山脈の真っ只中に位置し、夏油川の渓谷にあるこの温泉地は、栗駒国定公園内のブナの繁る標高700mの山間部にある。湯治場、秘湯としての特性を有しており、1965（昭和40）年に国民保養温泉地に指定された。東北新幹線北上駅からバスで約1時間で到達できる。平安時代、天台僧慈覚大師が経塚山に宝徳寺を建立した際に温泉を発見したとか、

東北地方　71

南北朝時代の建武年間に、猟師が白猿の湯浴みを見たともいわれる。自噴泉は50〜67℃の高温の塩化物泉、硫酸塩泉であり、湧出量は毎分360ℓである。風情のある露天風呂が渓谷に点在し、元湯夏油旅館には大湯、目（女）の湯、滝の湯、新湯、疝気の湯の5カ所の露天風呂がある。別館の国民宿舎夏油山荘には白猿の湯が2カ所あり、日帰り客に開放されている。

　温泉は古来、胃病によいといわれたが、神経痛、リウマチなどのリハビリの客も増えている。以前は県内の自炊湯治客が数多く、三陸地方の漁民が30〜40代の壮年期に来訪する習慣もあった。現在では、県外からの保養や観光の客が秘湯を求めて多く来訪している。自炊湯治棟が並ぶ素朴な湯治場景観が印象的であり、周囲は森林で覆われ、渓谷には露天風呂が点在している。渓谷に沿って、国指定特別天然記念物の高さ18m、基底部の直径25mという日本最大の石灰華ドームの天狗岩がある。11月初旬から4月末までの冬季間は、豪雪のために閉鎖される。

交通：JR東北新幹線北上駅、バス1時間

⑥ 金田一（きんだいち）　国民保養温泉地
単純温泉

　県北部、青森県境に接する二戸市（にのへ）にあり、東北新幹線二戸駅からバスで30分ほどの場所に位置し、アクセスのよい温泉地である。温泉は30℃ほどの低温ではあるが、温泉湧出量は毎分1,600ℓに及んでいる。1994（平成6）年に国民保養温泉地に指定された。この温泉地の歴史をみると、江戸時代初期の1625（寛永3）年に発見されたといい、南部藩の「侍の湯」の湯治場として栄えたが、豊臣秀吉の天下統一の合戦場でもあった。国指定史跡である「九戸城跡」があり、瀬戸内寂聴の青空法話が開かれる東北最古の葉養山天台寺もあって、温泉と歴史の町として知られる。春の山菜採り、夏のアユとホタル狩り、秋の紅葉とリンゴ狩りなどの楽しみが多い。

交通：JR東北新幹線二戸駅、バス30分

⑦ 繋（つなぎ）　硫黄泉

　県中西部、奥羽山脈東方の御所ダム湖畔に位置し、県庁所在地の盛岡にも近い環境にあって、その奥座敷的役割を担ってきた。地名は1060（康平3）年頃に源義家が安倍貞任を討ったときに、馬を石に繋いで入浴をしたことに由来があるという。岩手山を望み、湖上でのレジャーや近くにあ

る岩井牧場での楽しみもあって観光の拠点となっており、年間20万人も宿泊客を集めている。

交通：JR東北新幹線盛岡駅、バス30分

⑧湯本(ゆもと)・湯川(ゆがわ) 塩化物泉

　県中西部、和賀川の段丘上に立地している湯本温泉は、明治期には自炊旅館の集まった湯治場であったが、1924（大正13）年に横黒線（北上線）が開通すると、近隣地域の人々が旅籠屋（観光旅館）経営に参加した。この頃、近くの湯川温泉は、長期滞在の自炊客が集まる湯治場であった。

　第2次世界大戦後、1950年代頃から観光化がいっそう進み、湯本温泉は、バー、酒場などが集中した歓楽温泉といわれたが、戦後の早い時期に温泉集中管理方式を導入したことは評価される。観光市場も農村部から骨休めに訪れる滞在型ではなく、宿泊客は1泊の30～40代の中高年層の都市住民へと替わり、湯川との機能分化が進んだ。現在、近くの湯田ダムの錦秋湖は、新たな観光資源となり、温泉地周辺でのスキー、和賀川のアユ釣り、博物館見学など、家族連れで楽しめる。

交通：JR北上線ほっとゆだ駅、バス15分

⑨鶯宿(おうしゅく) 硫化水素泉

　県中西部、奥羽山脈の山岳地域にある温泉地である。加賀の国からやって来た住人が、450年も前の16世紀後半の天正時代に、鶯が温泉に浸かって傷を癒していたのをみて温泉の効能を知ったという言い伝えがある。これが地名の由来であるが、現在では盛岡の奥座敷にもなっていて、年間延べ20万人を超える宿泊客を集める有力な温泉観光地となっている。現在、旅館12軒、民宿6軒、自炊館2軒などのバラエティに富んだ宿泊施設があって多様な客層に対応でき、レジャーセンター「フラワー＆ガーデン森の風」も設置されている。

交通：JR秋田新幹線雫石駅、バス20分

⑩国見(くにみ) 硫黄泉（硫化水素泉）

　県中西部、奥羽山脈の真っ只中、秋田駒ヶ岳南麓の標高880ｍの山中にある秘湯であり、特に希少価値のある緑色の温泉に入浴する喜びを味わう

ことができる。東邦大学グループの研究によれば、温泉水に硫化水素イオンの量が多く、これに炭酸カルシウムの散乱が一体化して黄緑色になるとのことである。秋田駒ヶ岳への登山コースに日本最大級のコマクサの群落がある。豪雪地帯のため、営業期間は5月初旬から10月10日までである。
交通：JR秋田新幹線雫石駅、田沢湖駅、車30分。平日は予約制でJR田沢湖線赤渕駅での迎え、道の駅（雫石あねっこ）への送りがある。

4 宮城県

地域の特性

　宮城県は、東北地方の中東部を占め、県庁所在地の仙台市は東北地方の中核都市としての機能を有する政令指定都市である。東北一の広がりのある仙台平野は、ササニシキやひとめぼれなどの優良米の産地であり、一方では太平洋岸の気仙沼、石巻、塩釜などの規模の大きな漁業基地があって、第1次産業の発展も著しい。毎年こうした農漁村から県内各地の温泉地で湯治をする客が集まり、現在ではその数は少なくなっているが、湯治の慣習は引き継がれている。また、伊達政宗が築城した仙台城（青葉城）をはじめ、仙台七夕、日本三景の松島、瑞巌寺、鳴子峡など、全国的に知られた観光地も多い。

◆旧国名：陸前、磐城　県花：ミヤギノハギ　県鳥：ガン

温泉地の特色

　県内には宿泊施設のある温泉地が46カ所あり、源泉総数は743カ所、湧出量は毎分3万ℓで全国26位である。年間延べ宿泊客数は276万人で全国17位にランクされる。中心的な温泉地として、仙台に近い秋保温泉郷（73万人）をはじめ、県北の奥羽山中の鳴子温泉郷（69万人）、遠刈田（37万人）が多くの温泉客を集めている。

　国民保養温泉地として奥鳴子・川渡が指定されており、鬼首温泉と中山温泉も含まれるが、その宿泊数は延べ14万人を数える。温泉保養施設は充実しており、また鳴子峡を中心とした秋の紅葉は素晴らしく、滞在型の宿泊客も多い。東北大学やその他の医療機関では、温泉療養研究が進められ、保養温泉地の発展に寄与してきた。

主な温泉地

①秋保温泉郷
73万人、23位
塩化物泉

　県中南部、仙台の南西20kmほどの名取川中流域にあり、古来「名取の御湯」とよばれて伊達藩主の浴館が置かれ、鳴子、飯坂とともに「奥州三名湯」とよばれてきた。6世紀後半、欽明天皇が疱瘡を患った際、祈禱師から秋保の湯浴みを薦められ、温泉を都に運ばせて入浴したところ完治し、「おぼつかな　雲の上まで見てしかな　とりのみゆかば　あとかたもなし」と詠ったことから、「名取の御湯」とよばれるようになったという。

　現在、奥州最古の温泉場として知られ、年間延べ宿泊客数は東北第1位の73万人を数える。温泉場の中央に深さ20mの峡谷があり、磊々峡や鬼面巌など自然の造形が連なっていて、夜にはライトアップされて幻想的な光景と水の音を楽しめる。さらに、温泉場から名取川を15kmほど遡れば、高さ72m、幅14mの秋保大滝があり、近くには温泉神社、薬師堂、秋保氏の居館跡、静御前のお墓などがある。

交通：JR東北新幹線仙台駅、バス50分

②鳴子温泉郷（鳴子・東鳴子・川渡・中山平・鬼首）

69万人、24位
国民保養温泉地
単純温泉、炭酸水素塩泉、塩化物泉、硫黄泉

　県北西部、奥羽山脈中の鳴子温泉郷は、鳴子と東鳴子を中心に発展してきたが、1960（昭和35）年の早い時期に国民保養温泉地に指定された川渡、中山平、鬼首も含めて、多様な温泉地で構成されている。温泉郷内には約400本の源泉が湧き出し、日本の11種類の泉質のうち9種類が揃っていて、源泉の多様性に富んでいる。温泉郷としての年間延べ宿泊客数は69万人であり、秋保温泉郷に次いで東北地方で2位である。首都圏からのアクセスは古川駅まで東北新幹線を利用し、陸羽東線に乗り換えて約3時間である。自動車利用の場合は、東北自動車道古川インターチェンジで下り、国道47号で約30kmの距離である。

　『続日本後記』によると、鳴子温泉は837（承和4）年に鳥谷ヶ森が大

爆発し、温泉が噴出して開かれたという。轟音が鳴り響いて「鳴郷の湯」（なるごう）とよばれ、「鳴子」となったとか、源義経の正室が出産した際に温泉に浸かって産声をあげた「啼子」（なきこ）から「鳴子」に転訛したともいわれる。大崎市の鳴子は玉造郡に属し、大和朝廷へ水晶の玉を貢ぐ産地として知られ、出雲玉造、河内玉造とともに日本三大玉造の一つであった。837（承和4）年の『続日本紀』に「陸奥国言う。玉造塞の温泉石神、雷響き振い、昼夜止まず。温泉河に流れてその色礬の如し」とあり、川渡には10世紀初頭の延喜式内社に名を連ねる温泉石神（ゆのいしのかみ）が祀られていて、温泉の存在を物語っている。近世期を通じて各温泉地は伊達藩領にあり、近在の農民や藩主、武士階級の湯治が行われた。田中温泉、赤湯温泉で知られた東鳴子には御前湯が置かれ、江戸中期の川渡は「脚気川渡」（かわたび）と称されて湯治客で賑わった。後期には滝湯を中心とした鳴子が賑わい、幕末の諸国温泉効能鑑では成子（鳴子）は東前頭5枚目、川渡が24枚目にランクされていた。

観光温泉地としての性格が強い鳴子を除くと、その他の温泉地は農閑期に仙台平野の米作農民や三陸の漁民が訪れる湯治場として機能し、自炊部と旅籠部が併設された旅館が多かった。湯治客のための自炊旅館は、当時の町立温泉病院と一体化して「温泉療養プラン」を推進した。温泉医の指導のもとに客の健康チェックをし、各旅館は客を送迎した。滞在日数は1週間ほどであったが、近年では日数は減少しており、若い客がストレス解消や健康づくりを目的に、2～3泊の湯治体験をするケースが増えている。

高温で自噴する源泉が多い鳴子温泉郷では、鳴子の木造の「滝の湯」共同浴場、東鳴子の泉質が異なる湯が隣り合う浴槽、川渡の閑静な田園風景、中山平の湯けむりを上げる湯治場の雰囲気、鬼首の高温泉を噴き上げる間欠泉など魅力的である。日本有数の鳴子峡の紅葉や湖底に温泉噴気帯がある潟沼、スキー場も観光に欠かせない。また、伝統工芸の鳴子温泉のこけし工房は約20軒もあり、日本こけし館では作品を鑑賞できる。松尾芭蕉の『奥の細道』のルートも整備されており、その足跡をたどる散策も楽しい。

交通：JR陸羽東線鳴子温泉駅

③遠刈田(とおがった)　37万人、62位
硫酸塩泉

　県南部、遠刈田温泉は蔵王山の東の丘陵に位置している。湯治場として成立していたが、1962（昭和37）年の蔵王エコーライン開通に伴って、東の入口として観光化が進んだ。刈田岳のお釜は、エメラルドグリーンの鮮やかな火口湖であり、さらに不動滝と三階滝もあって観光の立ち寄りポイントとして多くの観光客が訪れ、年間37万人の宿泊客を数える。遠刈田こけしの産地であり、こけし館がある。

交通：JR東北新幹線白石蔵王駅、バス50分

④作並(さくなみ)　単純温泉

　県中西部、奥羽山脈東の山形県境に近い温泉地で、広瀬川上流に沿って旅館が並び、露天風呂も川床にある。川床で温泉が湧くこの温泉地は、1,200年ほど前の養老年間に発見されたという。また、1796（寛政8）年に仙台藩主の伊達斉村は地元住民の温泉地開発を許可し、今日の発展の基礎を築いた。旅館の露天風呂は、岩をうがって造られ、180段も階段を下りていくことで知られている。この温泉地は作並こけしの産地としても知られる。

交通：JR東北新幹線仙台駅、バス1時間

⑤鎌先(かまさき)　塩化物泉

　県中南部、白石市の郊外にある山間の温泉地で、「傷は鎌先」「奥州の薬湯」といわれてきた。600年もの歴史を有し、古くから療養の客を集め、近在の農民や高齢者が保養する湯治場として発達した。昭和初期に宮大工が釘を使わずに建てた旅館もあり、情緒ある旅館街が残されている。鎌先温泉の近くに、弥次郎こけし発祥の集落があり、散策の際に立ち寄るとよい。

交通：JR東北新幹線白石蔵王駅、バス20分

5 秋田県

地域の特性

　秋田県は、奥羽山脈の西側を占め、日本海に面する県であり、気候は冬季に北西の季節風によって寒く、降雪量が多い雪国である。8月初旬の東北三大祭の秋田竿灯まつりをはじめ、2月中旬の横手市の雪祭りで、子供たちが水神様を祀った雪室で語り合う「かまくら」や、男鹿半島の大晦日に鬼が子供の怠惰や悪事を戒める「なまはげ」は、地域色の強い民俗行事の伝統を今に継承している。

　八郎潟の大規模な干拓もあり、「あきたこまち」をはじめとする全国有数の米の産地であり、水稲収穫量は新潟、北海道に次いで3位である。また、林業も盛んで、日本三大美林の秋田杉の産地として知られている。八幡平や白神山地に代表される自然豊かな観光地は、地域の人々の自然保護への尽力のもとに今日があることを忘れることはできない。

◆旧国名：羽後、陸中　県花：フキノトウ　県鳥：ヤマドリ

温泉地の特色

　県内には宿泊施設のある温泉地が127カ所あり、源泉総数は512カ所、湧出量は毎分7万7,000ℓで全国9位である。年間延べ宿泊客数は171万人で全国24位にランクされる。中心的な温泉地として、玉川、後所掛、ふけの湯などの多くの湯治場が集中している八幡平温泉郷が27万人を集めており、これらの温泉地は国民保養温泉地に指定されている。

　さらに、田沢湖高原温泉郷や乳頭温泉郷（鶴の湯、黒湯、孫六、妙乃湯、大釜、蟹場）で構成される秘湯的な温泉地も国民保養温泉地である。秋田新幹線が開通して首都圏からの客が数多く来訪するようになり、県内の国民保養温泉地宿泊客数は41万人に及んでいる。

> 主な温泉地

①八幡平温泉郷(はちまんたい)（玉川・御生掛・ふけの湯・大深・大沼）

　国民保養温泉地
　酸性泉、含鉄泉、硫黄泉

　県中東部、奥羽山脈の高地に玉川、後生掛、ふけの湯、大深、大沼などの一軒宿の山の湯が点在し、岩手県側の藤七を加えて、1959（昭和34）年に八幡平国民保養温泉地に指定された。その中心が玉川温泉であり、療養、保養の客が多い。八幡平では、アオモリトドマツの常緑針葉樹林やブナの広葉樹林、噴気を上げる地熱地帯など自然景観を楽しめる。

　玉川温泉は焼山山麓の標高700ｍの山間に位置し、泉質は酸性泉、泉温は95℃で、毎分9,000ℓもの大量の温泉が湧出し、大浴場に引湯されている。地熱地帯であるので、地蒸しオンドル小屋や屋外には「岩盤浴」の施設があり、日本の温泉療養のメッカでもある。明治中期に小屋がけの浴場があったが、1932（昭和7）年に湯瀬温泉の旅館業者が買収し、国有地を借地して湯治場経営に乗り出した。第2次世界大戦後の観光の時代にも湯治場として機能し、夏季には温泉医が療養相談に応じている。旅館は自炊部と旅館部に分かれ、療養と保養の客が多い。1999（平成11）年に新設された新玉川温泉も滞在型の保養客が多い。十数年前には、自炊部、旅館部ともに中高年層が80％を占め、客は東北地方や関東地方などからも来ていた。湯治客は高血圧、消化器や循環器に疾患がある者が多く、神経痛、リウマチ、ストレスの解消などの目的で湯治生活をし、大半が湯治効果を評価していた。周囲の地熱地帯では湯の花が採取され、特別天然記念物の「北投石」やブナの原生林が広がり、日帰り客も増えている。

　後生掛温泉も噴気孔や泥火山がみられ、自然研究路が整備されており、温泉現象の学習に適している。浴場には泥湯と名物の箱蒸し風呂があり、湯治客用の地熱利用のオンドル小屋もある。近くのふけの湯温泉の湯治宿は土砂崩れにあったが、その後復興された。

交通：JR秋田新幹線田沢湖駅、バス1時間20分（玉川）

② 乳頭温泉郷（黒湯・蟹場・大釜・妙乃湯・孫六・鶴の湯・休暇村）

国民保養温泉地
単純温泉、炭酸水素塩泉、硫酸塩泉、硫黄泉、酸性泉

　県中東部、奥羽山脈中の乳頭山麓に、田沢湖高原温泉郷と乳湯温泉郷があり、1967（昭和42）年に国民保養温泉地に指定された。乳頭温泉郷には鶴の湯、黒湯、孫六、妙乃湯、大釜、蟹場、休暇村田沢湖高原の一軒宿が点在し、いずれも秘湯の名に値する特色のある保養温泉地が集まっている。秋田新幹線が開通して東京からの近接性が高まり、3時間で田沢湖駅に着き、連絡するバスを加えて約4時間で到達できるようになった。近年では、首都圏の都市部からの若い女性観光客も多数訪れている。

　鶴の湯温泉は歴史が最も古く、江戸時代前期の元禄時代に田沢村の羽川家が湯守を務め、湯治場を開いた。秋田藩佐竹氏の湯治場としても利用され、茅葺きの宿舎である本陣の名は、その名残である。温泉郷は標高約800mの高地にあり、休業する冬季を除いて、湯治客は約10日間の滞在をして心身を癒した。1953（昭和28）年に鶴の湯が旅館部を設置し、短期滞在の客を受け入れて以後、他の温泉地にも普及した。各温泉地の温泉資源は豊かであり、泉質は炭酸水素塩泉（鶴の湯）、硫黄泉（黒湯、休暇村）、酸性泉（妙乃湯）、硫酸塩泉（大釜）、単純温泉（孫六、蟹場）のように温泉地ごとに異なり、湯めぐりを楽しめる。源泉かけ流しの豊富な温泉は、内湯や野趣豊かな露天風呂や打たせ湯に利用されている。

　鶴の湯の乳白色の大露天風呂は、温泉が地の底から湧き出した温泉池そのものであり、小屋がけ風の和風旅館も自然環境とマッチし、素朴な山の湯にふさわしい。黒湯でも、源泉が湧く地獄地帯に接して茅葺きの浴場や檜皮葺の屋根をかけ、シラカバの柱を立てた露天風呂と打たせ湯があり、孫六では石置き屋根が情緒豊かである。特に、温泉資源、自然環境、温泉情緒の3拍子ともに優れた乳頭温泉郷では、宿泊料金も標準的である。また、鶴の湯の「山の芋鍋」など郷土色豊かな料理を味わえるのも秘湯の醍醐味である。温泉郷の近くには、スキー場、ハイキング道、登山道も整備されて大自然を満喫でき、田沢湖や角館などの著名な観光地にも足を延ばせる。

交通：JR秋田新幹線田沢湖駅、バス40分

東北地方

③秋ノ宮　国民保養温泉地
塩化物泉

　県南東部、奥羽山脈中にある山の湯であり、栗駒国定公園内の景勝地にある温泉地である。1978（昭和53）年に国民保養温泉地に指定された。50℃を超える高温の温泉が湧いており、川原を手で掘るだけで温泉が湧き、石で囲んだ足湯「川原の湯っこ」がある。冬には雪祭りで「かまくら足湯」を楽しむこともできる。春の新緑、秋の紅葉の時期には、高さ40mの湯ノ又大滝と一体となった自然の景観を満喫できる。温泉プールも整備されているが、各宿の温泉浴場めぐりも可能である。

交通：JR奥羽本線横堀駅、バス40分

④男鹿　塩化物泉

　県中西部、日本海に突き出た男鹿半島の突端に近く、男鹿国定公園内にある温泉地で、男鹿観光の宿泊地として発展した。近世期、秋田藩主佐竹氏が湯本温泉に入浴したという。1952（昭和27）年に最初の温泉旅館が開業して以後、宿泊施設が増えた。白砂青松の海岸線や火山の爆裂火口（マール地形）に海水が溜まった一ノ目潟、二ノ目潟、三ノ目潟は、寒風山や入道崎の景観などと一体となって多くの観光客を吸引している。男鹿といえば、「なまはげ」行事が有名で、4月下旬から12月中旬までの毎週金・土曜日に、無料の「ナマハゲふれあい太鼓ライブ」も実施されている。また、3施設の温泉入浴を楽しめる「三湯めぐり」パスポートがあり、地域づくりが盛んである。

交通：JR男鹿線男鹿駅、バス50分

⑤湯瀬　硫化水素泉

　県北東部、岩手県境に近い米代川の上流の渓谷に沿う温泉地である。川の瀬から温泉が湧き、湯瀬の地名となったといわれる。湯瀬渓谷には絶壁や奇岩が形成され、岩と一体となったヒメコマツが渓谷美をつくり出して新秋田三十景に選ばれている。十和田湖にも近く、周遊観光の拠点でもあって宿泊施設は充実しており、規模の大きな温泉ホテルと湯治宿が共存していて多様な客層にも対応している。

交通:JR花輪線鹿角花輪駅

⑥小安峡(おやすきょう)　塩化物泉

　県南東部、奥羽山脈真っ只中の山間にあり、皆瀬川上流の渓谷の岩間の各所から98℃もの熱湯が噴出している。200段もある急な階段を降りると、川底に遊歩道が整備されており、地球の息吹を感じることができる。同時に、8kmも続く渓谷は、春の新緑や秋の紅葉を満喫できる名所でもある。近くに足を延ばせば、泥火山の雰囲気を漂わせる泥湯温泉に浸かることもできる。

交通:JR奥羽本線湯沢駅、バス1時間10分

6 山形県

地域の特性

　山形県は、東北地方の中西部を占め、西の庄内地方は日本海に面し、東は奥羽山脈の山岳地域であり、その中間地域には最上川が流れていて新庄、山形、米沢の盆地が形成されている。最上川の河口に近い酒田は古来日本海交通の拠点であり、明治初期に建築された庄内米の貯蔵庫である土蔵の山居倉庫が12棟も並ぶ景観は見事である。大地主の本間家の私設美術館があり、その庭園は東北を代表する名園である。内陸部では特産のサクランボをはじめ、リンゴ、ブドウ、モモなどの果実が全国の上位5位に入るほど生産され、「果物王国」ともいわれる。蔵王山や出羽三山の羽黒山、月山、湯殿山など信仰の山々が人々を引きつけており、特に湯殿山は温泉源が御神体である。

◆旧国名：羽前、羽後　県花：ベニバナ　県鳥：オシドリ

温泉地の特色

　県内には宿泊施設のある温泉地が90カ所あり、源泉総数は422カ所、湧出量は毎分5万ℓで全国15位である。42℃以上の高温泉が多く、約半数を占める。年間延べ宿泊客数は246万人で全国21位にランクされている。宿泊客数が多い温泉地は、蔵王45万人、天童34万人、上山と湯野浜は各29万人であり、中規模の観光温泉地が健闘している。

　国民保養温泉地は、スキーのメッカでもある蔵王をはじめ、銀山、碁点、肘折、湯田川の5温泉地が指定されており、保養を中心とした温泉地づくりが進んでいる。近年、大正ロマンの和風旅館の町並みが美しい銀山や伝統的な朝市を続けている肘折温泉など、ユニークな温泉地が観光客に高く評価されている。

主な温泉地

① 蔵王　45万人、50位
国民保養温泉地
塩化物泉

　県中東部、奥羽山脈の標高900mに位置する蔵王温泉は、かつて最上高湯の名で知られ、米沢市の白布高湯、福島市の信夫高湯とともに「東北三高湯」ともよばれた。西暦110年頃、日本武尊の蝦夷征伐の際に武将の吉備多賀由が毒矢に刺されて負傷したが、付き人が湯気が上がっているのを発見し、多賀由をその湯に入れて傷を治したという。この多賀由の名が、高湯に転訛したといわれる。温泉地は古来蔵王山の修験者の信仰登山の基地であり、また近郊農民の湯治場として栄えてきた。温泉地内の酢川神社は、『三代実録』に873（貞観15）年6月26日に「正六位酢川神社に従五位を授く」と記され、現在も毎年この日に祭典が行われる。

　大正時代初期に「雪の坊」とよばれていた「樹氷」が発見され、スキー時代の幕開けとなった。1950（昭和25）年に毎日新聞社主催の観光百選山岳の部で蔵王山（地蔵岳、熊野岳、刈田岳の総称）が第1位になったのを記念して、蔵王温泉と名を改めた。翌年には全国で2番目のスキーリフトを架設、その後空中ケーブルやロープウェイの開業によって、大衆スキーのメッカとなった。夏場は「子供の湯」ともいわれるほどに家族連れが多く、山形からバスが運行された。1958（昭和33）年、蔵王は山形県で初めての国民保養温泉地に指定された。1962年には山形市と仙台市を結ぶ蔵王エコーラインが開通し、温泉地を取り巻く観光環境が変わった。これまでの夏と冬の2期型から年間利用の四季型観光温泉地へと変容したのだ。さらに、1993（平成5）年の山形新幹線や山形高速自動車道の開通で高速交通時代の幕開けとなり、観光市場が拡大した。年間延べ宿泊客数は45万人を数える。

　源泉はすべて自然湧出であり、源泉数は47、湧出量は毎分6,700ℓで、未利用も含めると8,000ℓ以上にもなる。日本有数の温泉資源に恵まれているが、源泉の温度は40〜63℃と高温であり、泉質はpH1.5〜1.9の強酸性の塩化物泉である。渓流をせき止めて造った露天風呂は、野趣豊かで観光客に人気がある。多くのスキー場が開発されており、冬季にはアオモリ

トドマツの原生林が見事な樹氷景観を出現させ、樹氷スキーが楽しめる。5月から8月までは、夕食後に温泉マイスターが温泉地内を案内しており、宿の内風呂めぐりもできる。内風呂めぐりは、湯めぐりこけしを買えば3カ所の内湯に浸かれ、こけし工房での絵付けも体験できる。四季折々の蔵王の山岳景観を巡るには、山岳インストラクターが案内するサービスもあり、観光客に対する配慮も行き届いている。

交通：JR山形新幹線山形駅、バス40分

②天童(てんどう) 34万人、71位
塩化物泉

県中東部、山形盆地の田園中にある天童温泉は、1911（明治44）年に水田で69℃の高温の温泉を掘り当てたのが始まりだといわれる。新興温泉地であるために、自由な発想のもとに温泉地づくりが行われてきた。現在、年間延べ宿泊客数は34万人、全国のランキングで71位になるなど、日本有数の観光温泉地に発展している。田園中の温泉地であるため、各旅館やホテルの経営姿勢が大きな役割を果たすことになる。天童といえば将棋の駒づくりで知られており、プロの名人戦も行われるが、サクランボの特産地でもあり、モモやブドウを加えた味覚観光が盛んである。さらに、山寺、蔵王、出羽三山など著名な観光地へのアクセスもよい。

交通：JR山形新幹線天童駅、バス5分

③上山(かみのやま)・葉山(はやま) 29万人、85位
塩化物泉

県中東部、宮城県境に近い奥羽本線沿いに上山温泉郷を構成する温泉地が分布している。この温泉は、1458（長禄2）年に肥前の僧月秀が、沼地で鶴が脛(すね)を癒して飛び去るのを見たのが始まりと伝えられている。湯町地区と新湯地区からなる中心町は、旧幕時代には城下町として栄えたが、その東に蔵王国定公園の蔵王山を仰ぐ好立地に展開している。前者は温泉情緒を残しているが、後者は高層ビルの旅館が多くて歓楽的であり、著しい発展を遂げてきた。上山温泉郷の葉山は湯量が多く、広い庭園のある和風旅館が蔵王山の眺望に優れた立地環境にある。その他、河崎地区や高松地区にも温泉旅館が分布している。いずれも、蔵王エコーラインの開通によって、蔵王観光の拠点となっており、年間延べ宿泊客数は29万人を数える。上山は斎藤茂吉生誕の地であり、記念館が設置されている。

交通：JR山形新幹線かみのやま温泉駅

④湯野浜　29万人、86位
　　　　塩化物泉

　県北西部、日本海に面し鳥海山を望む庄内砂丘上に立地する温泉地である。温泉の発見は11世紀半の1053～58（天喜年間）年頃、漁師が亀の湯浴みをみたのが始まりといい、以前は亀ノ湯とよばれていた。奥州三楽郷の一つとされ、上ノ山、東山と並ぶ歓楽地として栄えた。温泉旅館やホテルは白砂が続く海浜の背後に並んで建てられており、温泉地内には共同浴場2カ所、足湯1カ所がある。温泉浴と合わせて夕日の鑑賞も欠かせないが、さらに隣接の鶴岡14万石の城下町、庄内藩校致道館や北へ足を延ばして酒田の山居倉庫群を見学するのも楽しみである。

交通：JR羽越本線鶴岡駅、バス40分

⑤銀山　国民保養温泉地
　　　　塩化物泉

　県北東部、奥羽山脈の山間部に三・四層の和風温泉旅館が建ち並ぶ見事な景観美の銀山温泉がある。この地は17世紀前半の寛永の頃に銀鉱山として栄え、その後半世紀を経て廃鉱になったが、山師が温泉業に転換したのである。大正から昭和初期に和風旅館を再建し、大正ロマンの温泉情緒豊かな集落景観をつくり上げた。1968（昭和43）年に国民保養温泉地に指定され、静かな山峡の温泉場が保養客に利用されている。

　各旅館の修築に際して、尾花沢市が1986（昭和61）年にいち早く「銀山温泉家並保存条例」を制定し、300万円を限度とする独自の補助金制度を設けた。電柱の地中化をはじめ町並みの景観保全にも取り組んできた。さらに、共同浴場を新設し、温泉給湯管と下水道工事に合わせて電柱の地下埋設を果たし、工事費の半額の10億円は地元が負担して完成した。こうした前向きの姿勢のもとに景観保全が進み、温泉町の景観づくりのモデルともなっている。高温の塩化物泉が湧出し、現在年間10万人の宿泊客が訪れているが、温泉地の町並み景観を求めて日帰りツアー客も数多く立ち寄るようになっている。

交通：JR山形新幹線大石田駅、バス40分

⑥碁点（ごてん）　国民保養温泉地
塩化物泉

　県中央部、1977（昭和52）年に村山市の最上川河畔で発見された温泉が利用され、日本交通公社系列の健康開発財団によって、保養温泉地としての健康増進施設「クアハウス」第1号が誕生した。1985（昭和60）年には当時の環境庁から国民保養温泉地に指定され、翌年には国民保健温泉地にも指定されて人々の健康づくりに特化した方策を展開した。また、1990（平成2）年には全国初の厚生省認定の「健康増進施設」の認定を受けた。そして、温泉療法医と提携してヘルストレーナーの指導が可能なシステムを構築した。一方、1991（平成3）年にはSPAプールを新設し、その周辺に体育館、テニスコート、温水プールなども設置し、吊橋で連絡できる対岸には農村文化保存伝承館、散策路、そば打ち体験ができる農村伝承の家などを造り、誘客に努めた。

交通：JR山形新幹線村山駅、バス15分

⑦肘折温泉郷（ひじおり）（肘折・黄金・石抱）　国民保養温泉地
塩化物泉、炭酸水素塩泉

　県北部、最上郡大蔵村の山間部にある肘折温泉は、湯治場の歴史を今に残し、地域を挙げて保養温泉地づくりに取り組んでいる。JR新庄駅からバスで約1時間の距離にあり、銅山川沿いに温泉集落が広がり、背後には出羽三山の一つ月山があり、信仰登山の基地でもある。温泉は88℃の高温の塩化物泉と炭酸水素塩泉が豊富に湧出し、近くの黄金温泉と石抱温泉を加えた肘折温泉郷が、1989（平成元）年に国民保養温泉地に指定された。

　平安初期の807（大同2）年、豊後国の源翁が諸国霊場の旅の途次に地蔵権現の化身の老僧に会い、岩穴に導かれて食べ物を与えられた。老僧は崖から落ちて肘を折り近くの温泉で癒したといい、この霊湯を広めるように促したという。この岩穴が現在の「地蔵倉」であり、温泉が共同浴場の「上の湯」である。肘折は信仰と温泉とが一体化して発展してきた。

　20軒ほどの木造旅館が連なる落ち着いた温泉場では、冬季を除いて毎日早朝5時半に近在の農民が野菜や山菜などを持ち寄る伝統的な朝市が開催されている。自炊客の多い湯治場であり、高度経済成長期の1972（昭和47）年でも、18万人の宿泊客の3分の2は自炊客で、農民が70％、50歳以上の中高年層が70％を占めた。現在、生活様式の変化から自炊客は

減っている。近年、村当局、観光協会、東北芸術工科大学の学生の支援のもとに、各旅館の玄関に飾る「ひじおりの灯」、地元ガイドによる棚田めぐり、雪山・豪雪体験など、地道な取り組みが行われている。冬は3mを超す雪に覆われて客は少なくなるが、修験者による正月7日の出羽三山越年行事「さんげさんげ」はユニークであり、月山スキー場での春スキーへの誘致や雪料理を考案して誘客に努めている。黄金や石抱は肘折とは泉質が異なり、湯めぐりによい。平成時代に入って大蔵村の支援もあり、温泉療養相談所が開設され、温泉療法医の尽力のもとに保養温泉地づくりが推進されている。

交通：JR山形新幹線新庄駅、バス60分

⑧湯田川（ゆたがわ）　国民保養温泉地　硫酸塩泉

県北西部、庄内平野の三名湯、湯野浜、温海、湯田川の中で観光化に後れをとった湯田川温泉は、和風の町並みを残しており、保養温泉地づくりを推進して、2001（平成13）年に国民保養温泉地に指定された。東京から上越新幹線や山形新幹線を利用すれば、高速バスを乗り継いで約4～5時間で到達できる。温泉は712（和銅5）年、傷を負った白鷺の湯浴みで発見されたといい、山形県では蔵王、五色に次いで古い温泉地である。650（白雉元）年創建の延喜式内社の由豆佐売（ゆずさめ）神社が鎮座し、天然記念物の乳イチョウの大木が歴史を感じさせる。近世期、庄内藩士の湯治場でもあり、「田川の湯」として温泉番付の東前頭15枚目に位置していた。

郷土の作家藤沢周平原作の映画「たそがれ清兵衛」のロケ地にもなり、参道入口には、エキストラとして参加した地元民の写真を飾った記念碑もある。石畳の参道沿いに和風旅館街があり、風情のある空間再生によって鶴岡市都市景観賞を受けた。白鷺伝説の共同湯「正面の湯」があり、かけ流しの43℃、毎分900ℓの硫酸塩泉が使われているが、温泉資源の保全のために、1938（昭和13）年にいち早く温泉集中管理を完成させた。温泉は、傷や高血圧症によいといい、湯治や保養の滞在客を受け入れている。近くの里山散歩や山野草めぐりの無料案内があり、四季折々の風情のある祭りが多い。

行事としては孟宗まつり（4月下旬、朝堀タケノコ市）、蛍まつり（6月から2カ月間、源氏ボタルと平家ボタルの競演）、丑湯治祭り（7月中

旬～8月初旬）、湯田川神楽のひょっとこ踊り（7月土用丑の日）、秋旬まつり（9～10月の2カ月間、各旅館が郷土料理を競う）、冬季には名物の寒鱈まつりなどがある。

交通：JR羽越本線鶴岡駅、バス30分

⑨温海（あつみ）　硫化水素泉

　県中西部、新潟県境に近く、日本海に流れ込む温海川に沿って形成された温泉地である。温泉の起源は古く、弘法大師の夢枕に童子が立って温泉の存在を教えてくれたとか、鶴が湯浴みをしていて傷ついた足を癒していたのを樵がみつけたといった伝承がある。近世期には、庄内藩主酒井忠勝が入国した後、湯役所が設けられて近郊の人々が集まる湯治場として栄えたといわれる。温泉集落は河口から2kmほどの内陸に位置し、4月から11月末まで、有名な朝市が毎朝早くから開催され、250年以上も続いているという。文人墨客も多く訪れ、松尾芭蕉、与謝野晶子、横光利一が詩歌、小説などを数多く残している。

交通：JR羽越本線あつみ温泉駅、バス5分

⑩白布（しらぶ）　硫黄泉

　県南東部、奥羽山脈南部の山間地、西吾妻山北麓の大樽川の渓谷沿いに見事な茅葺きの宿がある。1312～17（正和年間）年の開湯と伝えられ、歴史の古い温泉地である。山形県の白布高湯は、最上高湯（蔵王）と福島県の信夫高湯を加えて奥州三高湯に数えられている。昔から「三湯湯治」とよばれ、この3温泉地に宿泊すれば、100年長生きができるといわれ、多くの湯治客で賑わったという。茅葺きの東屋、中屋、西屋が並んだ温泉宿の景観は見事で、温泉そのもののよさと相まって、白布高湯の評価を高めてきた。自噴の温泉は42℃以上の高温で毎分1,700ℓも湧出している。しかし、残念ながら東屋と中屋は2012（平成24）年3月25日の大火で消失した。この温泉地は吾妻連峰の登山、天元台へのハイキングやスキーの客の基地としても利用されている。

交通：JR山形新幹線米沢駅、バス50分

⑪ 東根(ひがしね)　塩化物泉

　県中東部、山形盆地にある温泉地で、温泉旅館は点在して分布している。1910（明治43）年に掘抜井戸を掘った際に温泉が湧出し、開業した22軒の旅館は町並みを形成するというよりは田園中に散在している。共同浴場は4カ所あり、紅花資料館、江戸時代の紅花商人堀込邸、日本一のバラ園がある東沢公園、高さ28m、幹周り16mの日本一の大ケヤキなど、見所も多い。さらに、東根は何よりもサクランボの王様である「佐藤錦」発祥の地であり、収穫時期には観光客で賑わう。
交通：JR山形新幹線さくらんぼ東根駅、徒歩15分

⑫ 赤湯(あかゆ)　塩化物泉

　県中東部、米沢盆地の一角を占める南陽市の市街地にある温泉地である。温泉の歴史は古く、1093（寛治7）年の源義家の奥州統一の戦いで同行していた弟の義綱が温泉を発見したとされ、開湯900年ともいわれる。近世期、米沢藩主が入浴する箱湯が設けられ、藩公認の遊興の場でもあったという。現在、40℃を超える高温泉が多量に湧出し、多様な旅館、ホテルなどが集まっている。以前は一部に歓楽的色彩もあったが、一帯はブドウ、サクランボの産地であり、観光果樹園も多く収穫期には家族連れで賑わう。
交通：JR山形新幹線赤湯駅、バス5分

⑬ 姥湯(うばゆ)　含鉄泉

　県南東端、吾妻連峰の一角、標高1,230mの高地にある一軒宿の秘湯中の秘湯である。標高は高いが、温泉地は大日岳の崩壊岩が散乱した前川の川岸にある。以前はランプの宿として登山者には知られていたが、その後洪水の被害を受けて再建された。今も11月中旬から4月下旬までの閉鎖期を除いては、本物の保養温泉地の形態を維持していて評価される。宿の周りには自然湧出の源泉が各所にあり、巨岩を活かし、洪水で流された大小の岩を使って、川原に素朴な露天風呂がつくられている。初夏の新緑や秋の素晴らしい紅葉のもとで温泉浴を楽しみ、心身の疲れを癒すことができる。
交通：JR奥羽本線峠駅、送迎バス40分

7 福島県

地域の特性

　福島県は、東北地方の南端にあり、太平洋岸は浜通り、中央部は中通り、内陸部は会津とよばれる3地域に区分されており、それぞれ異なった文化圏を形成している。面積は全国第3位にランクされるほど広い。県全体としては、農産物はモモ、リンゴ、キュウリ、葉タバコ、養蚕などに特化しているが、中通りでは高速交通網の整備のもとに、ハイテク関係の企業が多数進出して地域の性格を大きく変えている。

　観光的には、会津若松、磐梯山、猪苗代湖、五色沼などの県中央部を核として発展し、北部の飯坂温泉や磐梯吾妻スカイライン沿線と東部のいわき湯本も観光化によって地域振興が進んだ。また、南会津の旧街道に沿っては、見事な茅葺き寄棟民家が建ち並んだ大内宿が再生され、非日常を体験することができる。太平洋に近い相馬市では、7月下旬に武者姿の若者が神旗を争奪する相馬野馬追いの伝統行事が行われる。

◆旧国名：磐城、岩代　県花：ネモトシャクナゲ　県鳥：キビタキ

温泉地の特色

　県内には宿泊施設のある温泉地が135カ所あり、源泉総数は743カ所、湧出量は毎分8万ℓで全国8位である。42℃以上の高温泉が約半数を占める。年間延べ宿泊客数は429万人で全国8位にランクされており、宿泊客数が多い温泉地は、飯坂・穴原65万人、いわき湯本60万人、東山48万人、磐梯熱海29万人、芦ノ牧28万人、岳26万人、土湯23万人であり、中規模の観光温泉地が健闘している。国民保養温泉地として、岳、新甲子、土湯・高湯が指定されており、保養を中心とした温泉地づくりも積極的に行われてきた。かつて歓楽温泉地として発展してきた福島県最大の飯坂温泉の宿泊客数が減少し、炭鉱の閉山を機にハワイアンセンターという新たな取り組みで成長したいわき湯本温泉と肩を並べるほどになっている。

主な温泉地

①飯坂（いいざか）・穴原（あなばら）

65万人、27位
単純温泉

　県北部、阿武隈川支流の摺上川（すりかみ）両岸に、飯坂と湯野地区からなる東北地方有数の飯坂温泉がある。開湯伝説に日本武尊や西行法師の名が出てくるが、西暦110年頃の開湯という日本最古の鯖湖湯をはじめ、箱湯（波来湯）、滝湯、赤川湯などの歴史的な共同浴場があり、湯治場として賑わった。鎌倉時代に源義経の家臣佐藤氏が進出し、江戸時代には飯坂氏が統治して繁栄した。明治期に入り、福島の奥座敷として繁盛し、木賃宿も内湯旅館に変わった。三層、四層の建物が醸し出す風情、川遊び、舟遊びなどに多くの浴客が引きつけられ、森鴎外、正岡子規、与謝野晶子、竹久夢二、ヘレン・ケラーなどの著名人も訪れた。

　第2次世界大戦後、高度経済成長下にあって吾妻スカイラインの開通など観光化が進み、団体観光客が増えて歓楽色を強めた。延べ宿泊客数は1978（昭和53）年には180万人を数えたが、現在では約3分の1に減少している。そこで、毎分3,500ℓもの高温の単純温泉を活かして木造共同浴場の「鯖湖湯」を再建し、2010（平成22）年には、まちづくり協定のもとに5億円の予算で「旧堀切邸」が復元された。周辺の歴史的建造物群の町並みも再生され、浴客の散策によい観光空間となっている。市の有形文化財「十間蔵」をはじめ、母屋、蔵が無料で見学でき、源泉掛け流しの足湯や手湯も楽しめる。飯坂のシンボルである「十綱橋」は、現存する最も古い大正期の鋼アーチ橋であり、夜間にライトアップされて美しい。

　9カ所の町営共同浴場のうち、再建された波来湯は鯖湖湯に次ぐ歴史を有し、観光客用に熱い湯と適温の湯の2つの湯船がある。また、八幡神社例大祭では勇壮な「飯坂けんか祭り」があり、「太鼓まつり」「花桃の里祭り」「ほろ酔いウォーク」などの伝統行事やイベントも多い。2008（平成20）年から始まったフルマラソン大会は定着し、2009（平成21）年には「NPO法人いいざかサポーターズクラブ」が発足した。カヤック、そばうち、陶芸、ノルディックウォーキングなど、若者を新たなターゲットにした体験型観光を展開しており、運営する喫茶店は観光客と住民の情報交流の場でもある。

交通：JR 東北新幹線福島駅、福島交通20分

② いわき湯本(ゆもと)　60万人、32位
塩化物泉、硫酸塩泉

　県南東部、炭鉱地帯からレジャーセンター中心の観光温泉地に変貌したいわき湯本温泉がある。温泉資源としては、泉温は60℃、湧出量は毎分4,750ℓで優れており、泉質は塩化物泉と硫酸塩泉である。伝説では、景行天皇の御世に傷を負った鶴が助けられ、美女に姿を変えて傷を癒したのは「佐波古」の湯であったことを告げたといい、有馬、道後とともに「日本三古泉」ともいわれる。平安時代の延喜式神名帳に「陸奥国磐城郡温泉(ゆの)神社」とあり、長い歴史を有している。後に佐竹氏などの戦国武将が湯治に来訪し、江戸時代には江戸と仙台を結ぶ浜街道唯一の温泉宿場町として賑わい、文人墨客も訪れた。

　常磐炭田は幕末の1851（嘉永4）年頃に開発され、明治以後に本格的採掘が始まった。中央資本の進出で町が繁栄したが、坑内の温泉排出で自然湧出泉は水位が低下し、1919（大正8）年に温泉が止まった。第2次世界大戦後、原油輸入の自由化で炭鉱は閉鎖され、1964（昭和39）年に常磐炭砿が常磐湯本温泉観光株式会社を設立し、1966（昭和41）年に常磐ハワイアンセンターを開業した。炭鉱夫の娘たちがハワイのフラダンスやタヒチの踊りを披露し、客は大浴場の温泉に浸かってレジャーを楽しんだ。25周年記念の1990（平成2）年にはスパリゾートハワイアンズをオープンし、日本一の大露天風呂「江戸情話与一」やトロピカルプールのあるウォーターパーク、ホテル群、ゴルフ場など家族そろって楽しめる観光施設があり、年間160万人の日帰りと宿泊の観光客を集めている。歴史的には自然湧出の湯壺があった地域が「三箱の御湯」とよばれたいわき湯本温泉であるが、現在はこの駅前附近の二十数軒の温泉街に加えて、湯本駅から東に4kmほど離れたスパリゾートハワイアンズが一体となって観光温泉地域を形成している。

交通：JR 常磐線湯本駅

③ 東山(ひがしやま)　48万人、47位
塩化物泉

　県中央部、会津若松市郊外の山間部にあり、東北地方有数の温泉地である。開湯は古く、8世紀の天平年間に僧行基によって発見されたといわれ

る。山形県の湯野浜、上山とともに「奥羽三楽郷」とよばれるほどであった。近世期には、会津藩の湯治場として栄え、会津若松の奥座敷でもあった。温泉街は、湯川に沿って和風旅館を中心に20軒ほどの旅館が並んでいて、町並みによく合う「からり妓さん」とよばれる芸妓が客をもてなしている。また、東山温泉は会津民謡に登場する小原庄助ゆかりの温泉でもある。東山温泉の温泉資源性は高く、42℃以上の高温で湯量豊富な塩化物泉が、毎分約1,900ℓも湧出している。湯川には、雨降り滝、原滝、向滝、伏見ヶ滝の東山四大滝があり、背あぶり山の展望台からは磐梯山や猪苗代湖を眺められる。毎年、8月13日から1週間にわたる東山温泉盆踊りが催される。

交通：JR只見線会津若松駅、バス20分

④**磐梯熱海**（ばんだいあたみ）　29万人、87位
単純温泉

県中央部、郡山市の北西部に位置し、磐梯熱海駅周辺の熱海温泉と五百川の高玉温泉を含めて**磐梯熱海温泉**とよばれる。この温泉は、鎌倉時代の領主の伊東氏が、出身地の伊豆にちなんで熱海と名づけたのが始まりという。53℃の高温の単純温泉が、毎分3,200ℓも湧出する温泉資源に恵まれている。湯治場としての時代を経て、現在では観光客相手の高級和風旅館からさまざまなランクの旅館が集まっている。共同浴場も2軒あるが、17軒の多くの旅館が日帰り入浴客に温泉浴場を開放している。

磐梯熱海温泉の行事として、毎年8月9～10日に「萩姫まつり」が行われる。湯前神社で温泉の恵に感謝し、萩姫が舞を奉納する温泉感謝祭に始まり、逢山源泉場で源泉汲上げの儀、散湯の儀、分湯の儀を執り行い、献湯際、萩姫万灯パレードなどがあり、温泉場は祭り一色に染まる。駅前広場にある公営の日帰り入浴施設「郡山ユラックス熱海」は健康温泉室、スポーツ施設が充実している。

交通：JR磐越西線磐梯熱海駅15分

⑤**芦ノ牧**（あしのまき）　28万人、88位
塩化物泉、単純温泉

県中央部、会津西街道沿いの山間部に位置する温泉地で、大川に沿って旅館や観光地が分布している。温泉は、温度42℃以上の高温泉が毎分1,500ℓほど自噴しており、温泉資源性は著しく高い。伝説によると、こ

の湯は千数百年前に僧行基上人が発見したといわれ、芦ノ牧の地名は芦名家の軍の放牧場であったことに起因しているという。大川には芦名家の築場が設けられており、「あぎの湯」という露天風呂もあって、近郊の人々に利用されていた。近くに国指定天然記念物の塔のへつり、国の重要伝統的建造物群保存地区に指定されている大内宿など、自然景観や人文景観に優れた数々の観光地が集まっていて、首都圏各地からの宿泊客数も多い。「へつり」とは険しい崖のことで、100万年前に川や風雨で浸食された岸壁約100ｍが奇岩となっており、芦ノ牧温泉に宿泊した客は必ず訪れる。

交通：会津鉄道芦ノ牧温泉駅、バス10分

⑥岳（だけ）　26万人、93位
国民保養温泉地

酸性泉

　県中央部、安達太良山（あだたら）の標高600ｍほどの山麓斜面に、20軒ほどの旅館が並ぶ温泉地があり、温泉会社が15本もの自然湧出泉を引湯して供給している。この酸性泉の温度は58℃で、湧出量は毎分約1,500ℓあり、温泉資源に恵まれている。1955（昭和30）年に国民保養温泉地に指定された。

　9世紀半ばの『日本三大実録』に、小結温泉（こゆい）と記された歴史的温泉地であり、15世紀末に猟師が再発見して「湯日」（ゆひ）とよんだという。以後、鉄山に近い源泉地の湯元に温泉集落が形成され、二本松藩の御殿も建てられて繁盛した。しかし、1824（文政7）年夏に集中豪雨と台風が直撃し、死者63名の大規模な土砂崩れによって温泉場は壊滅した。人々は、そこから6km下った不動平に移って新温泉場を築き、十文字岳温泉と名づけた。藩の御殿をはじめ、二層の旅館や商店が二町四方に広がる計画的温泉場が誕生した。しかし、1868（明治元）年の戊辰戦争で温泉街は焼き払われた。近接の深堀地区に小規模な湯治場が再建されたが、ここも33年後に大火で灰燼に帰した。これほどの災害に見舞われてきた温泉地であったが、1906（明治39）年に近隣の村々の有志17名が岳温泉会社を設立し、国有林の払い下げを受けて現在地に新しい計画的温泉地を開発し、今に至っている。

　岳温泉は昭和初期にすでにスキー場が開かれて広く知られるようになり、第2次世界大戦後は国立公園編入や国民保養温泉地の指定を受けて発展してきた。岳温泉の名を全国に広めたのは、1982（昭和57）年の「ニコニ

コ共和国」の開国であった。ユーモアたっぷりの地域おこしがマスコミの注目を浴び、観光客が増加して1995（平成7）年には61万人の客を数え、宿客数はその80％に及んだが、2006（平成18）年8月末をもって終了した。最近は日帰り客が増えており、高村光太郎の『智恵子抄』歌碑や正岡子規の句碑を巡る案内が望まれる。

交通：JR東北本線二本松駅、バス50分

23万人、98位

⑦土湯（つちゆ）　国民保養温泉地
単純温泉、炭酸水素塩泉、硫黄泉

　県北部、吾妻安達太良連峰の東麓にある土湯温泉は、山の湯の雰囲気を保ち、1999（平成11）年に国民保養温泉地に指定された。荒川の渓谷に沿う標高450mの地に15軒ほどの旅館が温泉街を形成し、その上流部の奥土湯温泉には川上、不動湯の一軒宿の温泉地がある。歴史は古く、586（用明2）年に聖徳太子の父の用命天皇の病気快復と仏教布教を命じられた秦野川勝が病に冒された際、太子のお告げで突き湯（土湯）に入浴して元気になったという。江戸中期に再建された聖徳太子堂が祀られており、入口にある県文化財の樹齢500年のシダレ桜が4月下旬に見事な花をつける。近世初期には米沢藩上杉氏の領内であったが、中期に福島藩主板倉氏が入封して御湯御殿が建築され、会津街道の宿場でもあった。

　源泉は中心街から約2km上流の荒川源流で噴き上げる150℃もの蒸気と熱水であり、これに沢水を加えて温泉を造成して自然流下で利用している。温泉湧出量は毎分2,000ℓに及び、泉質は単純温泉、硫黄泉、炭酸水素塩泉、含鉄泉など多い。豊かな量と質をもつ温泉は、「土湯十楽」とよばれた。遊湯つちゆ温泉協同組合がこの温泉を管理し、集中管理のもとに旅館、公衆浴場、保養所、個人宅へ給湯している。湯治客や保養客のためのスパクリニック制度があり、リハビリ施設や温泉入浴施設を完備した病院が旅館と提携して、腰痛、膝痛、手足のしびれなどの患者を診療している。また、健康志向の滞在客のために、環境省の国民保養温泉地「ふれあい・やすらぎ温泉地」事業で荒川支流の東鴉川に親水公園が整備され、河岸に沿って散策道や足湯もある。また、鳴子、遠刈田とともに「東北3大こけし」に挙げられる土湯こけしは、多くの職人がその伝統を守っている。宿泊客は通年化しているが、10〜11月の紅葉期には特に多い。近接の仁

田沼一帯には、水芭蕉、カタクリ、ツツジ、ヒメサユリ、ヒメニッコウキスゲなどの群落が広がっており、自然探勝に最適である。

交通：JR東北新幹線福島駅、バス45分

⑧高湯(たかゆ)　国民保養温泉地
硫酸塩泉

　県北部、磐梯吾妻スカイラインの起点に、土湯とともに1999（平成11）年に国民保養温泉地に指定された高湯温泉がある。白布高湯、蔵王高湯とともに「奥羽三高湯」と称される。吾妻小富士の山麓、標高750mの位置にあり、泉温42〜51℃の高温の硫酸塩泉が毎分3,200ℓも湧出している。各旅館には数々の温泉浴場が設置され、自噴の温泉に小屋がけをし、注連縄(しめなわ)で飾った素朴な露天風呂もあり、温泉に浸かれるありがたさを感じる。2003（平成15）年に共同浴場「あったか湯」が新設され、近くの名勝「不動滝」や6月中下旬に咲くヒメサユリを求めて来訪する日帰り客も多い。

交通：JR東北新幹線福島駅、バス40分

⑨新甲子(しんかし)　国民保養温泉地
単純温泉

　県中南部、阿武隈川源流に近い渓谷に歴史のある甲子温泉があり、その温泉を5kmほど引いて1961（昭和36）年に開かれた新興温泉地である。1963（昭和38）に国民保養温泉地に指定された。標高800mの高原にあって、ブナやミズナラの原生林に覆われ、散策を楽しめる。秋には、雪割橋、剣柱橋、新甲子遊歩道の紅葉の名所を満喫できる。近くには、ゴルフ場、大自然のレジャー施設「キョロロン村」、温泉健康センター「ちゃぽランド西郷」なども整備され、家族連れでの温泉保養や観光に適している。

交通：JR東北本線白河駅、バス40分

⑩二岐(ふたまた)　硫酸塩泉

　県中南部、二岐山の麓を流れる二俣川上流の歴史の古い温泉地であり、伝承によるとその起源は7世紀前半の聖武天皇の時代にまで遡るという。渓流に沿って各宿の露天風呂が設置されているほどに温泉は豊富であり、秘湯の名に恥じない保養温泉地である。また、二岐山の登山はもちろん、大白森山から甲子温泉へのハイキングコースもあり、特に秋の紅葉時期は賑わう。

交通:JR 東北本線須賀川駅、バス2時間

8 茨城県

地域の特性

　茨城県は、北関東に属し、日本有数の農業県でもあり、東京大市場を控えてメロン、養豚、鶏卵、甘薯などのほか、レタス、トマトなどもトップクラスの生産を上げている。一方、鹿島臨海工業地帯の開発とともに、筑波研究学園都市も新たに形成され、総合的な地域開発が進展した。水戸は尾張、紀州とともに徳川御三家の城下町であり、日本三名園でもある偕楽園の梅まつりは、多くの観梅客で賑わう。利根川の下流域では、潮来の水郷景観や鹿島神宮、県南では筑波山、県北では袋田の滝など見所が多い。
◆旧国名：常陸、下總　県花：バラ　県鳥：ヒバリ

温泉地の特色

　県内には宿泊施設のある温泉地が37カ所あり、源泉総数は146カ所、湧出量は毎分2万ℓで全国34位である。42℃以上の高温泉は10％に満たず、低温泉が多い。年間延べ宿泊客数は67万人で全国41位にランクされている。宿泊客数が上位の温泉地は、新興の筑波13万人、大津9万人、神栖平泉8万人などであり、知名度のある袋田は6万人に止まっている。

主な温泉地

①五浦　塩化物泉

　県北東部、北茨城市の大津に位置する太平洋に面した温泉地である。この温泉地は1906（明治39）年、日本画家の岡倉天心が弟子の横山大観、下村観山、菱田春草などを呼んで、日本美術院の本拠地とした記念すべきところである。五浦観光ホテルでは、昭和初期から温泉が利用されるようになったが、1989（平成元）年にボーリングをして70℃を超える温泉を得て、大浴場や庭園露天風呂が設けられた。眺望のよい天心ゆかりの六角

堂を囲んでホテルが立地している。
交通：JR常磐線大津港、バス15分

② 袋田(ふくろだ)　単純温泉、塩化物泉

　県北部、久滋川支流の滝川に沿う温泉地で、平安時代に発見されたと伝えられる古湯である。泉質は単純温泉と塩化物泉で湯量も豊富である。飲泉にも優れており、胃腸病、神経痛などに効果があるという。日本三大名瀑として有名な袋田の滝に隣接しているので、宿泊客も多い。袋田の滝は高さ120m、幅73mであり、岩壁を4段に分けて落ちる瀑布は見事である。また、周辺には奥久滋の渓谷美を眺望できる展望台や滝川での「観光やな」などを体験できるので散策に適している。
交通：JR水郡線袋田駅

9 栃木県

地域の特性

栃木県は、関東地方最大の面積を有する内陸県であり、県北西部の那須岳から塩原を経て中禅寺湖へ至る山岳地域は日光国立公園に指定されており、那須、塩原、鬼怒川、日光など、日本有数の温泉観光地域を形成している。平野部は、国内随一の大麦の産地であり、乳用牛の頭数と生乳生産量では北海道に次ぐほどである。また、かつてはイチゴやかんぴょうなどの生産も盛んであったが、現在では高速道路の開通で首都圏と直結され、ハイテク産業の内陸型工業団地が形成されている。

◆旧国名：下野　県花：ヤシオツツジ　県鳥：オオルリ

温泉地の特色

県内には宿泊施設のある温泉地が69カ所あり、源泉総数は629カ所、湧出量は毎分6万4,000ℓで全国13位である。42℃以上の高温泉が約60％を占める。年間延べ宿泊客数は447万人で全国9位にランクされている。宿泊客数が多い温泉地は、鬼怒川・川治170万人、那須温泉郷116万人、塩原温泉郷84万人、日光湯元・中禅寺35万人であり、上位3温泉郷が他を引き離している。日光湯元は酸ヶ湯、四万とともに日本で最初に国民保養温泉地に指定され、その後県内の板室が追加指定された。鬼怒川、那須、塩原の栃木県の3大観光温泉地のうち、那須と塩原は古代よりの歴史がある温泉地であり、鬼怒川は近世中期に温泉が発見されたといわれる。

主な温泉地

①鬼怒川・川治
176万人、6位
単純温泉

県中央部、鬼怒川渓谷の段丘上に形成された鬼怒川温泉は、日本有数の観光温泉地である。江戸時代の1692（元禄5）年、下滝村の沼尾重兵衛が

河床に温泉を発見し、滝の湯と称して村民6人で共同浴場を建て、村人の入湯に供した。その後、日光奉行所から神領地であるとの理由で没収された。1873（明治6）年、会津西街道の宿場でもあった藤原集落の旧家が、鬼怒川左岸に自然湧出泉を発見し、新湯と称して浴場を建てたが、河水の浸入もあって放置された。また、滝の湯も明治中期に宇都宮の資本家が権利を得て旅館を経営したが、河床にある温泉がたびたびの洪水で被害を受け、さらに当時の街道筋の交通量は少なくて温泉地の発展にはつながらず、明治後期には廃業となった。

鬼怒川温泉の発展は、大正初年の東京電力鬼怒川水力発電所建設に伴って河床に新温泉が発見され、地元藤原村の有力者が工事用軌道の存続を図り、温泉旅館の経営に着手したことに起因している。昭和初年、東武鉄道が浅草から日光と鬼怒川への連携を図り、便利となった。一方、温泉掘削会社が土地を買収して温泉付き分譲地を開発し、外来資本が流入して歓楽色の強い温泉街が形成された。1930（昭和5）年の『藤原郷土史ノ研究』には、「鬼怒川温泉郷ノ特徴ハ東都ヨリノ交通ニシテ、即チ朝ニ上野ヲタテバ、夕ニ楽ニ帰郷シ得ルトシテ、都人士ノ一日ノ行楽ニ好適地タル点ニアリ、将来ハ療養地トシテヨリハ寧ロ遊楽地トシテ発展スルデアロウ」と記し、鬼怒川温泉はそのとおりの発展をたどった。

第2次世界大戦後の鬼怒川温泉の発展は著しく、高層のホテル、旅館が林立する観光温泉地景観が出現し、多くの飲食店や劇場などが集まる歓楽街が形成された。大規模で豪華なホテルは、館内に各種の浴場、ショーの大舞台や土産店などを備え、温泉地内の商店街は活気をなくした。現在、毎分3,600ℓの豊富な単純温泉が湧出し、年間延べ宿泊客は川治を加えて176万人を数えるが、観光志向性の変化によって新たな対応が求められている。日光観光の宿泊拠点としての機能を果たしてきた鬼怒川温泉は、近隣の東武ワールドスクウェア、日光江戸村、ウエスタン村（現在休園中）、鬼怒川下りなどはもちろん、温泉地内の吊橋や近くの龍王峡を散策するコースが充実し、旧会津西街道の大内宿の伝統的町並みとの広域観光にも取り組んでいる。

鬼怒川温泉の上流を6kmほど遡ると、閑静な環境のもとに旅館が点在する川治温泉があり、鬼怒川温泉と一体化して温泉地の発展を期している。江戸時代中期、1723（享保8）年の豪雨で五十里堰が決壊した際、川治村

の村民は高所に逃れて人的被害は免れたが、その数日後にいかだ流しが濁流でえぐられた川岸で湯けむりを上げている温泉を発見した。その後、この源泉を利用した薬師の湯の浴場が、近在の人々の湯治の場となり、宿屋も開設された。幕末に、新撰組の副隊長の土方歳三が、宇都宮の戦いで受けた弾傷を治すために薬師の湯に浸かったといわれる。この温泉は河畔の横穴から湧出しており、45℃の高温泉が毎分4,000ℓも湧出している。川治と鬼怒川の温泉地の中間部に、紅葉の見所である龍王峡が3kmにわたって続いている。

交通：東武鉄道鬼怒川温泉駅

②那須温泉郷（那須湯本・大丸・弁天・北・八幡・三斗小屋・高雄）

116万人、10位

硫黄泉、単純温泉

　県最北部、那須岳（茶臼岳）の標高約1,000mの山麓斜面に硫黄泉の那須湯本温泉がある。この湯本を中心に、那須火山帯に属す一帯に単純温泉の大丸、弁天、北、八幡、三斗小屋、硫黄泉の高雄などの小温泉地が分布し、温泉郷を構成している。湯本温泉の起源は、7世紀前半の舒明天皇の頃に郡司の狩野三郎行広が鹿を追って発見したと伝えられ、古くは鹿の湯とよばれていた。また、奈良時代前半の738（天平10）年に書かれた正倉院文書「駿河国正税帳」に、小野朝臣が従者12人と那須温泉を訪れたことが記され、遠隔地からの湯治が行われていた。1193（建久4）年には源頼朝が那須野で狩りをし、1265（文永2）年には日蓮聖人も病気療養で入湯したという。

　江戸時代後期の「諸国温泉効能鑑」（温泉番付）には、野州那須の湯は草津温泉に次いで東の関脇に位置しており、諸病に吉と記されていた。1689（元禄2）年、俳人の松尾芭蕉も訪れて、『奥の細道』に「殺生石は温泉の出る山陰にあり。石の毒気いまだほろびず、蜂蝶のたぐい真砂の色の見えぬほどにかさなり死す。」と記し、「飛ぶものは雲ばかりなり石の上」と詠んだ。この殺生石の荒れた火山地が広がる横の高台に、源平合戦の屋島で扇の的へ弓を引いた那須与一が祈願した温泉神社がある。温泉街は幕末の山津波で壊滅したが、領主の大関氏が復興に尽力し、人々は現在地へ移って新しい温泉場を形成した。鹿の湯から引湯した温泉を通りの中央に

設けた5カ所の共同浴場へ流し、その両側に28軒の湯宿を規則的に配置した。

現在、鹿の湯共同浴場には41℃以上の高温泉が1℃きざみで44℃までの4つの浴槽があり、その他に46℃と48℃の2つの浴槽がある。ここでは入浴法が決められており、入浴前に柄杓で100～300回後頭部に「かぶり湯」をした後、2～3分間胸まで湯に浸かり、さらに2～3分間の全身浴をし、これを15分ほどかけて繰り返す。この浴槽に浸かると、胃腸病や皮膚病などによいといわれ、療養客が多く集まっている。宿泊施設はホテル、旅館を中心に、ペンション、ロッジ、保養所などが多いが、保養所は減少している。

那須温泉郷には、個性的な温泉地が点在しており、年間延べ116万人の宿泊客を集めている。大丸温泉は高温の温泉の小川をせき止めた露天風呂があり、観光客に人気を博している。標高1,400mの最高所にある三斗小屋温泉は、秘湯としての特性をもち、登山客や保養の客が多い。一方、新那須温泉には大規模な総合レジャーセンターでもあるホテルサンバレー那須がある。日光国立公園でもある茶臼山へはロープウェイが架設され、スキー場も整備されている。山麓にはツツジの大群落のほか、多くの美術館や博物館があり、文化観光にも寄与している。

交通：JR東北本線黒磯駅、バス35分

③塩原温泉郷　（大網・福渡・塩釜・塩の湯・畑下・門前・古町、新湯・元湯）

84万人、18位

塩化物泉、硫黄泉、単純温泉

県北部、箒川の渓谷に沿って、大網、福渡、塩釜、塩の湯、畑下、門前、古町、新湯、元湯などの温泉地が連続していて、塩原温泉郷を構成している。1,200年の歴史があるといい、温泉郷の中心である門前には2,000株のボタンの花で知られる妙雲寺があり、対岸の古町では各種の温泉浴を体験できる。塩の湯は渓谷の露天風呂があることで有名であるが、ここは17世紀中葉の寛文年間に発見されたという。最も奥にある標高790mの元湯は山峡の静寂な環境にあり、近くの新湯は硫黄山の噴気が漂うユニークな温泉地である。1972（昭和47）年に日塩道路（紅葉ライン）が開通して鬼怒川や日光との周遊が便利になり、さらに2002（平成14）年にはバイ

パスの龍王ラインが延伸されて塩原へのアクセスを向上させた。

　温泉は高温の単純温泉が多いが、畑下は塩化物泉、新湯と元湯は硫黄泉であり、異なる泉質は湯めぐりに適している。また、渓谷に面する露天風呂も人気が高い。年間延べ宿泊客数は門前と古町で50万人を超えていて多く、その他の各温泉を加えると84万人に達する。塩原温泉といえば、秋の箒川の紅葉が知られているが、4月のヤシオツツジ、夏にはスキー場のハンターマウンテン塩原で50種400万のユリが一面に咲き誇る。

交通：JR東北新幹線・東北本線那須塩原駅、バス50分

④日光湯元（にっこうゆもと）・中禅寺（ちゅうぜんじ）

35万人、67位（中禅寺温泉を含む）
国民保養温泉地
硫黄泉

　県中西部、奥日光には1954（昭和29）年に酸ヶ湯、四万温泉とともに、日本初の国民保養温泉地に指定された日光湯元温泉がある。湯元は、三岳山の噴火によってせき止められた湯ノ湖のほとりの静かな雰囲気の温泉地である。788（延暦7）年に日光山輪王寺を創建した勝道上人が、現在の温泉寺境内にある薬師湯を発見したといわれる。

　この温泉地は標高1,500mの高地にあり、冬は積雪が深いので、以前は5月から10月までの半年間の季節営業であった。源泉は湯けむりを上げる地熱地帯にあり、8カ所の源泉が集中していて、切妻型の木造屋根の源泉小屋は、温泉情緒を醸成している。自噴する源泉の泉質は酸性の硫黄泉であり、温度は42℃以上で高く、湧出量は毎分2,000ℓと豊富である。

　自然環境に優れた一帯は日光国立公園の集団施設地区となっており、温泉旅館、国民宿舎、民宿などの宿泊施設が集まっている。キャンプ場、スキー場も整備されていて、年間延べ宿泊客は中禅寺を加えて35万人を数える。環境省の日光湯元ビジターセンターがあり、ボランティアガイドも行われている。周辺には、湯ノ湖から流れ落ちる湯滝や近くに光徳牧場、戦場ヶ原、竜頭滝、霧降高原などの観光地が点在し、多くの観光対象を巡ることができる。

　国民保養温泉地ではないが、奥日光の観光拠点である中禅寺湖畔の中禅寺温泉は、湯元から温泉を引いている。男体山の噴火によって大谷川がせき止められて生まれた中禅寺湖、落差79mの華厳の滝、勝道上人開基の中宮祠二荒山神社、日光輪王寺別院中禅寺の桂の立木を使った千手観音な

どがあり、遊覧船から男体山を眺めるのも一興である。

交通：東武鉄道・JR日光駅、バス1時間20分

⑤ 板室(いたむろ)　国民保養温泉地
　　　　　　単純温泉

　県北東部、那須岳南麓の標高550mに位置し、那珂川の支流である湯川の谷間にある保養温泉地である。交通はJR黒磯駅からバスで約30分であるが、東北新幹線那須塩原からタクシー、また自家用車では東北自動車道那須インターからも同じ時間で到達できる。平安時代以来の歴史を有し、那須七湯の一つとして知られており、1971（昭和46）年に国民保養温泉地に指定され、静かな雰囲気の温泉地域は日光国立公園の一部を占める。

　この温泉は1059（康平2）年、那須三郎宗重が鹿狩りの際に発見したといわれ、村民が小屋がけをして湯治場を開いた。「下野の薬湯」として利用者が増え、中世末期に温泉宿ができ、江戸時代中期には6軒の宿があった。温泉は旅館の客や地域住民のための共同浴場に利用され、湯治客は38℃のぬるい湯に長く浸かり、神経痛、リウマチなどの療養をしたが、綱につかまって腰まで浸かる温泉としても知られる。板室温泉神社には、数多くの杖が奉納されており、「杖いらずの湯」ともいわれる。

　第2次世界大戦後、1961（昭和36）年に有力旅館が新規に温泉掘削をして内湯を設置し、各旅館へも給湯した。その後、新たな温泉開発が進み、20軒ほどの温泉集落が形成されていた。1982（昭和57）年には26万人の宿泊客が来湯し、県内や茨城県のほか、東京都、埼玉県、千葉県など温泉地の少ない都県からの客が多かったが、当時は療養客が45％、保養客が30％を示し、60歳以上が65％を占めていた。国民保養温泉地の指定を契機に、那珂川河畔に共同浴場やゲートボール場が開設され、その後、日帰り入浴施設「ゆグリーングリーン」もオープンした。

交通：JR東北本線黒磯駅、バス30分

⑥ 湯西川(ゆにしがわ)　単純温泉

　県北西部、福島県境に近い山間部の湯西川に沿って温泉地が形成されており、平家の落人伝説が地域づくりに活かされてきた。中心集落の川沿いに、歴史的文化財でもある旅館「本家伴久」の屋敷が保存されており、各種の温泉浴場があって現在も経営している。この川を挟んだ一角はタイム

スリップしたようで趣があるが、道路沿いは区画整理のもとに新しくなった町並みが延びている。少し離れた地区に野外歴史博物館の「平家の里」があり、移築した茅葺き民家には各種の歴史資料や山村の生活資料がコンパクトに展示されている。温泉旅館組合を中心に、かまくら祭り（1月）、平家大祭（6月）、竹の宵まつり（7月）、オーロラファンタジー（8月）、湯殿山大祭（8月17日）など、多彩な行事が行われており、観光経済新聞社の「にっぽんの温泉100選」でも、例年中位にランクされていて、高い評価を受けている。

交通：野岩鉄道湯西川温泉駅、バス35分

10 群馬県

地域の特性

　群馬県は、北関東の北西部を占め、山岳地域が広い県であるが、険しい三国峠を越えて新潟県に入り、日本海と結ぶ交通条件に恵まれている。気候は内陸性で夏は暑く、冬は「赤城おろし」の空っ風が吹き降ろす。県中央部を南北に利根川が流れ、北部は水上温泉郷や尾瀬国立公園と連絡している。榛名山、白根山や妙義山に至る西部には伊香保、四万、草津、万座の著名温泉地や嬬恋村の一大キャベツ生産地域、富岡製糸工場遺跡などがあり、多様な自然や歴史、文化、生活に触れることができる。南東部は桐生、伊勢崎などかつての繊維工場地帯が機械、自動車工業地域へと変わった。県の面積は全国21位、人口は19位で、ほぼ中位にある。

◆旧国名：上野　県花：レンゲツツジ　県鳥：ヤマドリ

温泉地の特色

　県内には宿泊施設のある温泉地が105カ所あり、源泉総数は455カ所、湧出量は毎分5万6,000ℓで全国14位である。42℃以上の高温泉が半数を占め、年間延べ宿泊客数は554万人で全国6位にランクされている。宿泊客数が多い温泉地は、草津の177万人が突出しており、伊香保114万人、水上58万人、万座33万人が続いている。国民保養温泉地は第1号指定の四万をはじめ、鹿沢、上牧・奈女沢、片品、湯宿・川古・法師の5地区が指定されており、49万人の宿泊客を数える。このように、群馬県には観光とともに保養の機能を併せもつ温泉地が多いことも特色である。

主な温泉地

①草津
くさつ

177万人、5位
酸性泉、硫酸塩泉、塩化物泉

　県中西部、草津白根山麓の標高1,200mの高地に、日本最高の温泉地と

評価される草津温泉がある。温泉は自然湧出の酸性泉、硫酸塩泉、塩化物泉であり、湧出量は毎分32,000ℓに及び、自然湧出泉では全国１位である。温泉街の中心にある湯畑の大源泉を囲んで歴史的な共同浴場や旅館、土産品店が並び、その周囲は緑で覆われた森林の中に、ホテルやペンション（洋風民宿）などが点在している。

　伝説によると、奈良時代の高僧行基が布教で来草し、鎌倉時代には源頼朝が鷹狩りで近くに来たともいわれる。また、1491（延徳３）年の万里集九の『梅花無尽蔵』には、「本邦六十余州、毎州有霊湯、其最者下野之草津、津陽之有馬、飛州之湯島（下呂）三処也」と記されており、草津が有馬や下呂とともに高い評価を得ていた。近世期初頭の草津は沼田城主真田氏の支配下にあり、郷侍が温泉の管理をしたが、改易後は幕府直轄領となり、湯本一族が湯守の特権で内湯を引いていた。江戸中期の元禄時代には御座の湯、脚気の湯（足湯）、鷲の湯、綿の湯、滝の湯があり、八代将軍吉宗が温泉を江戸城へ運ばせたといい、湯畑源泉の一角にその記念碑がある。宝暦期に地蔵の湯と熱の湯が加わり、幕末には14カ所の外湯があった。宿の営業は旧暦４月８日〜10月８日の夏半期であり、経営者は冬半期に近隣の農村で生活したが、これが「冬住み」である。1817（文化14）年の「諸国温泉効能鑑」では、草津が最高位の東の大関にランクされていた。

　明治初期に東京帝国大学教授のドイツ人ベルツ博士が『日本鉱泉論』を著し、草津温泉での飲泉、浴泉と気候療法が重要であることを説いた。この頃、越後出身の野島小八郎が、湯治客が湯揉みをした後に47℃ほどの高温泉に３分間浸かる草津独特の「時間湯」を広めた。1887（明治20）年には、入湯客数は２週間以上の長期湯治客が5,000人、延べ７万泊以上を数え、１〜２泊の客も延べ7,000人と記録されていた。その大半は埼玉、群馬の両県をはじめ、関東や信越地方からの客であった。「時間湯」は現在でも地蔵の湯と千代の湯で継承されている。有力旅館を中心に温泉場の改良が進み、軽井沢を結ぶ草津電気鉄道が建設されて湯治客が増加した。また、草津温泉の特異な泉質と効能が伝えられてハンセン病患者が増えるようになり、町当局は湯ノ沢地区をその療養地区とし、御座の湯の共同湯はその役割を果たした。しかし、1941（昭和16）年のハンセン病患者の栗生楽泉園への移転に伴って閉鎖された。

　第２次世界大戦後に観光化が進み、湯畑周辺の旅館は大型の観光旅館に

変わり、湯畑源泉末端の歴史的、文化的価値の高い滝の湯（打たせ湯）は、薬師滝に加えて薬師如来を護る十二神将に因む12本の湯滝が落ちていたが、滝つぼに変えられた。一方、地元識者の中澤兆三の尽力で湯畑に続く滝下通りの「せがい造り」旅館街の歴史的町並みが整備されたことは意義深い。町当局は「大滝の湯」共同浴場を創設し、西の河原には大規模な露天風呂を設置して観光客の人気が高いが、バス終点の草津駅には草津温泉資料館があり、各種展示品の見学は欠かせない。高原部ではリゾート開発が進み、ロープウェイの架設、スキー場整備とともに洋風ホテルやゴルフ場などが開発された。1980年代末のバブル期には、リゾートマンションが林立することになった。この狭い高地の空間に200もの宿泊施設があり、近年の延べ宿泊客数は首都圏を中心に177万人を数え、日帰り客も毎年約100万人に達する。2013（平成25）年、湯畑に隣接した土地に伝統的な「御座之湯」が再建され、一帯は緑地化されて、温泉客の癒しの空間ともなっている。

　草津温泉は湯畑周辺のクラシック草津と高原のリゾート草津がほどよく調和しており、多くの観光客や保養客が優れた温泉資源や四季折々の景観を求めて来訪し、外国人客も多い。温泉地周辺では、草津白根山の火口湖であるコバルトブルーの湯釜が第1級の観光資源であり、春のシャクナゲや秋のナナカマドの紅葉も素晴らしい。8月初旬の温泉祭り、下旬の音楽アカデミーはユニークな行事であり、冬はスキー場が賑わう。さらに、草津は鬼押し出し、軽井沢や万座温泉、渋峠を経て長野県の志賀高原、地獄谷、渋、湯田中などの山之内温泉郷と直結しており、広域観光の拠点性は高い。主な行事として、草津温泉感謝祭（8月1〜2日）、草津夏期国際音楽アカデミー＆フェスティバル（8月中〜下旬）がある。

交通：JR吾妻線長野原草津温泉口駅、バス30分

②伊香保（いかほ）　101万人、12位
硫酸塩泉、塩化物泉

　県中央部、上毛三山の一つ榛名山の北東斜面、標高約700 mに伊香保温泉があり、日本初の計画的温泉地といわれる。現在、年間延べ101万人の宿泊客が来訪する日本有数の観光温泉地である。1576（天正4）年、武功のあった木暮下総守が伊香保支配を命じられ、一族郎党を引き連れて入植して、伊香保神社付近に古くからあった数軒の宿を加えて新しい温泉集落

を形成した。階段街の中央に大堰（湯道）を造り、その両側に各7軒の14大屋（温泉宿経営者）が配置されて、大屋層が伊香保を支配した。大屋は最下流の2軒を除いて年番制で名主を務めたので、それぞれ十二支が決められていた。各大屋には隷属層の門屋が数軒ずつ配置されていた。寅年の名主を務めた金太夫旅館は、現在でも玄関ホールに虎の剥製を飾っており、温泉場中央の石段街の下を流れる大堰を改装した際に、旅館への標識として歩道に虎のレリーフが彫られた。明治初期の火災で大屋は交代し、現在4軒のみが残っているが、その他は外部からの進出者である。そこで、階段街下の新しい旅館は、自ら掘削した温泉を利用している。現在、歴史的な石段街で使用される褐色の硫酸塩泉の湯を「金の湯」とよび、新しい透明なメタけい酸の湯を「銀の湯」として、観光資源の価値を高めている。

　階段街の頂点にある伊香保神社は伝統のある上野国三宮であり、温泉医療の神として知られる。そこから源泉公園への散策道は紅葉が素晴らしく、赤茶けた温泉の露天風呂にも入れる。明治以降、伊香保は外国人の避暑地ともなり、ドイツ人医師のベルツも滞在したが、小説『不如帰』の徳冨蘆花や美人画や抒情詩の竹久夢二などの文化人も数多く来訪した。現在、蘆花文学館、夢二記念館や各種の資料館や博物館が整備され、近くの榛名山や水沢観音を訪ねる観光も盛んである。石段街に接する高台にはロープウェイが架設され、スケート場になっている。石段街には、規模の大きな旅館や土産品店、食堂などの観光施設が集中しており、「石段の湯」共同浴場もある。その傾斜地中央の地下に湯道の大堰が流れており、これを小窓から観察できる。2010（平成22）年には、温泉街末端に続く広い365段の新しい石段街が誕生した。3月3日のひな祭りでは、石段に幼稚園児が着飾って並ぶ人間雛はユニークである。近くの観光ポイントとして榛名湖、水沢観音などがある。

交通：JR上越線渋川駅、バス25分

③水上温泉郷（水上・谷川・湯桧曾・宝川・湯の小屋）
　　　みなかみ

58万人、37位

単純温泉

　県中北部、JR上越線沿いの利根川上流沿岸には、大小の温泉地が多く分布している。渓谷に面して、昭和前期に発展した水上温泉をはじめ、上

流には谷川、湯桧曾、宝川、湯の小屋などの小規模ながら特色のある温泉地が展開しており、温泉郷の年間延べ宿泊客数は58万人に及ぶ。このうち、単純温泉が湧く水上温泉は、以前は湯原温泉とよばれ、明治前期の『日本鉱泉誌』には「川岸平坦ノ地ニ〆岩石ノ下ヨリ湧出ス道路便ナレドモ浴客多キニ至ラス」と記されていた。水上温泉が飛躍するのは、1928（昭和3）年の上越線水上駅の開設と3年後の上越線全線開通以後である。これに呼応して奥利根旅館組合が創立され、谷川岳の登山開放、スキー場の開設とともに、旅館が7軒も増え、料理店、土産店も開業し1935（昭和10）年には水上温泉組合と改称した。同時に、伊香保の徳冨蘆花に対抗して、大佛次郎、西條八十、川端康成などの著名人を招いて積極的に宣伝をした。

第2次世界大戦後、旅館の増改築と新設が相次ぎ、水上温泉郷の収容力は1947（昭和22）年が1,500人であったのが、1974（昭和49）には8,000人に急増した。水上は歓楽色を一層強め、一方、スキー場の開発が進んで谷川、湯桧曾などは保養所と民宿、宝川、湯の小屋では民宿が増えた。利根川源流の宝川に沿って宝川温泉があり、一度に200人が入れるという大露天風呂がある。かつて、宿の主人が熊と入浴していた。秋には紅葉に彩られた川岸に、昼夜を問わず入浴できるいくつもの露天風呂があり、客の満足度は高い。

交通：JR上越線渋川駅、バス30分

④万座　33万人、74位
硫黄泉

県中西部、草津白根山の標高約1,800mの高地にある温泉地で、一帯にはツガ、ダケカンバの樹林やクマザサの群落が広がっており、秋にはナナカマドの紅葉が楽しめ、冬はスキー客で賑わう。また、80℃もの高温泉が各所で湧いており、泉質のよさと一帯の自然環境を活かして、湯治客を誘致する滞在プランを実施している旅館もある。万座温泉では、露天風呂で乳白色の温泉に浸かりながら上信越高原国立公園の大自然を満喫することができる。長野県と境する渋峠を越えれば、志賀高原の自然や特色のある温泉地を楽しめる。

交通：JR吾妻線万座鹿沢口駅、バス40分

⑤四万(しま)　国民保養温泉地
　　　　　　硫酸塩泉

　県中西部、上信越高原国立公園の山岳地域にあり、四万川の渓谷に沿う閑静な環境のもとに、温泉地への入口から温泉口、山口、新湯、ゆずりは、日向見の5つの温泉集落が連続して立地している。40〜80℃の硫酸塩泉が湧き、特に胃腸病に効果があり、飲泉が行われる湯治場として発展した。1954（昭和29）年には酸ヶ湯、日光湯元とともに日本で最初の国民保養温泉地に指定された。地名は四万の病気に効くところから名づけられたという。

　この温泉地は、8世紀末頃に征夷大将軍の坂上田村麻呂が入浴したといわれ、戦国時代の1563（永禄6）年に岩櫃城主に仕えた田村家が湯治宿を開いた。その後、分家が江戸時代の寛永年間（1624〜43）に新湯（荒湯）に進出し、1694（元禄7）年には関家が湯小屋を建て、田村家と関家が四万温泉の指導的役割を果たしてきた。1761（宝暦11）年には、山口と新湯を合わせて約700人を収容する温泉地になり、湯治客数は2,000人を超えたという。明治期には、近隣の養蚕農家の湯治客が多く、大正から昭和初期になると、初夏に北関東の伊勢崎、桐生や秩父などの機業地帯からの湯治客、夏には保養目的の東京下町の商人層が増え、東京の客は半数を占めた。

　第2次世界大戦後、1955（昭和30）年の延べ宿泊客数は25万人を超え、戦前のピークであった1940年の水準に達した。保養温泉地として歓楽施設はなく、1970年代初め頃までは半自炊形態が維持されていた。温泉は質・量ともに優れ、源泉は自然湧出で、平均60℃の塩化物泉、硫酸塩泉が毎分3,400ℓも湧き出ている。現在、宿泊客は約30万人を数え、有力旅館は日帰り客にも露天風呂や室内の浴槽を開放している。環境省は「ふれあい・やすらぎ温泉地」事業で3億5,000万円を投じ、温泉口地区に「四万清流の湯」を新設し、日帰り客は毎年約10万人を数える。とはいえ、四万温泉では飲泉が胃腸病によいといわれ、温浴は神経痛、リウマチなどにも効果があり、滞在型保養客を主な客層としている。十数年前から四万温泉は「新湯治場宣言」をし、数泊の滞在による国民の保養、健康に役立つ温泉場として国民保養温泉地事業を積極的に展開してきた。四万には常勤の温泉療法医がいる診療所があり、診察や温泉療養の相談、健康相談もできる。環境保全にも配慮しつつ遊歩道、園地、温泉プール、温泉館、共同浴場、飲

泉場、足湯などを整備し、NPO法人が空き店舗を利用して喫茶店兼土産品店をオープンするとともに、冬期間には低料金プランを設定して滞在客の誘致に努めている。各温泉地区には、国重要文化財の日向見薬師堂、天然記念物四万川甌穴群、登録文化財の積善館の元禄の湯など見所も多く、近くに四万川ダムや奥四万湖もある。都会の若者や中年の女性グループも、四万温泉の情緒や自然環境、温泉のよさなどに魅力を感じて来訪している。

交通：JR吾妻線中之条駅、バス40分

⑥鹿沢（かざわ）　国民保養温泉地
炭酸水素塩泉

県中西部、嬬恋村の高原の一角にある温泉地で、1968（昭和43）年に国民保養温泉地に指定された。長野県に通じる街道は湯道とよばれて1町ごとに観音像が建てられ、最後の百番は大きな千手観音像が湯治客を迎えてくれる。温泉地には「雪山讃歌」発祥の歴史を感じる宿、広い庭園のある宿、標高1,400mにある休暇村や民宿など9軒の個性的な宿がある。初夏に咲き誇る天然記念物のレンゲツツジの大群落は素晴らしく、秋の紅葉や冬のスキーを楽しみに来訪する客も多い。

交通：JR吾妻線万座鹿沢口駅、バス40分

⑦上牧・奈女沢（かみもく・なめさわ）　国民保養温泉地
硫酸塩泉、塩化物泉

県中央部、南北に貫流する利根川沿岸に、みなかみ町上牧温泉があり、近くの奈女沢温泉とともに1979（昭和54）年に国民保養温泉地に指定された。上牧は上越線上牧駅周辺の5軒の旅館からなり、奈女沢は車で10分ほどの一軒宿である。上牧温泉は1926（大正15）年、地元の有力者が温泉掘削に成功し、46℃、毎分140ℓの有力な温泉を得て、翌年に旅館経営を始めた。和風旅館や洋風ホテル、湯治客も利用する宿泊施設があり、温泉は40℃を超える高温の湯が、毎分500ℓほど湧出している。政府登録の有力旅館には、ユニークな「はにわ風呂」があり、浴槽の中央に高い埴輪のモニュメントが立ち、山下清画伯が自ら参加して仕上げた全国唯一の大壁画「大峰沼と谷川岳」がある。源泉を利用した蒸し湯もあり、山下清ギャラリーもあって心身が癒される。隣接地の上牧温泉病院と提携し、健康志向の経営を図っている。奈女沢温泉は山間の静かな環境にある。縄文文化を伝える国指定史跡の矢瀬遺跡があり、竪穴住居址、祭壇などが復元保存

され、縄文晩期の集落を実地に学べる。利根河岸段丘の矢瀬親水公園には高さ13ｍの展望ローラースライダーや遊具施設が設置されており、初夏のホタル狩り、秋のリンゴ狩りなども楽しめる。

交通：JR上越線上牧駅

⑧片品温泉郷（かたしな）　国民保養温泉地　単純温泉

　県中北部、利根川の支流である片品川の上流にある片品村の温泉地である。1983（昭和58）年に国民保養温泉地に指定されたが、水芭蕉、ニッコウキスゲの群落で知られる尾瀬ヶ原観光の群馬県側の拠点ともなっていて、旅館をはじめロッジ、民宿などの宿泊施設が、片品地区と戸倉地区に各30軒ほども集まっている。温泉は25～53℃ほどの単純温泉であり、登山、ハイキング、テニス、スキーなど四季を通じて野外レクリエーション客に利用されている。

交通：JR上越線沼田駅、バス90分

⑨湯宿・川古・法師（ゆじゅく・かわふる・ほうし）　国民保養温泉地　硫酸塩泉、単純温泉

　県中北部、9世紀中葉からの歴史があり、三国街道に沿う宿場町として栄えた湯宿をはじめ、法師や川古の一軒宿が点在していて、1999（平成11）年に国民保養温泉地に指定された。秘湯の趣がある法師は、弘法大師が発見した歴史的な温泉地で、1875（明治8）年に川床から沸く温泉の上に和風の情緒ある浴槽を設けており、国の有形文化財に指定されている。温泉源は43℃の硫酸塩泉と28℃の単純温泉の2種類がある。川古は赤谷川の渓谷沿いにあり、「川古のゆみやげは一つ杖を捨て」と詠われるほどであり、ぬるい湯に長時間入浴するならわしがある。

交通：JR上越新幹線上毛高原駅、バス20分（湯宿）、車30分（川古）、バス20分（法師）

⑩猿ヶ京（さるがきょう）　硫酸塩泉

　県中北部、新潟県境に近い山間の温泉地である。以前は湯島、笹の湯とよばれて三国峠の宿場、湯治場として栄えてきたが、1958（昭和33）年にダム建設のために水没することになった。旅館は高台の現在地に移って新築し、温泉名も猿ヶ京に変えた。湯量は多く、スキー民宿へも配湯していて多くの温泉民宿が生まれた。赤谷湖でのボートや釣りが楽しめ、一大観

光温泉地が形成された。
交通：JR上越新幹線上毛高原駅、バス30分

⑪川中(かわなか)　塩化物泉

　県中西部、吾妻川上流近くの雁ヶ沢川沿いに、和歌山県の龍神温泉、島根県の湯ノ川温泉とともに「日本三大美人湯」として知られる一軒宿の川中温泉がある。温泉は約35℃と低温であり加熱利用しているが、風情のある混浴の露天風呂、大湯、薬湯のほかに男女別の浴槽がある。肌触りがなめらかで、肌荒れによいといわれていて女性の客も多い。日帰り入浴はない。
交通：JR吾妻線川原湯温泉駅、タクシー15分

⑫川原湯(かわらゆ)　硫化水素泉

　県中西部、吾妻川上流の温泉地であったが、JR吾妻線の改良工事に伴って路線の変更があり、現在は少し下流の河岸段丘上に移転して、共同浴場の大湯も完成し、新たな発展を期している。以前は旧駅から坂道を上って高台の温泉場へ着いたが、特に温泉をかけ合う「湯かけ祭り」のユニークな伝統行事で知られてきた。この行事は新たな温泉地でも継承されている。この工事によって国指定名勝の吾妻渓谷へのアクセスは変わり、これまでのような散策はできないが、深い谷と広葉樹のおりなす四季折々の景観美は以前のままである。
交通：JR吾妻線川原湯温泉駅

⑬磯部(いそべ)　塩化物泉

　県中南部、信越本線磯部駅近くの碓氷川畔に形成された温泉地である。温泉は塩化物泉で、温度は24℃の冷泉を利用している。この温泉の名物は、鉱泉を使った磯部せんべいであり、1873（明治6）年に医師の堀口謙斉が温泉の効用を確かめ、県営衛生局の許可を得て始まったという。また、日本の地図の温泉のマーク（♨）は、1661（寛文元）年の土地の境界訴訟に際しての幕府裁定文の地図に載っており、これをもって日本の温泉記号発祥の地としている。妙義山を眺め、足湯に浸かり、駅前の日帰り入浴温泉施設「恵みの湯」では温泉とともに砂塩風呂も体験できる。

交通：JR信越本線磯部駅

11 埼玉県

地域の特性

　埼玉県は、中部から東部にかけて広大な関東平野が広がり、西部は関東山地で構成される内陸県である。関東ローム層の平野部では早くから畑作が盛んで、野菜や花、茶などの商品作物が栽培されてきたが、近年では都市化が進んで宅地への転用が多くなっている。そこで、衛星都市が増加した結果、日本で市の数が最も多い県となっており、40市を数える。

　川越は小江戸といわれる城下町であり、蔵造の歴史的町並みが見事に保全され、天台宗関東総本山の喜多院も「川越大師」とよばれて、多くの信者が参詣に訪れる。近くにある古墳時代の遺跡の吉見百穴、さきたま風土記の丘なども整備されている。西部の秩父地方では、12月2～3日に豪華な笠鉾と屋台が引き回される秩父夜祭りで知られ、江戸時代初期からの秩父神社の豊作祈願の伝統文化が継承されている。荒川上流の長瀞では、岩石段丘が削られてできた甌穴群が見られ、奇岩を眺めながらの川下りも楽しい。

◆旧国名：武蔵　県花：サクラソウ　県鳥：シラコバト

温泉地の特色

　県内には宿泊施設のある温泉地が22カ所あり、源泉総数は109カ所、湧出量は毎分2万ℓで全国31位である。42℃以上の高温泉は1割程度で少なく、加熱が必要な温泉地が多い。年間延べ宿泊客数は48万人で全国42位にランクされている。5万～8万人程度の宿泊客を受け入れているのは、都市ホテルで温泉施設がある新興温泉地であり、熊谷市の四季の湯、羽生市の羽生温泉、さいたま市のさくらそう温泉などである。一方、かつての秩父地方の温泉地として存在感のあった療養向きの柴原、保養向きの名栗、行楽によい両神などの温泉地は、宿泊客数が減少している。

関東地方

主な温泉地

①彩の国さくらそう　塩化物泉

　県南東部、さいたま新都心に誕生した新興温泉地である。簡易保険総合健康センター（ラフレさいたま）の6階に温泉プールや浴場施設を併設し、宿泊客に温泉を楽しんでもらうことを意図している（日帰り利用も可能）。源泉は34℃の塩化物泉であり、毎分260ℓを揚湯し、温泉プールにはこれに加水、加温をして利用している。この温泉施設があるので宿泊客も増え、年間5万6,000人を数えている。近年、熊谷市や羽生市でも市街地のホテルが温泉を利用して宿泊客を集めている傾向がみられる。
交通：JR高崎線さいたま新都心駅

②名栗　放射能泉

　県南西部、名栗川の源流に近い山間部に位置する温泉地であり、泉質は放射能泉である。中世の鎌倉時代、1219～21（承久年間）年頃に猟師が湯あみをしている鹿を発見して温泉の存在を知ったという。温泉宿の開業は大正時代であり、一軒宿の名栗ラジウム鉱泉として湯治客やハイキング客が訪れるようになった。創業当時には、名栗渓谷の自然美を愛した歌人若山牧水が夫人とともにたびたび投宿し、多くの文人墨客も訪れた。展望大浴場や露天風呂も設けられ、源泉の「木風呂」や貸切風呂もある。近くの名栗湖や名栗渓谷、子ノ権現、竹寺などを訪れるハイカーも多い。
交通：西武池袋線飯能駅、バス45分

③柴原　硫黄泉

　県南西部、三峰山北東麓の荒川上流に位置する温泉地である。柴原温泉は江戸時代の『新編武蔵風土記』に紹介されている秩父七湯の一つで、400年余りの歴史を有するという。以前は三峰神社の参詣客で賑わったが、近年では神社に近い大滝温泉三峰神の湯に宿泊する客が多い。
交通：秩父鉄道武州日野駅、送迎

12 千葉県

地域の特性

　千葉県は、東京の東に広がる房総半島を中心とし、東は太平洋、西は東京湾と浦賀水道の海に囲まれた県である。面積は全国28位、人口は6位にランクされる。平地と丘陵が大半を占め、県の平均標高は45mであり、全国で最も低い。県北部は日本第2の長流である利根川が茨城県境をなし、下総台地と常総台地上は都市化が進んでいる。中部は太平洋岸に南北に長大な九十九里浜平野が形成されていて銚子半島に繋がり、東京湾岸では石油化学や鉄鋼工業地域が連なり、富津岬を境に南は浦賀水道に面して海水浴場、民宿やビワ畑などが展開する。下総台地や南房総では畑作が盛んで、特産の落花生、野菜や花卉が生産され、南部では酪農も盛んである。また、下総台地はゴルフ場に適しており、その数は全国3位である。新東京国際空港（成田空港）が1978（昭和53）年に開港し、世界各地と直結することになり、成田山新勝寺には外国人の参詣客も多い。

◆旧国名：上総、下総、安房　　県花：ナノハナ　　県鳥：ホオジロ

温泉地の特色

　県内には宿泊施設のある温泉地が85カ所あり、源泉総数は156カ所、湧出量は毎分1万4,000ℓで全国38位である。源泉の80％が25℃未満の冷鉱泉であり、加熱が必要である。東京に隣接し、温暖で長い海岸線に沿った立地条件を背景に、年間延べ宿泊客数は266万人に及び、全国18位にランクされる。東京ディズニーランドに近接した温泉ホテルは20万人もの宿泊客を集めており、その他のホテル2軒を加えると40万人にもなる。また、新設された遊園施設の木更津三日月温泉は17万人の宿泊客を集めている。

　内房から外房にかけては、観光拠点の館山や白浜、鴨川、勝浦が連続しており、さらに長大な砂浜海岸が続く九十九里浜では、白子テニス民宿地が温泉地としても知られる。房総半島東端の銚子犬吠埼や半島内部の養老

渓谷にも温泉地が展開しており、千葉県は一大温泉県ともなっている。

主な温泉地

①白浜（しらはま）　塩化物泉

　県南部、暖かい房総半島の突端に観光拠点の野島崎があり、ホテル、旅館、民宿など温泉浴場をもつ宿泊施設が集中している。湧出泉の温度は25℃未満の冷鉱泉であり、加熱を要する。白浜は南房総国定公園に指定されていて、灯台、厳島神社、海洋美術館、海底透視船などがある。磯根漁業が盛んで、現在も海女が海にもぐり、アワビやサザエを採取し、白間津の花畑では露地のキンセンカ、ストックなどの花づくりもしている。7月中旬の海女祭りは白浜最大の行事で、そのハイライトは、白装束の海女による夜の松明遊泳である。

交通：JR内房線館山駅、バス35分

②千倉（ちくら）　塩化物泉

　県南東部、太平洋に面した南房総地域は、温暖な気候のもとに花の露地栽培が行われ、沿岸漁業も盛んで豊かな漁獲量を誇ってきた。その中心の千倉では、中世の戦乱期に源頼朝が房総に逃れてきた際に、愛馬の傷を温泉に浸けて治し、自らも入浴したという伝説が老舗温泉宿の千倉館に残されている。千倉温泉には7軒の温泉宿があり、主に塩化物泉の浴槽や露天風呂に浸かり、新鮮な魚介類を味わうことができる。千倉町には料理の神様を祀る高家（たかべ）神社があり、例年10月17日と11月23日に「包丁式」が挙行される。

交通：JR内房線千倉駅、バス5分

③鴨川（かもがわ）　塩化物泉

　県南東部、鴨川市域の北部は太平洋に面した白砂青松の海岸が続いており、その一角は温泉開発が進んで高級温泉ホテルが並んでいる。有力ホテルの一つは、松と岩を配した庭園風露天風呂を造り、浴客に喜ばれている。これらの温泉ホテルに隣接して「鴨川シーワールド」がオープンし、この一帯が鴨川温泉の中核をなしている。一方、鴨川駅周辺は海水浴場と一体

化した旅館街を形成し、さらに南の太海地区には1935（昭和10）年に千葉県名勝第1号に指定された仁右衛門島をはじめ、フラワーセンター、多くの旅館や民宿が分布している。太海の宿泊施設の一部は山間地で湧出する温泉を運び、温泉地として機能するようになった。仁右衛門島は周囲を奇岩で囲まれた景勝の小島であるが、源頼朝の隠れ穴があり、日蓮聖人や多くの俳人、歌人や画家の来訪も伝えられている。また、わずか5分ほどであるが全国唯一の手漕ぎ舟を体験できる。

交通：JR外房線安房鴨川駅、または太海駅

④勝浦　塩化物泉、炭酸水素塩泉

県南東部、勝浦市の中心地区で1961（昭和36）年に温泉が開発された。純金風呂で知られる大規模な温泉ホテルをはじめ、十数軒の温泉宿泊施設が分布している。輪島、高山とともに「日本三大朝市」といわれる遠見岬神社前の朝市は、1591（天正19）年に始まったといわれる歴史を有する。現在は半月ごとに2カ所で行われていて、路上に70軒もの露店が並ぶ。この神社の階段は、ひな祭りの際は一面に雛人形で飾られ、壮観である。勝浦はマグロ、カツオをはじめ、近海、遠洋漁業の基地として知られるが、太平洋に突き出た海食崖が続き、南房総国定公園に指定されている。南房総の観光拠点としての地位は高く、海中展望塔や県立海の博物館があり、鵜原理想郷にはかつて多くの文人が集まった。大多喜藩に関わる八坂神社の大祭には、7月第4土曜日に勇壮な鵜原大名行列が行われる。

交通：JR外房線勝浦駅

⑤白子　塩化物泉

県中東部、九十九里浜南部に位置する白子町では、海水浴客の増加に対応して1965（昭和40）年、古所地区に町営国民宿舎を開業し、観光開発の先鞭をつけた。その2年後に1,500mの大深度掘削に成功して29℃の温泉を得ると温泉センターをつくり、1973（昭和48）年には天然ガスを利用した日本唯一の人工砂風呂を開設、らくだの国、体育館、テニスコートも整備した。これに影響されて中里地区の農漁民が民宿を開業し、軽井沢や山中湖でのテニス民宿の先進地に学んで農地の一部をテニスコートに変え、テニス民宿地域として急速に発展した。1988（昭和63）年にはテニ

ス民宿経営者18名が白子温泉組合を設立し、地下2,000mの温泉掘削によって塩化物泉を得て観光温泉地として知られるようになった。さらに1990（平成2）年、町当局は千葉県や自治省などから6億円の補助金を受け温泉センターを改築し、各種の入浴体験ができる白子町アクア健康センターをオープンした（2009年閉館）。現在、中里地区のテニス民宿地区は高層の旅館、ホテルが並ぶ観光温泉地の景観に変わり、地域変容の著しさを観察できる。

交通：JR外房線茂原駅、バス25分

⑥銚子犬吠埼　塩化物泉

県北東端、房総半島東端の観光拠点として発展してきた犬吠埼では、1997（平成9）年に新温泉が開発され、また犬吠崎温泉黒潮の湯として分湯されるなどして、温泉ホテルが集積している。各ホテルでは展望施設としての露天風呂を設置し、宿泊、日帰りともに多くの客を集めている。日本で最も早く日の出を拝める銚子灯台をはじめ、近くには「地球が丸く見える丘展望館」が特産のキャベツ畑の中にある。高さ50mほどの長大な屏風ヶ浦は10kmに及び、イギリスのドーバー海峡の白い崖と比較されている。また、水揚げ量日本一を誇る銚子漁港を見学し、ポートタワーから利根川河口を眺め、「ウオッセ21」で魚介類の買物をするのも楽しい。

交通：JR総武本線銚子駅、銚子電鉄15分

⑦養老渓谷　炭酸水素塩泉

県中央部、大多喜町と市原市にまたがる養老川上流の蛇行する渓谷は、山峡の景観と一体となって観光資源性を高めている。この地域で、1914（大正3）年に井戸から鉱泉が湧き出たのを契機として、養老渓谷の温泉観光開発が進み、川沿いに温泉宿が点在するようになった。渓谷の中心には川幅が広く緩やかな傾斜で流れている粟又の滝をはじめ、赤い太鼓橋や落ち着いた雰囲気の露天風呂がある旅館、12月初旬まで続く紅葉など、四季折々の風景が客を引き付けている。渓谷に近い大多喜には、徳川四天王の本多忠勝の居城が復元されて県立総南博物館となっており、歴史的町並みも整備されていて地域ガイドが当時の装束で案内をしている。春のレンゲ畑は見事である。

交通：小湊鉄道養老渓谷駅、いすみ鉄道大多喜駅

⑧亀山(かめやま)　炭酸水素塩泉

　県中南部、房総丘陵北部に位置し、小櫃川(おびつ)上流の多目的ダム湖である亀山湖岸に亀山温泉がある。源泉は地下2,000mの大深度掘削で29℃の冷泉が毎分150ℓほど湧出し、加熱循環方式で湖畔の温泉ホテルが利用している。8月には亀山湖上祭りで花火大会が行われ、秋には湖畔ハイキング大会、遊覧ボートからの紅葉めぐり、1日限定のダム放流見学会なども実施される。近くの三石山には、十一面観音像を祀る観音堂があり、眺望もよいので登山に適している。

交通：JR久留里線上総亀山駅

13 東京都

地域の特性

　東京都は、日本の政治、経済、文化の中心地域であり、首都として国内はもちろん、世界各地からも多数の人々が来訪する国際都市である。中核をなす都心部は23の特別区に分けられており、その他は市町村で構成されている。東京都は面積では全国都道府県の45位であるが、人口は1,266万人（2011年）でトップであり、2位の神奈川県の890万人を大きく引き離している。東京23区のみで859万人を数え、神奈川県の人口に匹敵するほどである。

　1603（慶長8）年に徳川家康によって江戸幕府が開かれて以後、265年に及んだ幕藩体制が崩れて明治時代となった。西欧文明の導入によって急速な経済発展をとげ、今日の世界都市としての地位を築いた。江戸城跡の皇居をはじめ、都心の各所に歴史遺産や文化施設があり、渋谷、新宿、池袋、上野、浅草などは庶民のレジャーとショッピングの場、東京タワー、東京スカイツリーは大東京を俯瞰する展望所として国内外からの客を集めている。また、浅草の三社祭、鷲神社の酉の市や神田祭りなどは、江戸の文化を今に伝えている。

◆旧国名：武蔵、伊豆　　都花：ソメイヨシノ　　都鳥：ユリカモメ

温泉地の特色

　都内には宿泊施設のある温泉地が17カ所あり、源泉総数は162カ所である。25℃未満が70カ所で多く、25〜42℃未満が54カ所、42℃以上の高温泉が34カ所である。湧出量は意外に多く毎分2万7,000ℓであり、全国27位にランクされる。42℃以上の高温泉も60％を占めており、温泉を利用している銭湯もある。温泉資源としては温度、湯量ともに中位にあるが、年間延べ宿泊客数は26万人で、全国最下位の47位である。

主な温泉地

①奥多摩　メタけい酸

　都西部、奥多摩町の山峡に、動力で温泉を汲み上げて利用している奥多摩温泉、氷川郷麻場の湯温泉、鶴の湯温泉があり、自噴では松乃温泉がある。泉質は奥多摩温泉がメタけい酸、その他が硫黄泉である。奥多摩温泉は9軒、鶴の湯温泉は6軒の宿泊施設へ配湯されていて温泉浴が楽しめる。近くに御岳山、奥多摩湖、日原鍾乳洞もあり、主に東京都内各地からのハイキング客などが訪れている。

交通：JR青梅線奥多摩駅、バス15分

②大島　単純温泉、塩化物泉

　都南部、相模灘に浮かぶ大島町の宿泊施設のある温泉地は、大島、椿園、黒潮、御神火、御神火椿、平成の湯、為朝湯などで、それぞれ年間約1,500～2万人の客を迎えている。泉質は単純温泉、塩化物泉などで、中心的な大島温泉は三原山の北側山腹にあり、80℃を超える高温泉が湧出している。また、ジャグジー、打たせ湯、サウナ、温泉プールなど各種温泉施設がある御神火温泉や、海浜の露天風呂で夕日を眺めながら入浴できる公共の浜の湯が整備されている。島を一周する道路の断面に火山噴火物が堆積した地層が観察でき、三原山の火口をのぞくこともできる。

交通：大島元町、バス20分

14 神奈川県

地域の特性

　神奈川県は、三浦半島によって東は東京湾、南は相模灘に面するように分けられ、北は丹沢山地、南西は箱根の険しい山地となっている。江戸時代には東海道が箱根を経由し、江戸と京を結んでいた。横浜は幕末に開国の舞台となり、海外とも交流が活発化して、現在では横浜の貿易額は日本最大を誇っている。京浜工業地帯の一角を占め、2010（平成22）年の製造品出荷額は愛知県に次いで2位である。そのため工業化、都市化のイメージが強いが、一方では、横浜や川崎は観光都市としても栄えており、鎌倉、三浦海岸、湘南海岸、大山、箱根などの地名度の高い観光地も数多い。
◆旧国名：武蔵、相模　県花：ヤマユリ　県鳥：カモメ

温泉地の特色

　県内には宿泊施設のある温泉地が37カ所あり、源泉総数は605カ所である。42℃以上の高温源泉が多くて約60％を占め、25〜42℃が25％、25℃未満が15％の構成となっていて、高温の有力温泉資源に恵まれている。湧出量は毎分約4万ℓで全国20位である。年間延べ宿泊客数は560万人を数え、都道府県別では全国5位にランクされる。

　歴史的な箱根温泉郷は、昭和初期の小田急電鉄をはじめ、第2次世界大戦後の東急と西武の2大観光資本と藤田観光を加えた観光開発競争のもとに、箱根山中に立地する湯本、塔之沢、宮ノ下、堂ヶ島、底倉、木賀、芦之湯の箱根七湯はそれぞれの地域性を活かしつつ著しい発展をとげた。また、隣接する湯河原温泉とも一体化しており、全国第1位の温泉観光地域を形成している。

> 主な温泉地

①箱根温泉郷(湯本・塔之沢・宮ノ下・堂ヶ島・底倉・木賀・芦之湯)

465万人、1位
国民保養温泉地
単純温泉、塩化物泉

　県南西部、富士箱根伊豆国立公園の中心をなす箱根山一帯に、日本最大級の箱根温泉郷が展開している。2010(平成22)年の温泉郷の延べ宿泊客数は465万人を数え、2位の熱海温泉の2倍である。日帰り観光客を加えると2,000万人に及ぶ。箱根山中の早川沿いの湯本、塔之沢、宮ノ下、堂ヶ島、底倉、木賀の6温泉地と駒ヶ岳山麓の芦之湯を加えた「箱根七湯」が存在し、箱根温泉郷を構成している。箱根温泉郷は東京大都市圏を主な観光市場として発展してきたが、2015(平成27)年5月に芦之湯が国民保養温泉地に指定され、温泉保養の重要性が評価された。温泉郷入口の湯本温泉は738(天平10)年の発見と伝えられ、その他は中世から近世期に開発され、共同浴場を中心に湯宿が配置していた。1811(文化8)年の『七湯の枝折』には、近くの大山詣でのついでに箱根の温泉を巡る案内があり、湯本は東海道筋に位置しているので、「一夜湯治」と称して多くの宿泊客で賑わった。

　明治以後、1878(明治11)年に宮ノ下の富士屋ホテルが開業し、明治末から大正時代にかけて奥箱根の強羅、仙石原や芦ノ湖畔などに東京の東急資本と西武資本が進出した。この大手2社は、競って温泉開発を始めケーブルカーやゴルフ場の整備、別荘地分譲、ホテルなどの経営に取り組んできた。箱根には、三重式火山の中央火口丘や切り立った外輪山、富士山を背景にした美しい芦ノ湖があり、昭和初年にはすでに小田急線が開通して新宿と直結し、東京の日帰り観光圏に入っていた。1936(昭和11)年には富士箱根国立公園に指定され、観光化が促進された。箱根は温泉資源に恵まれており、高温の源泉を引湯して別荘地が開発され、ホテルや旅館も進出して強羅や仙石原の温泉地が誕生した。温泉湧出量は湯本のみで毎分4,800ℓ、箱根全域では2万ℓにもなる。

　第2次世界大戦後、豊富な温泉資源を背景に藤田観光が進出し、小涌谷

に一大温泉遊園施設「小涌園」を開設した。小説家獅子文六は、箱根開発の２大観光資本である東急と西武に新たに加わった藤田観光の観光開発競争を舞台に、小温泉地の２つの旅館の男女の恋をからませた小説『箱根山』を著した。箱根温泉郷の泉質は湯本、塔之沢、仙石原、姥子などは単純温泉、その他は主に塩化物泉であり、肌にやさしいと好評である。箱根地域には自然、歴史、文化を題材にした各種の観光施設やロープウェイ、遊覧船などが充実し、大涌谷の火山噴気地帯ではユニークな黒たまごを食することもでき、家族そろって温泉と観光を楽しめる。しかし、2015（平成27）年５月３日に大涌谷で小規模噴火が増えたため入山が規制された。

　近年、中国、台湾、韓国、東南アジア諸国やオセアニア、欧米などからも多くの外国人が来訪しており、ホテル、旅館の従業員も英語での対応が欠かせない。また、各観光スポットでの適切なガイドが求められるが、これは日本人観光客に対しても同様である。主な行事として、箱根大名行列（11月３日）がある。

交通：箱根登山鉄道湯本駅、湯本〜強羅と強羅〜早雲山（ロープウェイ）で各温泉地と連絡可能

②湯河原　61万人、31位
硫酸塩泉

　県南西部、箱根山の南の千歳川と藤木川に位置する有数の温泉地であり、温泉は高温の硫酸塩泉が毎分6,000ℓ以上も湧出している。箱根温泉郷にも隣接しており、東海道本線で東京と約１時間で直結し、立地条件に恵まれている。湯河原温泉は、役行者、行基、空海や加賀国二見氏などの発見伝説があり、早くから温泉の存在が知られていた。万葉の歌にも「足柄の土肥の河内に出づる湯の世にもたよらに子ろが言わなくに」と詠まれ、万葉公園が整備されている。石橋山の合戦で源頼朝を助けた豪族土肥次郎実平の館や菩提寺の城願寺と城跡を訪ねるツアーもある。

　宿泊施設が130軒もあって温泉街を形成し、宿泊客数は約60万人を数える。２月上旬〜３月初旬の幕山公園の梅林では4,000本の紅梅と白梅が咲き乱れ、４月の源頼朝旗揚げ武者行列、５月の湯かけ祭りや星ヶ丘公園の５万株のサツキ、６月の万葉公園でのホタルの乱舞（冬はイルミネーション）、秋の特産のミカン狩り、奥湯河原池峯の紅葉狩りなど四季折々の風情を楽しめる。また、湯河原と近代文学をテーマとした郷土博物館、国木

田独歩の碑、島崎藤村の定宿の伊藤屋旅館、竹内栖鳳、安井曾太郎の絵画展示もある町立湯河原美術館などや光風荘の「2・26事件」関係の展示もある。これらを万葉コース、歴史コース、文人墨客コースとして無料で案内するボランティアガイドが30名もいる。

交通：JR東海道本線湯河原駅、バス10分

③三浦　32万人、76位
塩化物泉

県東南部、三浦半島の南端にある温泉地であり、海岸の高台にマホロバ・マインズ三浦リゾートホテルが開設されて、大浴場、電気風呂は日帰り客にも開放されている。クアパークでは薬湯、箱蒸しなどを体験できる。三崎にはフィッシャリーナ・ウオーフ「うらり」があり、北原白秋ゆかりの城ヶ島には、白秋記念館や県立城ヶ島公園、城ヶ島灯台などがある。南西の海岸には奇岩があり、磯釣り場としても人気がある。

交通：JR横須賀線久里浜駅、京浜急行バス

④七沢　炭酸水素塩泉

県中央部、丹沢山塊の大山山麓、玉川の上流にある温泉地で、上杉憲忠の七沢城跡に開かれている。温泉は、緑色凝灰岩に浸透した雨水が長い年月を経て、地熱で暖められて湧き出たという。和風の落ち着いた雰囲気の宿は、露天風呂も日本庭園風で趣向を凝らしている。また、ペットと泊まることができるユニークなシステムを早くから導入している。近くにケーブルカーが架設されていて、大山寺、阿夫利神社を訪ねて修験道について話を聞くもよし、県立七沢森林公園の芝生広場で憩うのも楽しい。

交通：小田急線本厚木駅、バス30分

⑤鶴巻　塩化物泉

県中央部、新宿から小田急線で1時間ほどの秦野市鶴巻温泉駅前が温泉地でもある。大正時代、飲料水のために井戸を掘削した際に塩辛い水が湧出したので、温泉利用に転換したという。カルシウム含有量は世界有数といわれるほどに多く、浴用ではリウマチ、婦人病に効果があり、飲用では胃腸病によいといわれる。陣屋旅館は源頼朝の挙兵に参加した和田義盛の別邸跡にあり、客の送迎時に大太鼓を鳴らす趣向で知られる。

交通：小田急線鶴巻温泉駅

15 新潟県

地域の特性

　新潟県は、本州中央部の日本海に面する位置にあり、北東から南西方向に広大な新潟平野が開かれていて、全国屈指の米どころである。長野県からは日本で最長の信濃川が流れ込み、福島県からは阿賀野川が流れてきて、両河川が海岸近くで接近して日本海に流入している。その恵みを受けて、広大な水田地帯が早くから形成され、コシヒカリの産地として知られる。海岸は砂丘が続き、チューリップなどの球根栽培が盛んである。

　冬は、北西からの季節風をまともに受ける豪雪地帯であり、内陸部は一面が雪で覆われるため、スキー場の発展をもたらした。国の天然記念物であるオオハクチョウが渡来する瓢湖、荒波で形成された奇岩の笹川流れ、佐渡島ではトキの繁殖施設、尖閣湾や外海府の切り立った海食崖の景観など、変化に富んでいる。

◆旧国名：越後　県花：チューリップ　県鳥：トキ

温泉地の特色

　県内には宿泊施設のある温泉地が154ヵ所あり、源泉総数は533ヵ所で、温泉の温度分布は42℃以上の高温泉、25〜42℃未満の温泉、25℃未満の低温泉がほぼ均等に分布している。温泉湧出量は毎分7万ℓで全国11位にランクされるほどに豊富である。年間延べ宿泊客数は478万人を数え、全国8位である。国民保養温泉地は、弥彦・岩室、六日町、関・燕の3地区が指定され、39万人の宿泊客が訪れた。新潟県には全域にわたって温泉地が展開しており、上信越国境の四季を通じての自然やスキーを楽しんだり、下越の日本海の夕日や海浜景観を求める客などの宿泊地として機能している。

主な温泉地

①赤倉・新赤倉　65万人、28位
炭酸水素塩泉、塩化物泉

　県南部、長野県境に近い上信越高原国立公園内の温泉地であり、宿泊客数は全国上位にランクされている。赤倉温泉は近世後期の文化年間に、北地獄から温泉を引いて温泉場が形成された。明治以降、第2次世界大戦前までは財界人や文化人の別荘地域として知られていた。その後、新赤倉は旅館、ペンション、保養所、別荘などの開発に伴って赤倉温泉から引湯し、温泉地域の拡大をもたらした。温泉は50℃を超える高温泉で湯量は多く、温泉資源に恵まれている。この地域は早くから国設スキー場が開発され、日本有数のスキー温泉地として発展し、またゴルフ場やテニスコートも整備されて現在に至っている。

交通：JR信越本線妙高高原駅、バス15分

②池の平・妙高　59万人、36位
単純温泉

　県南部、新赤倉温泉の南に池の平温泉があり、その東3kmほどのところに妙高高原の温泉地が広がっている。池の平は妙高高原に南地獄谷の温泉を引く際に、温泉別荘を開発した地である。一帯にはシラカバの林が広がり、水芭蕉の群生地があって美しく、高原の景色を満喫できる。冬季にはスキー場が開かれ、ペンションやロッジが集中している。妙高温泉は妙高高原駅の近くに温泉街が形成されており、特にスキーシーズンには賑わう。

交通：JR信越本線妙高高原駅、バス5分（妙高）、15分（池の平）

③越後湯沢　45万人、49位
硫黄泉、塩化物泉

　県南西部、かつて日本一であった上越国境の清水トンネルの北の出口には、川端康成の小説『雪国』で知られる越後湯沢温泉がある。この温泉地は魚沼川西岸の標高360mに位置し、日本有数のスキー場として多くのホテル、旅館、民宿などが集まっている。温泉の起源は、11世紀後半の1089（寛治3）年に、源頼綱の家臣三郎兵衛信慶が描いた地図に湯沢の地名があり、またこの頃に高橋半六が湯ノ沢の温泉を発見したともいわれる

歴史的温泉地である。近世期には三国街道の宿場として栄えたが、1931（昭和6）年の上越線の開通と翌年の温泉掘削の成功によって、宿泊施設や関連する観光施設が増えた。

　第2次世界大戦後、湯沢町内の各地でスキー場開発が顕著となり、首都圏からの客を迎えるホテル、旅館、民宿、ペンション、保養所などの多様な宿泊施設が増加した。1970年代に上越新幹線の大清水トンネル工事に伴って、温泉の温度低下や湯量の減少があったが、町当局は新源泉を開発し、温泉集中管理を完成させて安定した温泉給湯を行っている。現在、温泉は50℃の高温の塩化物泉が毎分2,400ℓほど湧出し、年間延べ宿泊客は45万人を数える。1985（昭和60）年の上越新幹線開業と関越自動車道全通で、東京から1〜2時間で到達できるようになり、当時の東京の地価高騰が波及して湯沢町内でリゾートマンションブームが起こった。3年後には、全国で年間1万1,500戸のマンション供給戸数の3分の1を占めるほどになった。越後湯沢温泉の景観は一変し、マンションが飲料水や消雪用に地下水を汲み上げるので水位が下がり、ゴミや日照権の問題、スキーシーズンの駐車場不足や渋滞など諸問題が多発した。現在、温泉地内に「山の湯」「駒子の湯」「コマクサの湯」の共同浴場があり、JR越後湯沢駅構内には特産の日本酒を入れた「酒風呂」も設置されている。
交通：JR上越新幹線・上越線越後湯沢駅

④月岡（つきおか）　33万人、72位
硫黄泉

　県中北部、丘陵と松林に囲まれた温泉地であり、1917（大正6）年に石油発掘の目的で300mほど掘り下げた際に温泉が噴出し、温泉地づくりが始まった。五頭山西麓にあり、新潟の奥座敷ともいわれ、歓楽的温泉地として発展してきた。源泉の温度は50℃と高温で、泉質は硫黄泉であり、硫黄含有量は全国2位といい、美肌の湯、不老長寿の湯として知られる。新設の足湯は、木造で和風の感じをよく表していて、温泉地の景観づくりに大きな役割を果たしている。近くに、ツツジの名所の本田山がある。

交通：JR羽越本線新発田駅、バス30分

⑤瀬波（せなみ）　25万人、94位
塩化物泉

　県北部、背後に磐梯朝日国立公園の山並みを仰ぎ、前は日本海に面する

瀬波温泉は、日本海に沈む夕日の鑑賞に最適の温泉地である。この温泉地の歴史は浅く、1904（明治37）年の石油掘削中に熱湯が噴出し、95℃の高温で湧出量が豊富な温泉を得て、温泉地づくりが始まった。明治末期には7軒の旅館が開業しており、1925（大正14）年には14軒に増加した。これは、その前年に新潟と秋田を結ぶ羽越本線が全通したことに起因する。周辺の温泉地は湯治場として機能しており、客は1週間ほどの滞在をしていたが、瀬波は1〜2泊の短期滞在の観光客を誘致した。当時の広報誌に「越後の熱海」と記され、熱海の大湯間欠泉と比較して常時温泉が噴湯する点を強調していた。1937（昭和12）年2月、2日間ほど瀬波温泉に滞在した歌人の与謝野晶子は、45首もの歌を詠み、温泉の噴湯の様を次のように表現した。「温泉はいみじき滝のいきほひを　天に示して逆しまに飛ぶ」。

　第2次世界大戦後、自噴源泉はモーターで噴き揚げるようにしたが、夕日に映える温泉櫓は瀬波温泉のシンボルでもある。80℃を超える塩化物泉が毎分1,540ℓほど湧出しており、高温のために「熱の湯」の別名がある。適応症としては神経痛、筋肉痛、慢性消化器病などに効能があるという。高度経済成長を背景に、1965（昭和40）年の旅館数は28軒、収容人員は2,000人を超えるほどに発展した。海水浴客の多い夏季を中心に観光客が増え、現在では年間延べ宿泊客が25万人、日帰り客が17万人を数える。

　瀬波温泉の源泉地は、現在も温泉蒸気が勢いよく噴き出していて、一帯は噴湯公園と名づけられている。卵を持参すれば誰でも「温泉たまご」を味わえ、また、与謝野晶子の歌碑や歴史のある伊夜日子神社があり、その奥の院には幸福を呼ぶ「龍神の鐘」がある。この噴湯櫓は海抜70mの高台にあるために眺望がよく、夕映えの瀬波海岸や温泉地の街並みを俯瞰することができる。また、夏季を中心に、環境省の「海水浴場100選」に指定された白砂青松の海浜は家族連れの海水浴客で賑わう。夕日の景観は「日本の夕陽百選」に選ばれており、「夕日コンシェルジュ」がいて、夕日の動きを解説しながら客との交流を楽しんでいる。2kmほど離れた隣接の村上市街では城下町の町屋の修景が進み、近くの鮭が遡上する三面川河畔に鮭の博物館であるイヨボヤ会館があり、足を延ばせば笹川流れの海食崖の景観美にも触れることができる。

交通：JR羽越本線村上駅、バス10分

⑥弥彦・岩室　国民保養温泉地
　　　　　　　　塩化物泉

　県中西部、日本海を眺める弥彦山の東麓に弥彦温泉と岩室温泉がある。岩室温泉の起源は戦国時代の慶長期以前であるといわれ、一方、弥彦温泉は越後一宮の彌彦神社の門前町で1959（昭和34）年に温泉が湧出して形成された新興温泉地である。両温泉地は1963（昭和38）年の早い時期に国民保養温泉地に指定された。弥彦山頂へは神社近くにロープウェイが架設されており、越後平野の穀倉地帯が眼下に広がり、日本海や佐渡を遠望できる。また、彌彦神社境外末社の湯神社が鎮座しており、その参道付近から湧き出ている温泉が弥彦温泉発祥の源であるとして、湯神社温泉と名づけられた。7月末に、この神の湯を青葉で浴びて祈願する伝統的燈籠神事が行われ、大燈籠巡行と花火大会に多くの人々が集まる。彌彦神社燈籠神事「やひこの火まつり」が7月25日に開催される。

交通：JR弥彦線弥彦駅

⑦六日町　国民保養温泉地
　　　　　　塩化物泉

　県南部、越後山脈の西麓を流れる魚沼川に沿って町並みが形成されている温泉地である。開湯は1957（昭和32）年で新しく、天然ガスの試掘中に温泉が湧出した。温度は50℃ほどの高温泉であり、泉質は塩化物泉で毎分1,300ℓの豊富な温泉湧出量がある。温泉旅館街は坂戸城址西麓の坂戸地区と魚沼丘陵東麓の西山地区で構成されている。開湯7年後の1964（昭和39）年に国民保養温泉地の指定を受けた。

　日本有数の豪雪地帯の真っ只中にあるので、6カ所の温泉付スキー場の発展は著しい。スキーシーズン以外の温泉客の誘客策として、ユニークな魚沼川鮎まるかじり祭（8月下旬の土曜日）、きのこ汁＆新米おにぎりまつり（10月中旬〜11月初旬）など、地域色豊かなイベントを開催している。また、駅前にあった「六日町中央温泉」の共同浴場も国道17号沿いに移転して営業している。

交通：JR上越線六日町駅

⑧関・燕　国民保養温泉地
　　　　　　塩化物泉

　県南西部、妙高山の東麓、関は標高900m、燕は1,100mの高地に位置

している温泉地で、両者とも上信越国立公園内にある。1972（昭和47）年に国民保養温泉地に指定された。泉質は異なるが、いずれも40℃を超える高温泉であり、また弘法大師が発見した歴史的な温泉地であるといわれる。燕温泉では岩つばめが飛び交い、そうめん滝、吊橋の妙仙橋、情緒のある乳白色の河原の湯露天風呂があり、冬にはスキー客で賑わう。

交通：JR信越本線関山駅、バス15分（関）、20分（燕）

⑨栃尾又・駒の湯　国民保養温泉地
放射能泉、単純温泉

　県中南部、越後三山只見国定公園の越後駒ヶ岳山麓に栃尾又と駒の湯があり、1979（昭和54）年に国民保養温泉地に指定された。栃尾又は開湯1,200年前といわれる歴史の古い温泉地である。大正時代、内務省衛生研究所の調査で日本有数のラジウム泉であることが明らかにされ、知名度を上げた。温泉の特性を活かして長時間入浴をする「長湯」があり、子宝の湯として知られるほか、ストレス解消、健康づくりによい温泉としても客が集まる。駒の湯は駒ヶ岳山麓にあり、登山の拠点として利用されるが、ランプの秘湯としても知られる。

交通：栃尾又はJR上越線小出駅、バス35分。駒の湯はJR上越線小出駅、バス30分、大湯温泉下車、タクシー

⑩出湯　単純温泉

　県中北部、五頭連峰の山麓にある湯治場として知られる温泉地である。809（大同4）年に弘法大師が開湯したという伝説があるが、その後、近世期になると華報寺の門前に旅籠が並ぶようになった。1817（文化14）年の温泉番付には、西の前頭にランクづけられるほどであった。現在、出湯で湧出しているラジウム泉を利用した足湯があり、温泉客にとって貴重な体験ができるようになった。五頭山麓の温泉地として、出湯、今板、村杉の3温泉地があるが、それぞれの個性を活かし、五頭温泉郷として一体となって地域づくりに取り組んでいる。

交通：JR羽越本線水原駅、バス20分

⑪大湯　単純温泉

　県中央部、魚野川上流の佐梨川沿いにある温泉地で、開湯は1,300年前

であるという。かつて銀鉱山に工夫が集まり、閉山後は周辺農民の湯治場であったが、1961（昭和36）年に日本最大級の重力式ダムである奥只見ダムが完成し、観光客が数多く訪れるようになった。大湯温泉は温泉資源に恵まれており、42℃以上の高温泉、湧出量は毎分750ℓで豊富な温泉が自噴しており、趣向を凝らした浴場も多い。一帯の秋の紅葉は素晴らしく、ダム湖の銀山湖遊覧船もある。奥只見丸山スキー場は5月中旬まで開かれており、春スキーを楽しめる。

交通：JR上越線小出駅、バス30分

⑫松之山　塩化物泉

　県南西部、長野県境に近い信濃川上流の越道川沿いの山間部にある温泉地で、草津、有馬と並んで「日本三大薬湯」に数えられているという。700年ほど前の南北朝時代に、鷹の湯浴みで温泉が発見されたといわれ、近世前期頃には温泉場が賑わった。薬師堂門前の広場に湯小屋が設けられ、その周りに二層の宿が並んでいた。日本有数の豪雪地帯であるが、松之山では昭和初期に温泉開発が進み、山峡の温泉地で十数軒の旅館を数えるほどである。

　温泉地周辺には、ブナの林や棚田が広がっていて四季折々の変化をみせ、また小正月には伝統行事の婿投げ、墨塗りなどの奇祭も行われる。

交通：JR飯山線十日町駅、バス1時間

16 富山県

地域の特性

　富山県は、北陸3県のうち最も東に位置していて、飛騨山脈で長野県との境界をなしている。中部山岳国立公園の立山連峰、黒部峡谷、庄川上流の世界遺産に指定された五箇山合掌造り集落など、ユニークな地域景観が展開している。冬の積雪量は多く、春先には乾燥した空気が流れるフェーン現象が多発する。

　富山平野は早場米の産地であり、砺波平野は散居村やチューリップ栽培で知られており、高岡の銅器と漆器、井波の欄間の彫刻は伝統工芸品として高く評価されている。特異な祭りとして、9月1～3日に行われる八尾市の「おわら風の盆」があるが、これは二百十日の風の災害を防ぎ豊作を祈願するもので、哀愁を帯びた胡弓の音色に合わせて夜を徹して踊りが演じられる。

◆旧国名：越中　県花：チューリップ　県鳥：ライチョウ

温泉地の特色

　県内には宿泊施設のある温泉地が74カ所あり、源泉総数は171カ所である。42℃以上の高温泉が多く、温泉湧出量は毎分3万ℓで全国24位にランクされる。年間延べ宿泊客数は128万人を数え、全国29位である。黒部峡谷入口の台地上に形成された新興の宇奈月温泉をはじめ、黒部川の河谷には秘湯や天然の露天風呂などが点在し、立山黒部アルペンルートの拠点である室堂には、標高2,450mに位置する日本最高所の「みくりが池温泉」がある。

主な温泉地

①宇奈月　31万人、80位
単純温泉

　県東北部、黒部川がつくる黒部峡谷の出口付近にある観光温泉地である。江戸時代、中流の渓谷には鐘釣、黒薙、祖母谷などの温泉が知られていたが、一部の人が入山するにすぎなかった。この温泉地は、大正中期に黒部川の電源開発が始まったことによって誕生した。1921（大正10）年、黒部川が大きく蛇行する段丘上に黒薙温泉から竹筒で温泉を引いて宇奈月温泉が形成され、2年後には黒部鉄道の開通によって客が増えた。昭和に入るとスキー場も開発された。

　第2次世界大戦後の黒部第四ダムの完成後、トロッコ電車が観光用に稼働して欅平まで運行されている。春や秋には、衝立のような断崖を見上げながら、新緑や紅葉を楽しむ観光客で賑わう。途中の鐘釣などの停留所で降りて川原へ出ると、石で囲っただけの野趣豊かな即席の温泉浴場ができており、大峡谷の素朴な温泉浴を体験できる。

交通：富山地方鉄道宇奈月温泉駅

②みくりが池　硫化水素泉

　県東南部、立山黒部アルペンルートの拠点である室堂から、ライチョウが顔を出すみくりが池湖畔のハイマツの群落に沿って歩くと、立山連峰を仰ぎ見る高台に立派な山小屋が建っている。標高2,450mにある日本最高所の温泉地であり、山歩きや観光の客の日帰り入浴も可能である。温泉は噴気を上げている地獄谷から引湯して利用している。室堂には自然保護センター展示室や土産品店がある。

交通：富山地方鉄道立山駅、ケーブル・バス1時間

③大牧　塩化物泉

　県南西部、庄川の渓谷沿いに立地する一軒宿の温泉地であり、中世の1183（寿永2）年に平家の落人が発見したと伝えられている。関西電力の小牧ダムから船に乗って秘湯の宿に着くというユニークさが客を引き付けており、自然を活かした庭園風呂や湯滝のある露天風呂がある。眼下の川

面を眺め、釣りをしながらのんびりと過ごしたい客にとって、魅力のある温泉地となっている。春の新緑と秋の紅葉は素晴らしい。
交通：JR北陸本線高岡駅、バス70分、小牧堰堤から船30分

④五箇山(ごかやま)　単純温泉

　県南西部、庄川中流域の南砺市（旧平村）の豪雪地域に、幕末から明治初期に建てられた大規模な茅葺き切妻屋根の民宿が建ち並んでいる。手を合わせたような屋根形をしていて合掌集落とよばれ、岐阜県の白川郷に続いて、富山県の相倉集落の20棟と菅沼集落の9棟が1995（平成7）年に世界文化遺産に指定された。その1軒が国民宿舎として稼働しており、大浴場や大露天風呂の温泉で旅の疲れを癒すことができる。
交通：JR城端線城端駅、バス30分

17 石川県

地域の特性

　石川県は、加賀百万石の城下町である金沢を中心とした金沢平野と、その北へ延びる能登半島で構成されており、南部の早場米生産と半島部の水産業が経済の基盤であった。金沢を中心に各地で漆器、陶磁器、加賀友禅、仏壇、金箔などの多彩な伝統工芸が発達した。金沢は戦災に遭わなかったので、町並みに城下町の面影が残され、日本三名園の一つである兼六園が多くの観光客を集めている。冬の兼六園では、樹木の雪害を防ぐために雪吊りをするが、これが風物詩ともなっている。6月中旬の加賀百万石祭りでは、豪華絢爛な武者行列が観客の目を引く。

　日本海に沿う長さ10kmもの内灘砂丘は、ハマナスやハマヒルガオが成育し、夏は海水浴場になる。能登半島では、能登金剛の海食崖、輪島の漆器や朝市、曽々木海岸の見事な千枚田（棚田）など、地域色豊かな景観に触れることができる。

◆旧国名：加賀、能登　　県花：クロユリ　　県鳥：イヌワシ

温泉地の特色

　県内には宿泊施設のある温泉地が55カ所あり、源泉総数は334カ所で42℃以上の高温泉と25～42℃が多く、相半ばしている。温泉湧出量は毎分3万ℓを越え23位である。年間延べ宿泊客数は363万人を数え、全国14位である。石川県は北陸の一大観光温泉地域を形成しており、片山津、山代、山中、和倉など観光、歓楽の温泉地の発展が著しかったが、近年の温泉志向性の変化に合わせて観光地域の再編が進んだ。国民保養温泉地として白山が指定されており、16カ所の温泉地で構成されている。

主な温泉地

①山代・別所新加賀 （やましろ・べっしょしんかが）

84万人、19位
硫酸塩泉、塩化物泉

　県南西部、加賀市には片山津、山代、山中の有力温泉地が集中しており、近くの小松市の粟津温泉を加えて加賀温泉郷とよばれている。このうちで、宿泊客数はかつて片山津温泉が県内でトップの地位にあったが、現在は山代温泉が隣接の別所新加賀を加えて年間延べ宿泊客数が84万人となり、県内1位である。山代温泉の歴史は古く、725（神亀2）年の僧行基の温泉発見になるといわれる。藩政時代には加賀藩の支藩の大聖寺藩に属し、武士や近在の農民とともに、北陸と北海道を結ぶ海路の関係者なども温泉に浸かった。温泉は万松園公園のある字薬師山丘陵の麓に湧き、温泉場が形成された。中央に総湯（共同浴場）の温泉浴殿があり、周りに18軒の宿が配置されていたので、湯曲輪（ゆのがわ）とよばれた。

　1886（明治19）年の『日本鉱泉誌』には、「民屋十八戸各湯槽ヲ設ケテ之ヲ引ク」とあり、すでに引湯による内湯があった。湯曲輪の旅館のうち数軒は自噴泉があり、大正時代には1mも掘れば自然湧出の温泉が得られるようになって各旅館が温泉を所有することになった。しかし、大正末期には温泉保護のために集中管理方式を取り入れたことは特筆に価する。

　第2次世界大戦後の山代温泉発展の契機は、1958（昭和33）年の加賀市合併と新源泉掘削に伴う新しい温泉地域形成にあった。紅柄格子の伝統的な和風旅館の集まった地区から出て大規模な温泉ホテル経営に転じた経営者によって、宿泊客数は急増し、歓楽化が進んだ。しかし、低成長時代を迎えて宿泊客が減少する今日、湯曲輪のシンボルである明治期の共同浴場を復元した「古総湯」を再建し、熱交換システムを使った硫酸塩泉と塩化物泉の混合泉である「総湯」を整備した。こうした外湯の温泉浴場と旅館街の歴史的町並み景観を保存修景する取り組みがなされて、観光客が散策するようになった。なお、山代温泉の南に隣接して、源泉かけ流し、50℃の硫酸塩泉の共同浴場である別所新加賀温泉会館があり、近くのホテルでの宿泊客も多くなっている。山代大田楽（8月第1日・月）、菖蒲湯祭り（6月初旬）、八朔まつり（9月1日）などが挙行される。

交通：JR北陸本線加賀温泉駅、バス10分

②和倉　79万人、20位
塩化物泉

　県中央部、和倉温泉は能登半島の中央にある七尾湾の弁天崎にあり、高層の温泉ホテルが並んでいて日本有数の温泉地を形成している。高温の塩化物泉が多量に湧出しており、現在の発展を支えてきた。1,200年も前の温泉発見伝説の中に白鷺の湯浴みがあるが、近世期に入って加賀藩2代藩主の前田利長が「涌浦の湯」で腫れ物を治して以後、3代目利常は湯口の整備をし、埋め立てをして湯島とし、鉱泉宿の経営を許可した。その後、地名が間違えやすいので「和倉」に改めたという。こうして、幕末には京都の公家や大阪の豪商、絵師や俳人なども訪れるようになった。

　明治以降も皇室、政界、財界の関係者などの入湯も多く、今日では大正ロマンの和風旅館が残されているとともに、温泉デパートといえる大規模な高級ホテルなど多様な宿泊施設が配置していて、宿泊客にとっては選択肢が多くて歓迎されよう。2011（平成23）年にリニューアルされた豪華な総湯や七尾湾に架設された能登島大橋とツインブリッジのとを眺望できる足湯パーク（無料）、総湯前の広場での日曜朝市など、観光客の滞在を豊かにしてくれる配慮がうかがえる。

交通：JR 北七尾線和倉温泉駅、バス5分

③山中　40万人、58位
塩化物泉、硫酸塩泉

　県南西部、大聖寺川が山間地を流れており、その沿岸に落ち着いた雰囲気の山中温泉が形成されている。主な温泉は48℃の硫酸塩泉で、湧出量は豊富で毎分2,000ℓを超えている。

　その歴史は古く、山代温泉と同じ725（神亀2）年に僧行基が発見したという。中世、能登の地頭である長谷部信連の温泉再興を経て、近世初頭には共同浴場の総湯の周辺に地侍的旧家の湯本12氏が配置され、温泉場の支配をした。その周りには湯持宿屋が並び、薬師如来を祀る医王寺と温泉寺が建立された。山中温泉は一時期荒廃した後、鎌倉時代初期に能登の地頭長谷部信連が鷹狩りの途次に薬師如来の化身の娘からお告げを受けて温泉を再発見し、12軒の湯宿を開いたという。近世期末には、この湯本12軒が総湯（菊の湯共同湯）を取り巻き、外縁部に40軒もの湯持宿屋が配置していた。

菊の湯の伝統的和風建築は、改築にあたって木造建築ではなくなったが、その和風天平造りの外観だけでも風格がある。江戸時代の俳人、松尾芭蕉が訪れて「山中や菊はたおらじ湯の香り」の一句を残した。山中温泉では、菊の湯一帯が観光広場として整備され、さらに「南町ゆげ街道」の修景事業が完成して落ち着いた町並みが生まれ、温泉観光客の散策の場として賑わっている。観光客調査の結果、山中温泉は「こおろぎ橋と鶴仙渓遊歩道」「伝統的湯の町の情緒」「漆器の里」が評価されている。4月から11月まで毎日、ボランティアによる鶴仙渓湯歩道のガイドが行われ、山中漆器の絵付け体験や土日祝日の午後には山中座で山中節の歌と踊りが披露され、家族連れの旅に適している。なお、雪国の厳しい自然を反映して、高台から見下ろす山中温泉の町は釉薬(ゆうやく)赤瓦で統一されており、見事である。山中座「山中節四季の舞」は、通年の土・日・祝日の午後に上演される。

交通：JR北陸本線加賀温泉駅、バス20分

④片山津(かたやまづ)　39万人、60位
塩化物泉

　県南西部、日本海に近い柴山潟の南西岸にあり、北陸地方の有力な観光温泉地である。温泉は泉温約70℃の塩化物泉であるが、湯量は相対的に少なく温泉資源の確保に尽力してきた。近世初期、大聖寺藩主前田氏が柴山潟で温泉を発見して埋め立てをしたが、成果を得られなかった。1876(明治9)年に1町歩ほどの潟の埋め立てによって温泉を確保し、翌年に温泉宿が開業した。以後、工事関係者や外来の資本家などが旅館経営に参加し、1897(明治30)年頃には11軒の旅館で構成された新興温泉地として急成長をとげた。1909(明治42)年には各旅館に内湯が設置され、さらに北陸本線動橋(いぶりはし)から鉄道馬車が敷かれ、その後電化して温泉客の増加をもたらした。

　第2次世界大戦後、片山津は特に歓楽性を強めて芸妓の数も増え、関西方面からの客が多く来湯して、高層のホテルや旅館が林立するようになった。柴山潟の湖面は日に7度色を変えるといわれ、霊峰白山を仰ぎ、70mも噴き上げる噴水、夏の花火大会の舞台でもあり、屋形船で湖上遊覧もできる。また、夜にはライトアップされる浮御堂、湖畔のサイクリング、源平合戦で敗れた斎藤実盛の首洗池や実盛塚などの史跡もある。2012(平成24)年4月、新たな取り組みとして、「潟」「森」の二つの湯が楽しめ

るガラス張りの片山津街湯が開設され、観光客に利用されている。
交通：JR北陸本線加賀温泉駅、バス10分

⑤粟津（あわづ）　31万人、81位
　　　　　硫酸塩泉

　県南西部、加賀温泉郷の一つであり、718（養老2）年に白山開山の祖である泰澄大師が発見したと伝えられる。湯治や保養の温泉地として、共同浴場の総湯を中心に和風旅館が並ぶ風情のある温泉場情緒を醸成している。日本最古の湯宿ともいわれる法師旅館には粟津温泉の象徴である黄門杉が聳え、これは3代加賀藩主前田利常お手植えの杉である。近くの那谷寺は泰澄大師が千手観音を安置した名刹であり、7万坪という広い境内の庭園は秋には紅葉が映える。また、江戸や明治期の民家を移築して、九谷焼や加賀友禅の伝統工芸品を展示した「ゆのくにの森」や苔の博物館である「日用苔の里」もある。6月初旬の「菖蒲湯まつり」は菖蒲みこしが練り歩く。
交通：JR北陸本線粟津駅、バス10分

⑥白山（はくさん）（手取・新岩間・一里野・中宮）

　　　国民保養温泉地
　　　硫酸塩泉、塩化物泉、炭酸水素塩泉、鉄泉

　県南部、白山の山麓には多くの小温泉地が分布しているが、手取、新岩間、一里野、中宮の温泉地が1961（昭和36）年に国民保養温泉地に指定された。手取温泉は金沢市に近く、手取川が見事な手取峡谷を形成しており、多目的温泉施設「バードハミング鳥越」、テニスコートなどの運動施設が整備されている。一里野温泉はスキー場が整備されていて多くのスキー客を集め、宿泊施設も民宿を加えて数多くあり、一大保養温泉地を形成している。一里野とは対照的に新岩間は一軒宿の温泉地である。中宮温泉は胃腸病の霊泉として知られ、療養客も多い。老人福祉センターもあり、落ち着いた雰囲気を醸成している。
交通：JR北陸本線金沢駅、バス1時間50分

⑦湯涌（ゆわく）　塩化物泉

　県中南部、金沢市街の南東、医王山南麓にある温泉地で、金沢の奥座敷

として発展した。古代、718（養老2）年に紙透職人が白鷺の湯浴みをみて温泉を発見したといわれ、近世期には加賀藩主の隠し湯でもあった。大正時代の初期、ドイツで開かれた万国鉱泉博覧会に内務省の推薦を受け、日本の名泉を出品してそのよさが認められたという。

　その後、文人墨客の来湯が増え、特に大正時代の画家で詩人の竹久夢二が愛人と至福の日々を過ごした「ロマンの湯」としても知られている。そこで、2000（平成12）年には総湯の隣に「金沢湯涌夢二館」がオープンし、700点余りの作品が展示されていて来観者が多い。また、薬師寺境内には、「湯涌なる　やまふところの小春日に　眼閉じ死なむと　きみのいうなり」が歌碑に刻まれている。

交通：JR北陸本線金沢駅、バス40分

18 福井県

地域の特性

　福井県は、九頭竜川流域に広がる福井平野と大野盆地を中心に展開する越前と南の若狭湾に面するリアス式海岸の若狭とで構成されている。前者は絹織物などの繊維工業が発達したが、後者は若狭湾に立地した原子力発電所が並ぶ地域に変容した。鎌倉時代の1244（寛元２）年、道元によって創建された曹洞宗の大本山である永平寺があり、近くの一乗谷には戦国武将の朝倉氏の居館跡が残されている。越前加賀国定公園内の海岸には、柱状節理の高さ50ｍもの安山岩の岩塊が立ち並ぶ東尋坊があり、多くの観光客が訪れる。原発地域にあって、気比松原、三方五湖、蘇洞門などの景勝地が心を癒してくれる。

◆旧国名：越前、若狭　県花：スイセン　県鳥：ツグミ

温泉地の特色

　県内には宿泊施設のある温泉地が42カ所あり、源泉総数は159カ所で、その温度は高温泉から低温泉まで、ほぼ均等に分布している。温泉湧出量は毎分8,000ℓと少なくて全国44位であるが、年間延べ宿泊客数は123万人で30位にランクされている。主な温泉地はあわら（芦原）温泉の64万人であり、県全体の半数を占めている。

主な温泉地

①あわら（芦原）
64万人、30位
塩化物泉

　県北部、現在の芦原温泉のある地域で、1883（明治16）年に農民が灌漑用水確保のために水田中で掘削したところ、80℃もの高温の温泉が湧出した。一帯は芦の茂る土地であったので芦原と命名された。翌年には数軒の温泉宿が誕生し、明治末になると三国線が通じて発展した。田園中の新

北陸地方

興温泉のために、各旅館の規模は大きく、競って和風の庭園づくりに力を入れてきた。また、庭園に調和した露天風呂を配置しており、心身共に癒される。現在、温泉は高温の塩化物泉が毎分1,600ℓほど湧き出し、年間延べ宿泊客数は64万人を数え、全国30位にランクされるほどである。日帰り温泉施設として大規模な「セントピアあわら」があり、各種の温泉浴を楽しめる。

　近くの越前加賀国定公園内に、国の名勝で天然記念物でもある東尋坊があり、第三紀の火山岩が日本海の荒波で浸食された見事な柱状節理がみられ、観光地となっている。また、20kmほど南東に曹洞宗の大本山である永平寺があり、あわら温泉はこれらの周遊観光の宿泊拠点ともなっている。

交通：JR北陸本線福井駅、京福電鉄35分

②越前玉川　　単純温泉

　県中西部、日本海に突き出た越前岬の南東部で、1965（昭和40）年に温泉が湧出し、旅館や民宿などが生まれた。断崖の続く海岸は、冬には水仙の花で覆われるほどであり、また越前岬には水仙ランドがあり、多くの客が集まる。冬は越前ガニのシーズンであり、花とカニと夕日の観光資源を最大限に活かして地域の発展を期すためにも、源泉の異なった越前温泉と玉川温泉が一体となって事業を進める必要があるとして、越前玉川温泉に改名した。

交通：JR北陸本線福井駅、バス1時間15分

19 山梨県

地域の特性

　山梨県は、甲府盆地を中心にして関東山地、赤石山脈などの高い山並みが周囲を取り巻いている。気温の年較差が大きく、降水量が少ない内陸性気候は、果樹栽培に適しており、ブドウ、モモは全国一の生産量を誇っている。また、水質がよいのでワインやウイスキーの製造も盛んである。近年では高速道路の整備によって内陸への工場進出もみられる。
　県内の主な観光対象地として、戦国武将の武田信玄を祀る甲府の武田神社、甲府市街の北にある御岳昇仙峡、富士五湖（河口湖、山中湖、西湖、精進湖、本栖湖）、忍野八海や清里高原、さらに日蓮宗の総本山身延山久遠寺などがある。祭りとしては、信玄公祭り（甲府）と吉田の火祭り（富士吉田）が知られている。
◆旧国名：甲斐　県花：フジザクラ　県鳥：ウグイス

温泉地の特色

　県内には宿泊施設のある温泉地が28カ所あり、源泉総数は431カ所で42℃未満の中温、低温の温泉が数多い。湧出量は毎分5万ℓであり、全国16位にランクされている。年間延べ宿泊客数は374万人を数え、全国13位である。武田信玄の隠し湯である湯村、下部やブドウ畑に温泉が湧いた石和など、ユニークな温泉地があり、東京近接のアクセスにも恵まれて、宿泊客数は多い。

主な温泉地

①石和・春日居　119万人、9位
単純温泉

　県中央部、笛吹市の甲府盆地を流れる笛吹川の支流沿いに石和温泉が展開し、隣接して春日居温泉がある。第2次世界大戦後、1961（昭和36）

年に山梨交通が保養所の建設のために、ブドウ畑を掘削したところ温泉が湧き出た。この湯が川に流れこみ小屋がけの「青空温泉」が誕生した。その後、多くの投資家が進出して一帯で温泉が掘削され、旅館、ホテル、保養所などが急増してブドウ畑が温泉観光地域へと一変した。現在、単純温泉が毎分2,500ℓほど湧出し、その大半は自然湧出であって資源性に富んでいる。宿泊施設は散在していて、数多くのバーや歓楽施設などがブドウとモモの農業地域の景観を一変させた。

東京から特急で90分という立地条件から、バブル経済ピーク時の1989（平成元）年には宿泊客数が177万人を数えたが、2009（平成21）年には105万人へと減少した。そこで、石和温泉観光協会は、川中島合戦戦国絵巻、花火大会、笛吹川石和鵜飼などを主催して誘客を図っている。また、温泉旅館組合は日本初の厚生労働省の「温泉利用プログラム型健康増進施設」の認定を受けて、新たな対応をしている。石和に隣接した春日居も、1964（昭和39）年に同じような温泉観光開発が進み、30万人の宿泊客を受け入れている。

交通：JR中央本線石和温泉駅

②甲府・湯村　33万人、73位
単純温泉、塩化物泉

県中央部、山梨県の県庁所在地である甲府で、昭和初期に温泉が湧いたのが甲府温泉であり、湯村はすでに1,200年前の古代からの歴史を有する弘法大師ゆかりの温泉地である。湯村は戦国時代に武田信玄の隠し湯の一つであり、戦傷の武士の傷を癒した。湯川に沿って弘法大師が自然石を彫ったという厄除け地蔵のある塩沢寺をはじめ、松元寺、湯谷神社が並び、温泉は厄除け湯、谿の湯、崖の湯、杖の湯などがあって外湯として利用されてきた。また、湯村温泉ゆかりの人物資料室もあり、温泉地には多くの文人墨客が集まってきたことを示している。第2次世界大戦後、観光が盛んになるにつれて、奇岩の昇仙峡を散策し、勝沼のブドウやモモの果物狩りを楽しむ客が増え、湯村温泉での宿泊客が増えた。近隣に山梨県立美術館・文学館、サントリー登美の丘ワイナリー、七宝美術館などがあるので、湯村温泉を拠点にして、自然景観、観光農業、美術・文学館などを取り入れたバラエティに富む観光振興が期待される。

交通：JR中央本線甲府駅、バス10分

③下部　国民保養温泉地
　　　　単純温泉

　県南西部、フォッサマグナ（大地溝帯）を流れる富士川の支流である下部川の谷間に下部温泉がある。古くからの湯治場で、1956（昭和31）年に国民保養温泉地に指定され、閑静な雰囲気を保っている。新宿からJRの特急で2時間40分、自家用車では中央高速道河口湖インターチェンジを経由して約2時間で到達できる。

　『下部町誌』には、古代、甲斐国造塩海足が温泉を発見して「塩海の湯」と名づけたが、次第に「下部の湯」へと転化したという。836（承和3）年に熊野権現が祀られ、「承和3丙辰年熊野神社此所ニ出現シ給ヒ温泉湧出ス、故ニ温泉宮ト別号シ奉ル」とあり、戦国時代の1574（天正2）年には穴山氏が神社を再建するとともに、戦いの後に温泉に入ったことが記されている。武田信玄ゆかりの温泉地として名高く、「信玄の隠し湯」ともよばれる。温泉は下部川の安山岩質凝灰角礫岩から湧出し、20～35℃ほどの単純温泉であり、胃腸病を治す飲泉療法では東の横綱にランクされている。明治初期にはミネラルウォーターの販売が始まった。「しもべ病院」では温泉客のリハビリ療法にも対応しており、療養温泉地としての特性がうかがえる。

　温泉街には、狭い路地に沿って二十数軒の旅館や商店、飲食店が建ち並んでいる。長期滞在の温泉療養や保養の客のために自炊施設の旅館がある。2010（平成22）年の延べ宿泊客数は15万人にすぎなくなった。今後は、滞在メニューを充実し、保養客の誘致に努める必要がある。毎年5月の第3土曜日と日曜日に「信玄隠し湯まつり」が開かれ、武田二十四将武者行列とともに、松葉杖供養祭り、熊野神社祭、大々神楽奉納、御輿渡御、花火大会などが行われる。また、地元観光協会がホタルを養殖した湯町ホタル公園では、6月には源氏ホタルの乱舞を観賞できる。1997（平成9）年にオープンした「甲斐黄金村・湯之奥金山資料館」は、ジオラマや210インチの映像シアターがあり、砂金採り体験も可能な博物館となった。今後は温泉町の情緒を醸成するとともに、周辺の富士山、富士五湖、身延山、白糸の滝などの観光地と連携した広域観光ルートづくりが望まれる。

交通：JR身延線下部温泉駅

④増富（ますとみ）　国民保養温泉地
放射能泉

　県北西部、本谷川上流に位置し、北杜市に属する温泉地で、泉温は34℃ほどで低く、温泉湧出量も少ない。大正期にラジウムの効能が伝えられてラジウム温泉というようになった。歴史的には、中世後期に武田信玄が金を発掘した際に温泉を発見し、傷病兵の療養に使ったといい、「信玄の隠し湯」の一つでもある。明治中期頃から金泉湯ともいわれていた。1965（昭和40）年には国民保養温泉地に指定され、年間約5万人の宿泊客を集めている。また、日帰り入浴施設の「増富の湯」では、自然治癒力を高める指導を行っており、その他、本谷川渓谷、通仙峡、昇仙峡の散策や渓流釣り、登山などのレクリエーション、サクランボやリンゴ狩り、ヒマワリ畑も楽しめる。

交通：JR中央本線韮崎駅、バス50分

⑤積翠寺（せきすいじ）　含鉄泉

　県中央部、甲府盆地北部の要害山麓にある温泉地で、武田信玄誕生の地と伝えられる積翠寺があり、信玄の「隠し湯」ともいわれる歴史的温泉地である。温泉は古湯と新湯に分かれており、合わせて積翠寺温泉とよばれ、滞在客の多い湯治場として機能してきた。信玄が信州出兵の際に、ここで兵を休ませたといわれ、日露戦争の際には、傷病兵治療のために新たに温泉が掘られたともいう。温泉地の高台から甲府盆地を展望し、近くの昇仙峡を訪ねるとよい。

交通：JR中央本線甲府駅、タクシー15分

20 長野県

地域の特性

　長野県は、本州のほぼ中央部に位置する内陸県であり、その全域が険しい山岳で囲まれている。標高3,000mを超える高山は16峰あり、全国一である。気温の年較差が大きく、雨が少ない冷涼な内陸性気候のため、高原野菜の栽培が拡大し、リンゴの果樹園も広い。また、山岳景観に優れており、スキー場の開発も進んで高原のリゾートが各地で形成されている。県北部は千曲川が北流し、小諸、上田、長野などを貫流し、南部は天竜川が盆地を流れ、中央部に有力な温泉地が集中している。

◆旧国名：信濃　県花：リンドウ　県鳥：ライチョウ

温泉地の特色

　県内には宿泊施設のある温泉地が217カ所あり、源泉総数は996カ所で42℃以上の高温の源泉が約半数を占めている。湧出量は毎分12万ℓで多く、全国7位にランクされている。年間延べ宿泊客数は729万人であり、全国3位である。国民保養温泉地は丸子、田沢・沓掛、小谷、白骨、有明・穂高、美ヶ原、沓野などの7地区が、北海道に次いで数多く指定されており、山岳地域が広がる温泉県長野の地域性をよく表している。温泉が豊富な諏訪湖岸の上諏訪、下諏訪、松本周辺の浅間、大町や国民保養温泉地の鹿教湯、長野に近い戸倉・上山田や湯田中・渋、野沢、南信州の昼神など主な温泉地が展開している。また、猿が露天風呂に入る地獄谷、温泉が緑色の志賀高原の熊ノ湯、北アルプスの白濁の白骨など、変化に富む温泉地が数多い。

主な温泉地

①上諏訪・下諏訪(かみすわ・しもすわ)
51万人、42位
単純温泉、硫酸塩泉、塩化物泉

　県中央部、日本列島を東西に分ける地溝帯(フォッサマグナ)が形成された諏訪湖の北岸には、諏訪市の上諏訪温泉と下諏訪町の下諏訪温泉がある。上諏訪は毎分1万ℓに及ぶ高温の単純温泉が湧出し、下諏訪も4,500ℓの湯量を誇る硫酸塩泉、塩化物泉の温泉地である。上諏訪温泉には明治初期に片倉財閥の製糸工場が建設され、厚生施設の片倉館が残された。ここには深さ1mを超える大理石とステンドグラスの浴場があり、立ち湯を体験できる。湖畔の諏訪湖間欠泉センターには長い足湯もあり、原田泰治美術館をはじめ多くの美術館がある。湖での遊覧、花火、スケートも楽しいが、霧ヶ峰や車山高原のニッコウキスゲ、レンゲツツジも知られ、近年では延べ51万人の宿泊客や多くの日帰り客が集まる。

　なお、近くの下諏訪温泉は中山道と甲州街道の交わる宿場町であるとともに温泉地でもあり、共同浴場が11カ所もある。諏訪大社の総本社である諏訪大社下社春宮・秋宮があって、7年ごとの寅年と申年の年にモミの大木を切り出して急斜面をすべり下りる御柱祭が行われて賑わう。

交通：JR中央本線上諏訪駅、下諏訪駅

②蓼科(たてしな)
43万人、55位
硫酸塩泉

　県中央部、蓼科山の南西麓にある蓼科温泉は蓼科、滝ノ湯、親湯の3温泉地の総称である。一帯にはシラカバやカラマツの林が広がり、標高1,200～1,400mの高原の夏は避暑地として最適の条件を有している。ホテル、ロッジ、旅館、貸別荘など多くの宿泊施設やゴルフ場、テニスコート、美術館などがあり、蓼科湖でのボート遊びや釣りもでき、多くの家族連れの滞在客を集めている。また、ビーナスラインで霧ヶ峰や白樺湖とも結ばれており、高原のドライブを楽しめる。

交通：JR中央本線茅野駅、バス35分

③戸倉・上山田(とぐら・かみやまだ)
41万人、56位
硫黄泉

　県中北部、千曲川西岸(左岸)に広がる温泉地で、隣接する戸倉地区と

上山田地区が一体となって発展してきた。それぞれ1893（明治26）年、1903（明治36）年の明治中期に開発された新興温泉地であり、第2次世界大戦後の客の歓楽志向に対応して、一大観光温泉地を形成した。温泉開発以前から千曲川の河川敷に温泉が湧いていたことは知られていたが、1888（明治21）年の信越線開通に際し、戸倉戸長の坂井量之助によって温泉開発が進められた。たびたびの洪水による旅館の流出などの被害を受けてきたが、築堤が完成した1916（大正5）年に現在地に移転して安定した。

　東京圏や名古屋圏の大都市地域との交通の便に恵まれており、年間延べ宿泊客数も約40万人で多く、全国56位にランクしている。街中を歩くと、ネオン街が広がり、酒場、バーや飲食店、娯楽施設などが密集しており、近年では韓国やタイなどの料理店、飲食店も増えている。その周辺地区には落ち着いた和風旅館街や温泉神社があり、千曲川畔の自然や歴史と一体となっての観光も楽しめる。千曲川をはさんで対岸には新戸倉温泉がある。

交通：しなの鉄道戸倉駅

④湯田中・渋（ゆだなか・しぶ）　36万人、65位

　県北東部、志賀高原の入口に山ノ内町があり、湯田中、穂波、安代、渋などや志賀高原の発哺、熊の湯温泉などを含めて、山ノ内温泉郷とよばれている。その中心をなす湯田中温泉は長野電鉄の終着駅でもあり、多くの温泉地への出発点でもある。湯田中の町並みは夜間瀬川（よませ）の高台にある共同湯の大湯を中心に形成され、旅館、土産品店、飲食店などの観光業が集まっている。温泉は7世紀に発見されたという古い歴史を有し、江戸時代には小林一茶がたびたび訪れ、一茶の散歩道も整備されている。

　渋温泉は、8世紀前半の神亀年間に僧行基が発見したと伝えられ、1304（嘉元2）年に横湯山温泉寺が開山して温泉町の基礎が築かれた。横湯川に沿う温泉街には、登録文化財に指定されている和風旅館をはじめ木造建築の旅館が建ち並び、大湯や9カ所の共同浴場が点在していて温泉情緒を味わうことができる。塩化物泉、硫酸塩泉が毎分1,000ℓほど湧き、年間延べ36万人が宿泊している。温泉街外れの高台にある温泉寺には、ユニークな信玄の蒸し風呂もある。志賀高原へ足を運べば標高1,600mに位置する発哺温泉があり、緑色の温泉に浸かれる熊の湯温泉とともに硫黄泉である。この2温泉地に26万人の客が宿泊している。一帯はオオシラビソ

の原生林やダケカンバの群落が広がっていて、上信越高原国立公園に指定されている。スキー場のメッカとして、また夏は高原の自然を満喫できる避暑地として知られる。

交通：長野電鉄湯田中駅

⑤昼神（ひるがみ）　35万人、68位
単純温泉

　県南部、伊那谷を流れる天竜川の支流、阿知川流域にある山間の温泉地である。1973（昭和48）年、旧国鉄が中津川鉄道計画でボーリング調査をした際に温泉が発見され、その後の観光開発への取り組みによって全国有数の温泉地に発展した。地元の阿智村当局の温泉観光地計画に従って、河岸の平坦地が旅館団地として造成され、1975（昭和50）年に最初の旅館が開業した。翌年に村開発公社経営の保養センターがオープンし、その後、山間の景観に調和した屋根付きで落ち着いた色調で統一された20軒ほどの旅館が開業した。名古屋大都市圏に次いで、直通高速バスが運行されている東京首都圏からの客も多くなっている。

　昼神温泉の朝市は、保養センターの広場を取り巻いた屋根付きの売り場で行われ、年中無休で地元の農産物や特産品が売られている。テーブル、椅子付きのお茶のサービスもあって心和むユニークな市である。隣接して公営日帰り温泉地の「湯ったりーな昼神」も整備されている。温泉場周辺には、日本武尊に関係する神坂神社、義経の駒つなぎ桜、伝教大師ゆかりの信濃比叡の史跡、宿場の駒場のほか、リンゴとナシの伍和、棚田の横川地区などがある。天竜峡、恵那山や妻籠、馬籠の歴史的町並みも広域観光の対象となっている。

交通：JR飯田線飯田駅、バス40分

⑥丸子温泉郷（鹿教湯・大塩・霊泉寺）　35万人、69位
国民保養温泉地
単純温泉

　県中央部、上田市と合併した旧丸子町に、日本有数の療養保養温泉地としての鹿教湯（かけゆ）温泉と近くの大塩温泉、霊泉寺温泉からなる丸子温泉郷がある。1956（昭和31）年に国民保養温泉地に指定され、1981（昭和56）年には国民保健温泉地にも指定されて、「ふれあい・やすらぎ温泉地整備事業」のもとに地域づくりが進められた。鹿教湯は文殊菩薩の化身である鹿

が、猟師に温泉の存在を知らせてこの地名がついたといい、江戸時代には高血圧症の湯として湯治客に利用された。内村川の河床に大湯共同浴場があり、湯治客は宿屋が集まった湯端通りから中気坂を下りて大湯に入浴した。1954（昭和29）年、地元有志の尽力によって大量の温泉が湧出し、行政当局の誘致のもとに長野県厚生連温泉療養所が開設された。農民の健康保持のために1週間滞在する冬季集団保養事業が始まり、この事業による延べ宿泊客数は1980（昭和55）年頃には7万人に達した。温泉療養所は日本有数のリハビリテーションセンター鹿教湯病院に発展した。その後、農民の高齢化や宿泊客の志向性が変わって滞在日数が減り、3泊4日の短期保養コースが企画された。また、温泉利用の健康づくりの専門指導員がいる「クアハウスかけゆ」が誕生した。

　鹿教湯温泉は単純温泉が毎分2,200ℓも湧出し、温泉郷として年間35万人の延べ宿泊客を集めている。渓谷の屋根付き五台橋を渡れば薬師堂への石段があり、文殊堂へ続く散歩道は心身が癒される。この橋を舞台に12月から2カ月間、「氷灯ろう夢祈願」のイベントがあり、幻想的な空間が出現する。文殊堂境内では冬季を除いて、トレーナーの指導で健康体操が行われてきた。温泉街を取り巻く散歩道を歩き、展望台から温泉町を眺めるのも楽しい。奥鹿教湯の内村ダムや万年九郎大明神への里山歩きも健康によい。北の鎌倉の塩田平の別所温泉や松本も近い。観光協会では、冬の夜間のイベントとして五台橋から文殊堂へかけて氷灯篭を点灯し、新たな観光イメージを醸成している。鹿教湯温泉は一般の家族連れにとってもリーズナブルな保養や観光に適しており、訪問客は鹿教湯の人々による鹿の親子のシンボルマークと「温泉に心からありがとう」のメッセージに触れ、中気坂（湯坂）の掲示板にかけられた保養客の詠んだ俳句や短歌に心が和む。

　大塩温泉は16世紀前半の頃に発見され、川中島の合戦で負傷した武田軍の将兵を治療したといわれ、これが「信玄の隠湯」である。霊泉寺温泉については、平安時代中期の平維茂が戸隠山の鬼女を退治するために都からやってきたが、傷ついて弱っていたところ温泉を発見して傷を癒し、寺を建立したのが霊泉寺であるという。寺の境内には樹齢700年ものケヤキがそびえ、現在、寺湯は落ち着いた5軒の旅館の町並みに溶けこみ、共同浴場として利用されている。

交通：JR北陸新幹線上田駅、バス1時間15分

⑦有明・穂高　32万人、78位　国民保養温泉地
　　　　　　　　硫黄泉（有明）、放射能泉（穂高）

　県中西部、中部山岳国立公園の優れた自然景観の真っ只中にある温泉地で、特に新緑や紅葉の時期には多くの客で賑わう。有明温泉は中房渓谷にあり、穂高温泉は標高750mの高台の安曇野を展望できる位置にあって1980（昭和55）年に国民保養温泉地に指定された。

　有明温泉は各地で湧出する高温の自噴温泉湧出量が毎分1,500ℓもあるが、その利用度は低い。一方、穂高温泉は豊富な温泉を引いて観光客を集め、著しい発展をとげている。安曇野には、有名なわさび田や近代彫刻の先覚者である荻原碌山の美術館、重要文化財の松尾寺薬師堂、鐘の鳴る丘などのユニークな観光対象があり、四季折々に観光客を集めている。

交通：JR大糸線穂高駅、タクシー10分

⑧大町　21万人、100位
　　　　単純温泉

　県中北部、立山黒部アルペンルートの長野県側の宿泊拠点ともなっている温泉地である。温泉は1964（昭和39）年に葛温泉から引湯され、鹿島川河畔のカラマツやブナなどの林が温泉地区として計画的に開発された。宿泊施設は大型ホテル、旅館、民宿などが多様なニーズに対応して設置されている。温泉場入口に露天風呂のある薬師の湯と温泉博物館があり、大町市内には酒の博物館をはじめ数多くの博物館、資料館などがあるので、観光計画に入れるとよい。

交通：JR大糸線信濃大町駅、バス15分

⑨田沢・沓掛　国民保養温泉地
　　　　　　　　硫黄泉

　県中央部、上田と松本の中間にあたる山地に田沢と沓掛の温泉地がある。田沢温泉は古代の飛鳥時代に役小角が発見したといわれ、沓掛温泉は平安時代に国司の滋野親王が目の患いを治し、薬師堂を建立して開湯したという。落ち着いた集落の一角に、田沢には伝統的和風建築の「有乳湯」、沓掛には倉造り風の「小倉乃湯」の共同浴場がある。いずれも歴史に支えられた建築美を感じることができる。両温泉とも40℃ほどの硫黄泉であり、1970（昭和45）年に国民保養温泉地に指定された。

交通：JR北陸新幹線上田駅、バス30分

⑩小谷(おたり)　国民保養温泉地
　　　　　炭酸水素塩泉

　県北西部、姫川下流に近い支流の中谷川にある山間温泉地で、3軒の宿泊施設がある。1971（昭和46）年に国民保養温泉地に指定された。450年ほど前の上杉謙信と武田信玄の合戦で、武田方の落武者が発見したという歴史のある温泉地である。温泉は炭酸水素塩泉で、自噴と動力揚湯が毎分各250ℓ、計500ℓほど湧出し、露天風呂も整備されており、山の湯に浸かる幸せを感じる。上信越高原国立公園に指定されており、ブナの原生林で囲まれた鎌池を訪ね、雨飾山や天狗原山の登山をする客も多い。新緑や紅葉の時期には特に賑わい、冬も山スキーの客が来湯する。

交通：JR大糸線中土駅、バス30分

⑪白骨(しらほね)　国民保養温泉地
　　　　　硫化水素泉、炭酸水素塩泉

　県中西部、北アルプスの主峰乗鞍岳の北東麓、湯沢の渓谷に十数軒の旅館が建ち並ぶ白骨温泉がある。1974（昭和49）年に国民保養温泉地に指定された。この温泉は松本市（旧安曇村）の標高1,400mの高地に位置し、交通は不便であったが、現在では中央本線経由で東京から約4時間半で到達できる。泉質は主に硫化水素泉であるが、泡の湯とよばれる白濁の炭酸水素塩泉もある。源泉は50℃ほどの高温泉であり、湧出量は毎分2,500ℓに及び、その90％が自然湧出である。このような優れた温泉資源や一帯の自然環境を背景に、白骨温泉は1974（昭和49）年に国民保養温泉地に指定された。大自然の懐に抱かれた乳白色の露天風呂が人気をよび、宿泊客12万人、日帰客7万人を集めている。白骨温泉はストレス解消、心身の癒しに最適の温泉地として評価されている。

　白骨の地名はかつて白船とよばれていたが、1913（大正2）年、中里介山が新聞小説『大菩薩峠』（白骨の巻）の舞台としたことから、この地名が普及した。本格的な湯宿の営業は、大野川村の庄屋が1738（元文3）年に松本藩から許可されて始まり、明治中期には4軒の旅館があったが、湯治客は少なかった。旅館も農繁期には自ら蚕を飼い、自炊客には薪炭を無料で提供したという。大正期に入ると梓川の上流で電源開発が進んで交通の便がよくなり、登山客も増えた。

第2次世界大戦後に旅館は増加し、以後平成時代の秘湯、露天風呂ブームにのって急速に発展した。2004（平成16）年、共同浴場や一部旅館で入浴剤混入事件が発覚したが、各温泉施設は温泉資源のデータを公表して再生を図った。湯めぐりを兼ねて温泉地内を散策するだけでも、国指定天然記念物の噴気丘や冠水渓の自然景観、中里介山文学碑、元禄末期建立の薬師堂、湯治客が立てた三十三観音像、若山牧水碑などに触れられる。少し足を延ばせば、上高地をはじめ乗鞍岳、乗鞍高原、平湯温泉、奥飛騨温泉郷などと連絡しており、大自然を満喫できる。

交通：JR中央本線松本駅、アルピコ交通新島々駅、バス55分

⑫ 美ヶ原（うつくしがはら）　国民保養温泉地
　　　　　　　　　　単純温泉

　県中央部、松本市の東、美ヶ原高原入口の標高700mの丘陵上に位置する温泉地であり、1983（昭和58）年に国民保養温泉地に指定された。この温泉の起源は奈良時代初めまで遡るといい、平安時代の宮廷歌人の源重之の歌に「いづる湯の　わくに懸かれる白糸は　くる人絶えぬ　ものにぞありける」と詠まれていた。近世期の作家にも、「白糸の湯」「山辺の湯」「束間の湯」と紹介されていた。温泉は40℃ほどの高温の単純温泉が多量に湧出し、松本城主の庇護を受けていた。

　現在、14種の健康入浴を楽しめるバーデゾーンや室内温泉プールが整備されている「ウエルネスうつくし」は閉館したが、日帰り入浴施設「ふれあい山辺館」があり、テニスコートやトリムアスレチックコースも整備されている。美ヶ原高原の自然に身をおいた後は、国宝松本城や重要文化財の旧開智学校校舎などの史跡を訪ねるとよい。

交通：JR中央本線松本駅、バス20分

⑬ 沓野（くつの）　国民保養温泉地
　　　　　　硫酸塩泉

　県北東部、志賀高原の西の入口に沓野温泉があり、1991（平成3）年に国民保養温泉地に指定された。高温の温泉は1818（文政元）年に発見され、共同浴場に利用されていた。この温泉地は志賀高原から流れ出る横湯川と角間川に挟まれた台地上にあり、近世期には旧草津街道の宿場として栄え、志賀高原の入会地での林業も盛んであった。

交通：長野電鉄湯田中駅、タクシー7分

⑭ 地獄谷　硫酸塩泉

　県北東部、志賀高原への入口、横湯川上流の谷間にある一軒宿の温泉地である。この温泉地が有名になったのは、素朴な露天風呂に近くに生息している野生の猿が自ら入浴するようになり、アメリカの週刊誌『タイム』の表紙を飾ってからである。一帯は地熱地帯で各所で噴気を上げ、天然記念物の噴泉湯もあって地獄谷そのものである。
交通：長野電鉄湯田中駅、バス15分

⑮ 発哺　単純温泉、硫黄泉

　県北東部、志賀高原の標高1,600mの東館山山腹にある温泉地で、1802（享和2）年に関新作が発見して天狗の湯を開いたという。横湯川を見下ろす崖の上にあり、北信五岳や北アルプスが一望でき、別称雲上温泉ともいわれる。ロープウェイで蓮池と結ばれ、リフトで東館山、高天原と連絡していて、ハイキングやスキーの基地となっている。
交通：長野電鉄湯田中駅、バス50分

⑯ 別所　硫黄泉

　県中東部、上田盆地の南西端にあり、日本武尊が東征の際に発見して七久里の湯と名づけたという歴史の古い温泉地である。温泉は50℃ほどの高温の自噴泉が毎分1,000ℓも湧出しており、外湯は慈覚大師（円仁上人）ゆかりの「大師湯」、木曽義仲ゆかりの「葵の湯」、真田幸村隠しの湯であり、天然の岩を湯舟にした「石湯」の3カ所があり、入浴料はいずれも150円で驚かされる。また、足湯「ななくり」は岳の幟500年祭を記念して設置された。岳の幟は、1504（永正元）年の大干ばつの際に、夫神岳山頂に九頭龍神を祀る祠を建てて祈願をしたところ飢饉を免れ、その後、各家で3丈の長幟を立てて奉納する行事が定着したといわれる。この「岳の幟」祭事は毎年7月中旬の日曜日に行われ、稲の穂がたれる野路を幟の行列が進む光景は見事である。

　別所温泉には、日本最古の禅宗様式の安楽寺があり、八角三重塔が国宝に指定されている。また、常楽寺にも国の重要文化財の石造多宝塔があり、温泉町内には北向観音がある。別所温泉は歴史と文化と信仰に支えられて

おり、その落ち着いた温泉地の環境は評価される。

交通：上田電鉄別所温泉駅、バス30分

⑰浅間(あさま)　単純温泉

　県中部、松本市街の北郊にあり、西に北アルプスを眺められる台地上にある温泉地である。浅間温泉は、8世紀前半の『日本書紀』に記されているほどに古い歴史を有している。江戸時代には、初代松本藩主石川数正によって御殿湯が置かれた。武士階級の別邸も建ち、松本の奥座敷とよばれるようになったという。明治以降、文人墨客の滞在も多く、竹久夢二、与謝野晶子、若山牧水なども作品を残し、正岡子規、伊藤左千夫らのアララギ派発祥の地ともなった。また、100人もの芸者衆がいるほどの歓楽温泉地でもあったが、現在は芸者が1人もいないという。旅館街には白壁や土蔵などの歴史を感じさせる建物が点在し、落ち着いた町並みの情緒を感じることができる。

交通：JR中央本線松本駅、バス20分

⑱山田(やまだ)　塩化物泉

　県北東部、志賀高原に近い千曲川支流、松川沿いの山間温泉地であり、上信越高原国立公園内にある。開湯は200年以上前の江戸時代中期の寛政年間に形成された計画的温泉集落である。現在地から2kmほど上流の温泉を10年もの年月をかけて引湯し、薬師堂から下の道路沿いに温泉街が誕生した。大湯と滝の湯のヒノキ造りの共同浴場があり、特に大湯は入母屋造りの文化財的価値のある見事な浴場である。渓谷の崖の一角に露天風呂があり、山の湯に浸かることができる。江戸時代の俳人の小林一茶や明治以降の森鴎外、与謝野晶子など多くの文人が訪れている。近くの観光拠点である小布施に立ち寄るとよい。

交通：長野電鉄須坂駅、バス35分

⑲野沢(のざわ)　硫酸塩泉

　県北東部、千曲川に沿う毛無山の麓に野沢温泉が立地している。この温泉は10世紀中頃の天暦年間に開湯したといい、かつて犬養の湯とよばれていた。江戸時代前期の寛永年間に飯山藩主松平氏が浴場の整備をして栄

えた。温泉は高温の硫酸塩泉で湯量も多く、年間20万人を超える宿泊客が来訪している。地域住民で構成される野沢組が温泉を管理し、湯仲間によって浴槽がきれいに保たれてきた。90℃の高温源泉地の麻釜(おがま)があり、野沢菜を洗ったりして地元民の日常生活に使用されているが、湯けむりと一体化した風情が観光客の足を止めさせている。温泉街には大湯をはじめ、薬師如来を守る十二神将にちなんだ12の共同浴場があり、いずれも無料で開放されている。特に大湯は見事な和風建築で野沢温泉のシンボルである。野沢はスキー発祥の地としても知られ、冬季には周囲の斜面は雪質のよいゲレンデと化し、温泉街周辺には民宿やペンションが多数分布している。

交通：JR飯山線戸狩野沢温泉駅、バス20分

⑳乗鞍高原(のりくらこうげん)　硫黄泉

　県中西部、乗鞍岳東麓の1,500mほどの高地にある温泉地で、温泉は尾根一つ越えた湯川から引いている。夏は乗鞍岳登山、冬はスキーの基地となっていて、旅館、ペンションやロッジなどが数多く集まっている。安曇村が経営する浴場「湯けむり館」があり、樹齢500年ほどの木曽サワラを使った樽風呂やシラカバ林の中に露天風呂も設置されている。

交通：アルピコ交通新島々駅、バス1時間

21 岐阜県

地域の特性

　岐阜県は、日本の人口重心点である内陸県で、水と農地に恵まれた南部の美濃地方に対して、北部の険しい山岳地域で伝統的な習俗を受け継いでいるのが飛騨地方である。また、南部は古くから繊維工業や窯業の地場産業が盛んであるが、近年では関西と中部を結ぶ物流基地ともなっている。南西部には関ヶ原古戦場や養老の滝があり、飛騨地方の高山には上三之町の歴史的町並み、白川郷には合掌造り集落が残されている。また、「郡上踊り」は8月13～16日の盆に夜を徹して踊る我が国最大級の盆踊りである。
◆旧国名：美濃、飛騨　県花：レンゲソウ　県鳥：ライチョウ

温泉地の特色

　県内には宿泊施設のある温泉地が66カ所、源泉総数は506カ所あり、湧出量は毎分7万5,000ℓで全国10位にランクされるほど豊富である。源泉温度は高温から低温までほぼ均等に分布しており、年間延べ宿泊客数は255万人を数え、全国20位である。飛騨川の沿岸に発達した山峡の一大観光温泉地である下呂のほか、国民保養温泉地には平湯、奥飛騨、白川郷平瀬、小坂の4地区が指定されており、奥飛騨の大自然と合掌集落などが一体となった温泉地で心身を癒すこともできる。

主な温泉地

①下呂(げろ)　98万人、15位
単純温泉

　県中東部、飛騨川（益田川）に沿って広がる日本有数の観光温泉地である。JR名古屋駅から高山本線の特急で約1時間30分の距離にあり、車でも約2時間で到達できる。温泉発見については、10世紀初頭の延喜年間や中葉の天暦年間という説がある。鎌倉時代の1265（文永2）年頃に湯

が止まり、その後、白鷺によって川原の温泉が再発見されたという。室町時代の1489（延徳元）年、この地を訪れた京都五山の万里集句はその著書『梅花無尽蔵』に、天下の霊泉は草津、有馬、湯島（下呂）であると記し、江戸時代の林羅山も「三名泉」として同様の評価をした。源泉が川原にあり、絶えず洪水の被害を受けてきたが、大正末に外部の資本家が温泉のボーリングに成功して温泉の供給が安定し、内湯化が進んだ。さらに、高山本線の開通で東海地方や関西地方とも直結して発展した。

第2次世界大戦後、温泉病院が設置され、集中管理事業による温泉の安定供給が可能となり、地域の一体感が醸成されて飛騨地方最大の温泉地となった。高温の単純温泉が毎分6,000ℓも湧出し、年間98万人もの宿泊客を集めている。白川村より合掌民家を移築し、影絵昔話館「しらさぎ座」のある下呂温泉合掌村、温泉の理解を深めるための展示や全国から収集した約400点以上の資料や論文等の学術資料、温泉関係の図書が収蔵されている下呂発温泉博物館などの観光施設があり、湯めぐり手形で各旅館の温泉浴を楽しむこともできる。秋には紅葉のライトアップが美しい温泉寺、無料で絵手紙が描ける湯の街ギャラリー「さんぽ道」、新たなパワースポットの加賀留神社など、多くの観光スポットが点在している。さらに、龍神火まつりやみこしパレード、花火ミュージカルなどの祭り、飛騨牛豪快焼きが振る舞われる下呂温泉謝肉際、冬の下呂温泉「花火物語」、いで湯朝市、下呂温泉ならではの食を提案するGランチ、Gグルメなど、観光客を対象としたイベントは年間を通して数多くある。

さらに、集中管理システムの導入が検討され、1974（昭和49）年に完成して、現在では55℃の混合泉が旅館やホテルに安定供給されている。温泉街には、白鷺の湯、幸乃湯、クアガーデン露天風呂といった日帰り入浴施設があるほか、10カ所に足湯が設けられており、温泉街を散策しながら気軽に楽しむことができる。河川敷には、下呂温泉のシンボルともいえる噴泉池（露天風呂）があり、脱衣所も囲いもない開放的な風情が人気をよんでいる。近郊の飛騨川の渓谷美を眺め、高山の伝統的町並みや世界遺産の白川郷合掌集落を訪れるなど、周辺観光地との連絡もよい。

交通：JR高山本線下呂駅

②奥飛騨(おくひだ)（福地・新平湯・栃尾・新穂高）

31万人、79位
国民保養温泉地
単純温泉、塩化物泉、炭酸水素塩泉、硫黄泉

　県北東部、飛騨山脈の3,000m級の山々が連なる北アルプスの西麓に点在する温泉地がある。福地、新平湯、栃尾、新穂高の4温泉地からなる温泉地群が、1968（昭和43）年に国民保養温泉地に指定された。それぞれ高温で泉質の異なる温泉が湧出し、その量は毎分2万ℓにもなり、露天風呂は170カ所ほどもあるという。雪の冬シーズンがあけて、新緑の季節から暑さ知らずの盛夏、秋の全山が燃える紅葉時期に至る自然景観の変化は素晴らしい。東洋一といわれる新穂高ロープウェイや日本一の山岳ハイウェイである乗鞍スカイライン、旅館など宿泊施設も数多く立地していて、年間延べ31万人の宿泊客を受け入れ、全国79位にランクされている。

交通：JR高山本線高山駅、バス1時間〜1時間半

③平湯(ひらゆ)

国民保養温泉地
塩化物泉、炭酸水素塩泉

　県北東部、高山市上宝町にある平湯温泉は、北アルプスの主峰である乗鞍岳の北西、標高約1,280mの高地にあり、高原川に沿う森林地帯に展開している。火山地域にあって温泉資源に恵まれており、40カ所の高温泉が毎分1万3,000ℓも湧出し、泉質は塩化物泉、炭酸水素塩泉である。1964（昭和39）年に国民保養温泉地に指定された。幕末の『飛州志』によると、戦国時代の天正年間、武田信玄の家臣山縣昌景が率いる軍団がこの地に侵攻した際、霜や深い霧に悩まされて病に冒される者が多数出たが、老猿が傷ついた足を浸けて湯浴みをしているのを見て、兵は争って湯に入ったという。江戸時代には、北陸方面の大名の参勤交代行列の通過地でもあった。明治前期の『日本鉱泉誌中巻』によれば、平湯は岩間から温泉が湧出、これを木の筧で1町ばかり引いて14軒の湯宿が利用し、年間1,000人余りの客が訪れたという。昭和初期に自炊湯治客が増えたが、交通は不便で奈川渡までは自動車、その先は徒歩に頼るのみであった。

　第2次世界大戦後、観光シーズンには乗鞍スカイラインを目指して安房峠を通過する大型バスや自家用車が集中したが、1997（平成9）年に安房

トンネルが開通して交通問題は解消された。現在、年間宿泊客数は11万人であり、日帰り客が増加している。飛騨・北アルプス自然文化センターでは地形、地質、動植物がジオラマで展示され、平湯民俗館では円空仏や農機具などの民俗資料が集められており、温泉浴場もある。平湯発祥の神の湯は、露天風呂が開放されている。5月15日の平湯温泉湯花祭りでは、40もの源泉の湯を集め、これを護摩木で沸かして無病息災を祈る参拝客にかける行事が行われる。まさに、温泉に対する感謝祭である。近くの高さ64m、幅6mの平湯大滝は、2月中旬の結氷祭りでライトアップされる。

交通：JR高山本線高山駅、バス1時間

④白川郷平瀬(しらかわごうひらせ)　国民保養温泉地　塩化物泉

県北西部、庄川上流の山間部にある世界遺産登録の白川郷合掌集落に近い平瀬地区が、1980（昭和55）年に国民保養温泉地に指定された。泉温90℃という高温の塩化物泉が毎分600ℓ湧出し、「子宝の湯」として親しまれている。霊峰白山への登山基地でもあり、ブナやトチの原生林が広がり、キャンプ場も開かれる。白水の滝、エメラルド色の白水湖などを眺めながら入浴できる露天風呂もある。2005（平成17）年に日帰り温泉施設の「大白川温泉しらみずの湯」が開設され、ヒノキ風呂、泡風呂、寝湯、露天風呂など各種の温泉浴を楽しめる。県境を挟んで、富山県の世界遺産でもある五箇山の合掌集落があり、岐阜県側にはユニークなロックフィルダムの御母衣ダムがあり、立ち寄るとよい。

交通：JR高山本線高山駅、バス1時間半

⑤小坂温泉郷(おさか)（濁河・湯屋・下島）　国民保養温泉地　炭酸水素塩泉、塩化物泉

県中東部、御嶽山の北麓に位置する濁河、湯屋、下島の3温泉地は小坂温泉郷とよばれ、1983（昭和58）年に国民保養温泉地に指定された。1,800mの高地にある濁河は御嶽山の飛騨側からの登山基地であり、下島は5万年以上も前の溶岩流の名勝巌立峡を望む秘湯、湯屋は400年以上の歴史を有する炭酸泉で知られる湯治場である。一帯にはスキー場もあり、滝めぐり、触れ合いの森、郷土館など地域の散策に適した立ち寄り地が点在している。

交通：JR高山本線飛騨小坂駅、濁河・バス1時間半、湯屋・下島20分

⑥長良川　含鉄泉

　県南部、岐阜市の金華山麓を流れる長良川の河畔に、3.5kmほど離れた三田洞から鉱泉を引いて利用している温泉旅館が立地している。この温泉地は、5月11日から10月15日までの約半年間に行われる伝統的な鵜飼で名高く、また、河岸の丘の上には斎藤道三の築いた岐阜城が聳え立っていて、観光客を引き付けている。
交通：JR高山本線岐阜駅、バス40分

22 静岡県

地域の特性

静岡県は、日本列島の中央部にあり、温暖な気候に恵まれていて、早くからミカンや茶などの商品作物が栽培されてきた。また、久能山の石垣イチゴは、傾斜地を利用して太陽光を取り入れ、生育を早める栽培法で発展した。伊豆半島の天城では、ワサビ田が広がっている。浜名湖の近くではウナギの養殖池が多かったが、現在では生産量が少なくなっている。一方、自動車、オートバイ、楽器などの生産量が拡大した。伊豆半島は熱海、伊東をはじめ、日本最大の温泉地集中地域として発展している。

◆旧国名：伊豆、駿河、遠江　県花：ツツジ　県鳥：サンコウチョウ

温泉地の特色

県内には宿泊施設のある温泉地が114カ所、源泉総数は2,277カ所あり、湧出量は毎分12万4,000ℓで全国6位にランクされる。源泉温度は42℃以上の高温泉が3分の2を占めており、温泉資源性が著しく高い。年間延べ宿泊客数は1,067万人を数え、全国2位にランクされている。熱海、伊東の2大温泉観光都市をはじめ、稲取、伊豆長岡、修善寺、土肥などの有力な温泉地が伊豆半島の各地に分布している。半島東岸では桜や菜の花の咲く花見の時期が特に賑わい、観光客は温泉地に宿泊して海の幸を味わう。西岸では見事な海食崖の景観が続いていて富士山を眺望できる。半島内部の中伊豆では、修善寺、天城湯ヶ島の歴史のある温泉地が続く。温暖な半島全域で豊かな自然に接し、温泉浴を楽しめる。中伊豆の畑下は国民保養温泉地に指定されており、近くに歴史遺産でもある韮山反射炉がある。

主な温泉地

①熱海温泉郷（熱海・泉・伊豆山・多賀・網代）

289万人、2位
塩化物泉

　県東部、熱海温泉を中心に、泉、伊豆山、多賀、網代などの諸温泉地を含めて熱海温泉郷を構成し、年間延べ宿泊客数は289万人にもなり、箱根温泉郷に次いで全国第2位である。温泉開発が進展し、現在、高温の主に塩化物泉が毎分約8,000ℓも湧出し、走り湯のある伊豆山も4,000ℓで湯量は豊富である。

　熱海には、8世紀半ばの天平宝字年間に、箱根権現の万巻上人が祈願して現在地に温泉を移したとの言い伝えがある。江戸時代初期には、大湯をはじめ清左衛門の湯、小沢の湯、風呂の湯、河原湯、左治郎の湯、野中の湯の熱海七湯が点在しており、本陣の今井、渡辺の2家を含めて27戸の湯宿が湯量の多い大湯の温泉を引いていた。1604（慶長9）年に熱海で湯治をした徳川家康は、大湯の温泉を江戸城へ送らせたが、この湯は毎年正月に「御汲湯」として将軍家へ運ばれることになり、8代将軍吉宗は冬季を中心に8年間で3,640の湯樽を運ばせたという。今井家の宿帳によると、江戸初期から幕末までの216年間に65名の大名が逗留した。明治維新後、温泉の掘削が進み、客層の変化に応じて自炊湯治宿が賄付き旅館へと変わった。

　明治中期の軽便鉄道の開通を経て、大正末の熱海線開通によって多くの温泉客が来訪し、演芸場、大弓場、網引きなど各種の娯楽の場が増えた。背後の斜面では、政財界など有産階級の人々の別荘が急増し、その数は大正期の約50軒から1940（昭和15）年には600軒余りにも上った。これに並行して温泉開発も促進され、同年に198本の源泉中、動力装置による揚湯は約90％にもなり、温泉の過度の利用が問題となるほどであった。

　こうした温泉の乱掘と過度利用について、当時の坂本藤八町長は財産区有温泉をはじめ16温泉を町有とし、分湯事業を開始した。また、任意の温泉組合で分湯し、1940（昭和15）年には温泉供給会社も設立されて、旅館、別荘、一般住民へも広く温泉が供給されることになり、熱海温泉の拡大をもたらした。一方では、1939（昭和14）年に東京資本と地元有力旅館業者の参加のもとに9ホール、5万坪のゴルフ場が完成し、熱海宝塚

劇場の開設、熱海駅～日金山間のケーブルカー建設計画、温泉客の通年化のために海水浴客の誘致活動も展開された。さらに、大正期以来作業が継続されていた海岸の埋立地も完成した。

第2次世界大戦後、観光と歓楽温泉地化を牽引したのが熱海であり、旅館の高層化やバス、トイレ付き客室が増加し、客の歓楽志向を反映して飲食街が繁栄した。近年、大型旅館、ホテルの経営交代や廃業が進んだが、マンションの林立、砂浜海岸のサンビーチや日帰り温泉施設のマリンスパあたみなどの開発、文化財として価値の高い別荘起雲閣の一般開放や芸妓文化の紹介など、新たな展開がみられる。また、散策には温泉街の中心にある間欠泉の大湯源泉と隣接した湯前神社、尾崎紅葉の小説『金色夜叉』に因む「お宮の松」、熱海ロープウェイと熱海城、来宮神社の樹齢2,000年の大楠と走り湯、尾形光琳の「紅梅白梅図」や国宝、重要文化財のコレクションで知られるMOA美術館、四季の花々で覆われる姫の沢公園など、見所は多い。

交通：JR東海道本線熱海駅

②伊東（いとう） 250万人、4位
塩化物泉

県東部、伊豆半島の北東にあたる松川の河口付近に広がる観光温泉都市である。温泉湧出量は高温の塩化物泉を中心に毎分3万3,000ℓに及び、宿泊客数は250万人に達する。温泉については平安時代の『枕草子』にも記述があるといい、鎌倉時代、祖父の伊東家次の領地であったこの地を支配した伊東祐親は、伊東中興の祖ともよばれた。祐親の館跡といわれる物見塚公園に祐親の銅像があり、墓所の五輪塔は伊東市文化財1号である。また、1261（弘長元）年に日蓮聖人が『立正安国論』によって鎌倉幕府から伊東へ流されたが、岩場で水死するところを漁師に助けられた「まないた岩」の伝えがある。江戸時代初期の1604（慶長9）年、徳川家康の命でイギリス人ウィリアム・アダムス（三浦按針）が松川河口で洋式帆船を建造した歴史もある。明治以降、温泉が掘削されて温泉町の拡大をもたらした。

伊東市内の温泉地は、1938（昭和13）年の伊東線開通で宇佐美、松原（伊東中心部）を中心に発達したが、第2次世界大戦後の1961（昭和36）年に下田までの伊豆急行が新設され、観光地域が伊豆高原、城ヶ崎などへと

拡大した。大室山周辺には、ペンション、別荘などが多数開設されて一大高原リゾートを形成し、個性的な小美術館なども多い。中心街には大規模な温泉観光旅館が集中しているが、松川河口付近の東海館はヤナギの並木に映えて温泉情緒を醸成している。1928（昭和3）年に開業したこの旅館は、昭和初期の和風旅館の贅を尽くした建築様式を伝えており、総タイル張りの大浴場もあって、現在市の経営する文化財として開放されている。大室山や伊豆シャボテン公園のほか、溶岩が波で浸食された城ヶ崎海岸には吊橋がかかり、富戸のぼら漁小屋などもあって、多様な観光を楽しめる。
交通：JR伊東線伊東駅

③ 東伊豆温泉郷（熱川・稲取） 101万人、13位
塩化物泉

　県東部、伊豆半島東海岸にあり、熱川、稲取は東伊豆温泉郷の中心をなす温泉地である。熱川では、100℃を超える高温泉が自噴して大量に吹き上げており、温泉を利用した熱川バナナワニ園もある。1961（昭和36）年、伊東と下田を結ぶ伊豆急行が開業し、沿線の観光開発が促進された。傾斜地に高層の温泉ホテルや旅館が密集し、高度経済成長期には歓楽客が多数訪れて発展した。海浜の岩場を利用した露天風呂に入浴する客も多い。

　熱川から鉄道で南に2駅行くと稲取温泉があり、岬の先の伊豆最大の漁港と一体化して発展してきた。岬の南岸に大規模な温泉旅館が並び、近海でとれた新鮮な魚介類が食卓を飾る。
交通：伊豆急行伊豆熱川駅（熱川）、伊豆稲取駅（稲取）

④ 伊豆長岡 52万人、41位
単純温泉

　県中東部、伊豆半島の入口に近い温泉地で、歴史のある古奈地区と隣接する新興の長岡地区で構成されている。温泉の温度は60℃の単純温泉であるが、湯量の確保に苦労してきた経緯があった。古奈は鎌倉時代にすでに知られていたが、長岡は『田方郡誌』によれば、1910（明治43）年4月に地主たちによって開発された温泉地である。この温泉開発者は温泉配湯事業を行ったにすぎず、旅館経営は県内や近県からの外来者に委ねられた。第2次世界大戦後、中伊豆の交通を担う駿豆鉄道系列の箱根土地会社など中央資本や、地元民もホテル、旅館経営に参加し、観光地域の拡大をもたらした。さらに、行政当局も町有地開放による中央資本の導入や宣伝

活動などに積極的な姿勢を示し、今日の観光温泉地づくりに貢献した。伊豆長岡は交通の便がよく、伊豆観光の拠点でもあるので、葛城山ロープウェイで伊豆の国パノラマパークへ登って富士山や駿河湾を眺望し、三津シーパラダイス、あわしまマリンパーク、韮山反射炉、イチゴ狩り、ミカン狩りなどが楽しめ、いずれの観光スポットへもアクセスはよい。

交通：伊豆箱根鉄道伊豆長岡駅、バス5分

⑤舘山寺（かんざんじ）　39万人、61位
塩化物泉

県南西端、浜名湖東岸の庄内半島部に形成された温泉地であり、その開発は1958（昭和33）年と新しい。曹洞宗の舘山寺があることから命名された温泉地で、その地の利を活かして宿泊施設の規模が大きな観光温泉地へと発展した。また、露天風呂が12カ所もあり、内風呂、水風呂、サウナを含めて25の浴槽を有する静岡県最大の日帰り温泉施設「華咲の湯」も開設された。新興の温泉地であるが、立地条件を活かして、観光施設も温泉地の入口に遊園地浜名湖パルパルを配し、動物園、フラワーパークなどが整備されている。湖上のロープウェイは全国でも珍しい。

交通：JR東海道本線浜松駅、バス40分

⑥修善寺（しゅぜんじ）　30万人、84位
単純温泉

県中東部、修善寺温泉は中伊豆の狩野川支流の桂川に沿って広がる歴史的温泉地である。1924（大正13）年に三島から駿豆鉄道が通じており、首都圏からのアクセスはよい。807（大同2）年、弘法大師（空海）が河床を錫杖で突くと湯が湧いたとされ、これが「独鈷の湯」であり、修善寺温泉のシンボルとなっている。河床には石湯、箱湯など多くの源泉があり、湯治客や弘法大師創建の修禅寺の参拝客も訪れるようになった。

鎌倉時代、2代将軍頼家がこの地に幽閉されて非業の最期を遂げたが、母政子が冥福を祈って建立した経堂指月殿や墓がある。また、源頼朝の弟範頼も修善寺で自害するなど、修善寺温泉は鎌倉政権の秘話の舞台としても知られる。中世末期までに6カ所の源泉があって村持で経営されていたが、近世期に1カ所、明治初期に2カ所の温泉が発見されて、自然湧出泉の共同浴場は9カ所を数えた。明治時代には官有地となり、有力旅館は自ら温泉を掘削して内湯を整備したが、このような私有泉は1887（明治20）

年には10カ所を数え、外湯利用の零細旅館との区別が生じた。現在、温泉は高温の単純温泉が集中管理のもとに利用されており、新設された和風の共同浴場も町並みに調和している。

　修禅寺門前に内湯旅館が並んでいるが、有力な旅館を頂点にした支配構造のもとに、中央観光資本の温泉地内への進出はなく、夏目漱石が病気療養のために滞在した有力旅館は和風建築の落ち着いた雰囲気を保っている。地元業者からなる観光協会は1964（昭和39）年にロープウェイを開業、その後、町当局も町有地70haを利用して10万本のしょうぶ園を造成し、修善寺の知名度を一層高めた。岡本綺堂の『修禅寺物語』の主人公でもある頼家が殺害された箱湯も再建された。修善寺温泉では、歴史性を反映した町並みの紹介、弘法大師にちなむ献泉湯まつり、新たに整備された竹林の小径など落ち着いた雰囲気を活かしつつ、地域の発展を図っている。近年、温泉地の宿泊客数はかなり減少しているが、鎌倉時代の歴史、源氏の中枢に関わる史跡を現地で案内するボランティアのガイドは充実しており高く評価される。

交通：伊豆箱根鉄道修善寺駅、バス8分

⑦土肥（とい）　26万人、92位
塩化物泉

　県中東部、伊豆半島の北西部に位置する土肥温泉は、駿河湾の背後に秀峰富士山を眺望できる風光明媚の地にあり、豊富な温泉資源に支えられて発展してきた。かつての中心集落である馬場地区には、土肥城主富永氏ゆかりの神社や菩提寺があり、近くの安楽寺境内には土肥温泉発祥の場所といわれる「まぶ（鉱）湯」が残されている。1577（天正5）年、代官の手で開発された天正金鉱は伊豆で最初の金山であり、1610（慶長15）年に一帯の金鉱を採掘していると温泉が湧出し、「まぶ湯」と名づけられた。この頃、土肥神社の近くでも「古湯」が湧いて長く利用され、明治中期には「まぶ湯」とともに公衆浴場として開放された。1900（明治33）年に飲料用に井戸を掘ったところ温泉が湧出し、以後次々に温泉開発が進んで土肥村の共同浴場に利用された。大正時代になって土肥金山株式会社が誕生し、1931（昭和6）年には住友資本の系列になって採掘が本格化するとともに温泉湧出量が減少し、町当局と湯量復旧の協定がなされた。

　第2次世界大戦後、坑道内に湧出する温泉が無償で提供されることにな

り、1954（昭和29）年には金山会社との協議で温泉はすべて町有となった。その後、鉱山の閉鎖を経て1967（昭和42）年に新たな4本の温泉湧出に成功し、温泉集中管理方式による各宿泊施設への安定した温泉配湯が実現した。まさに、高度経済成長期の温泉観光発展の真っ只中のことであり、毎分2,700ℓの温泉は旅館36軒、民宿51軒、共同浴場5軒、自家用138軒、官公署11軒に配湯された。観光客のみならず、地域住民へも温泉が還元されて喜ばれている。

　海水浴場に近い屋形地区と中浜地区に有力旅館や民宿が集中しているが、旧集落から移転して規模拡大を図った旅館もある。土肥山川河口付近の松原公園には、世界一の花時計があり、噴水塔やグラウンドも整備された。また、海水浴場の近くには若山牧水や島木赤彦の歌碑や多くの彫刻像が配置されている。さらに、天然の釣り堀フィッシングパークTOI、温泉池、富士見遊歩道、恋人岬のモニュメントなどを整備し、一方では特産のビワを活かした製品づくりもした。土肥温泉は、温泉と土肥金山との一体化のもとに発展してきたが、海水浴客の減少とは対照的に土肥金山跡の入場者は安定している。砂金採り体験ができる砂金館もある。

交通：伊豆箱根鉄道修善寺駅、バス50分

⑧ 畑毛・奈古谷（はたげ・なこや）
国民保養温泉地
単純温泉

　県東部、伊豆半島の中伊豆の入口に位置する畑毛と奈古谷温泉は、狩野川支流の柿沢川が流れる静かな田園地帯にあり、保養温泉地としての機能を保持している。1962（昭和37）年に国民保養温泉地に指定され、新たに発足した伊豆の国市の温泉健康都市づくりの中心的役割を担っている。畑毛温泉は函南町と伊豆の国市（旧韮山町）にまたがり、近くの奈古谷温泉は伊豆の国市に属している。東京からのアクセスはよく、JR東海道新幹線を利用すれば熱海経由で函南まで1時間ほどで到達できる。

　畑毛温泉は、温泉湧出地の地名をとって「湯塚の湯」とよばれ、傷や火傷によい温泉として利用されてきた。幕末の1847（弘化4）年に浴場が開かれ、明治初期の浴客は年間平均855人であったという。大正期には吉野作造が温泉付き別荘地の理想郷建設を企図したが完成せず、その別荘が残されている。温泉は単純温泉で、温度は34～37℃と低く、20～40分ほどの長湯が冷え症によい。奈古谷地区では、駒の湯源泉荘が日替わり薬草

風呂を設けている。2本の源泉から毎分280ℓの温泉が湧出し、玄関前の林地には足湯や手湯もある。大浴場では、温度の異なる浴槽が設置されており、入浴客の健康状態や好みによって選ぶことができる。日帰り入浴料や宿泊料もセルフサービス方式のために低料金である。日帰り客も多く、宿泊客は4分の3が東京や横浜の京浜間からである。最近は若者も訪れるようになり、丘陵地の林間にある閑静な環境が、保養客に評価されている。

　韮山地区には韮山反射炉や源頼朝が配流されていた蛭ヶ小島の史跡をはじめ、代官所跡の江川家、韮山郷土史料館などが点在し、文化センターの韮山時代劇場も整備されている。蛭ヶ小島の史跡公園には案内所兼休憩舎もあり、事前の予約によってボランティアガイドが地域案内をしてくれる。冬から初夏にかけてはイチゴ狩りが楽しめ、富士山を眺める丘もある。

交通：JR東海道本線函南駅、バス15分（畑毛）、伊豆箱根鉄道大場駅、バス20分（奈古谷）

⑨下田　単純温泉

　県南東部、伊豆半島の南東に位置し、伊豆急行の終点でもある下田は、開国に関する歴史の舞台でもある。また、近くの湯量が豊富な蓮台寺温泉から温泉を引いて、温泉地としての発展を図ってきた。稲生川の西側は旧市街地、東側は下田港沿いの旅館街となっており、宿泊ゾーンである。旧市街には瓦屋根の民家が残されていて、なまこ壁が地域性をよく表している。各所に唐人お吉や開国の史跡、郷土資料館、海中水族館などがあり、ロープウェイからの展望も見逃せない。水仙の群落が広がる爪木崎、伊豆半島最南端の石廊崎、さらに西伊豆の海岸景観を楽しむか、あるいは川端康成の『伊豆の踊り子』の舞台である下田街道の山間地を巡るかを選んで帰路につくと、旅の思い出も豊かなものとなるであろう。

交通：伊豆急行下田駅

⑩下賀茂　塩化物泉

　県南東部、伊豆半島南端に近い青野川沿いの温泉地である。高温の自噴泉が吹き上げており、一帯は各所で湯けむりが上がっていて、温泉地へ来たことを実感できる。毎分3,500ℓもの高温の温泉が大量に湧出しており、各旅館では露天風呂に趣向を凝らしている。この湯けむりは観光客にとっ

て、いかにも本物の温泉であることを印象づけるとともに、農家にとっても温泉熱を利用してメロンなどの温室栽培を行える貴重な資源でもある。南伊豆町営の日帰り温泉施設「銀の湯会館」には各種の温泉浴が楽しめ、果物やアロエの薬草が入った「四季の湯」や熱帯植物の「南国風呂」もある。

交通：伊豆急行下田駅、バス25分

⑪堂ヶ島　塩化物泉

　県東南部、伊豆半島西岸の観光拠点でもある堂ヶ島に沸いた温泉地である。西伊豆一の海食崖が続く景勝地にあり、洞穴を巡る遊覧船も運航されている。1962（昭和37）年に堂ヶ島温泉ホテル創業者の小松原三郎が温泉を掘り当て、温泉地発展の契機となった。目の前に三四郎島と瀬浜海岸を結ぶ陸繋砂州が望め、潮の満ち干によって変化する海岸も観光資源となっている。また、これらの島と一体化した「日本の夕陽百選」にも選定されている。

交通：伊豆急行下田駅、バス1時間

⑫湯ヶ島　単純温泉　硫酸塩泉

　県中東部、伊豆半島の内陸部、狩野川と猫越川が合流する一帯に温泉が湧き、旅館が点在している。川端康成の『伊豆の踊子』の舞台でもある温泉地として知られる。中伊豆の山中にあって、それぞれ趣のある温泉旅館が点在している。そのなかには、重さ53tもの安山岩の巨石をくりぬいた露天風呂のある旅館もある。また、天城越えの街道に沿っては浄蓮の滝の景勝地があり、沢水を利用したワサビ田が各所にみられて、山間部の景観に変化を与えている。

交通：伊豆箱根鉄道修善寺駅、バス30分

23 愛知県

地域の特性

　愛知県は、関東と関西の中間に位置しており、古来東西勢力の要として発展し、織田信長、豊臣秀吉、徳川家康の3英傑を生んだ土地である。温暖な気候、肥沃な平野、交通の要所という地理的条件に恵まれて、野菜、花卉、果樹などの農産物の生産が盛んであるが、工業製品出荷額は自動車製造業を中心に全国最大であり、2位の神奈川県の2倍を超えるほどである。名古屋は尾張藩64万石の城下町として栄え、名古屋城は徳川家康の命によって築城され、特別史跡でもある。木曽川に沿う犬山城は国宝であり、近くの明治村、日本ラインの川下りも人気がある。

◆旧国名：尾張、三河　県花：カキツバタ　県鳥：コノハズク

温泉地の特色

　県内には宿泊施設のある温泉地が35カ所、源泉総数は132カ所あり、湧出量は毎分1万9,000ℓで全国37位にランクされている。源泉温度は42℃未満がほとんどで、温泉資源性は低い。年間延べ宿泊客数は149万人を数え、全国26位であり、名古屋大都市圏を控えている強みを示している。宿泊客数の多い主な温泉地は、蒲郡市の美白оが50万人を超えて県内トップであり、南知多市の内海山海の30万人、名古屋市のオリーブの湯などが10.5万人で多く、5万～10万人クラスの温泉地も多い。一方、これまでに知名度が高かった蒲郡市の三谷温泉や西浦温泉は5万人ほどで停滞し、新旧の交代がみられる。

主な温泉地

①西浦　塩化物泉

　県中南部、三河湾に面した半島の斜面に多数の温泉ホテルが密集して並

び、海岸は白砂の浜が形成されている。1953（昭和28）年に開湯したという西浦温泉は、その自然環境と地の利とともにホテル、旅館関係者の経営努力によって、愛知県の温泉地の存在を広める拠点となっている。4月の桜祭り、夏の海水浴場でのサマーカーニバル、平安時代の古刹でガン封じ寺として知られる無量寺、朝日が輝く丘・夕日が彩る丘、万葉の小径などや、蒲郡市内には国の天然記念物の竹島、日本七弁財天の八百富神社、複合型マリーンリゾート「ラグーナ蒲郡」などがあり、温泉浴と組み合わせた観光が楽しめる。

交通：JR東海道本線蒲郡駅、バス30分

②三谷(みや)　塩化物泉

　県中南部、三河湾を望む蒲郡市の東にある温泉地で、海岸から丘陵地にかけて旅館が点在している。1,200年ほど前の奈良時代に、僧行基が発見したという伝説が残されているが、温泉地としての開発は1955（昭和30）年以降で新しい。高さ18.78mという東洋一の高さを誇る弘法大師像があり、安産、子授かり、諸願成就で訪れる客も多い。海岸は遠浅で、海水浴に適しており、夏は家族連れなどで賑わう。

交通：JR東海道本線三河三谷駅

③湯谷(ゆや)　塩化物泉

　県中東部、静岡県と境界を接する山間地の板敷川に沿った温泉地である。鳳来山の仏法僧で知られ、奇岩が続く景勝地でもある。温泉は1,300年ほど前の奈良時代に、鳳来寺開祖の利修仙人が発見したといわれる。現在の温泉は1987（昭和62）年に湧出したもので、湯量が増えて各旅館に配湯されている。温泉地を中心に、5kmほどの渓谷は鳳来峡とよばれ、優れた景観が続く。

交通：JR飯田線湯谷温泉駅

24 三重県

地域の特性

　三重県は、東日本と西日本の接点にある県で、経済的には名古屋圏に含まれる。北部は平野を交えた穏やかな地形であるが、南部は山がちで沿岸部はリアス式海岸であり、出入りが複雑である。奈良県境に位置する大台ヶ原山麓は日本有数の多雨地帯である。志摩半島にある伊勢神宮は天照大神を祀る内宮と豊受大神の外宮からなる。20年ごとに神殿を造営する式年遷宮祭が行われる。二見浦は伊勢神宮のみそぎ場であり、日の出の名所で知られる夫婦岩がある。志摩半島の南にある英虞湾は真珠養殖で知られる。

◆旧国名：伊勢、伊賀、志摩、紀伊　県花：ハナショウブ
　県鳥：シロチドリ

温泉地の特色

　県内には宿泊施設のある温泉地が67カ所、源泉総数は194カ所あり、湧出量は毎分4万6,000ℓで全国19位にランクされる。源泉温度は42℃未満が多く、75％を占めるほどである。年間延べ宿泊客数は温泉地が急成長して575万人を数え、全国4位にランクされた。宿泊客数の多い主な温泉地は、鳥羽市の安楽島が68万人で県内トップであり、以下に志摩市の浜島36万人、津市の佐田27万人、榊原23万人、桑名市の浦安22万人、鳥羽市の船津21万人などが続いており、温泉開発が急速に進んだ三重県の現状がわかる。一方、知名度の高い鈴鹿山脈の御在所岳山麓の湯の山は7万人ほどであり、国民保養温泉地に指定されている菰野町湯ノ口も同じく7万人強に止まっているが、一方、同町の千草は15万人で発展している。

主な温泉地

① **安楽島（あらしま）** 68万人、26位
単純温泉

県中東部、志摩半島の鳥羽に近い場所で、1992（平成4）年に地下1,500mの大深度掘削をした結果、単純温泉が湧出した。この温泉を利用して宿泊施設が稼働し始めたが、当初は客数が少なく年間3万人を維持するにすぎなかった。1999（平成11）年の設備投資やその後の客の志向に合わせた経営などが反映して、年間宿泊客数は増加の一途をたどり、現在約70万人を数えるまでに発展した。隣接する真珠島の観光はもちろん、鳥羽水族館などのほか、二見浦の夫婦岩、伊勢神宮内宮、おかげ横町などを訪ねる広域観光が加わって相乗効果をもたらしている。

交通：JR参宮線鳥羽駅、タクシー8分

② **浜島（はまじま）** 36万人、66位
塩化物泉

県中東部、志摩半島の英虞湾に臨む位置にあり、温泉については動力揚湯で必要量が地元や外来の宿泊施設へ配湯されており、温泉地であることが地域内の各種の開発にもよい影響を与えている。この地域でも施設観光的な多様な観光対象が加えられているが、英虞湾といえば真珠養殖のいかだが浮かぶ景観が心に残るし、また、「日本の夕陽百選」にも選ばれているので、地域性を反映したポイントをボランティアが案内するようなソフト面での充実を図るとよいであろう。

交通：近鉄線鵜方駅、バス25分

③ **浦安（長島）（うらやす）** 30万人、83位
単純温泉

県北東端、木曽川、長良川と揖斐川の木曽三川が伊勢湾に流れ込んでできた三角州上で、1963（昭和38）年に天然ガスの試掘をしていたところ60℃の有力な温泉が湧出し、温泉開発が進んで一大温泉リゾートが形成された。翌年に温泉宿泊施設のグランスパー・長島温泉がオープンし、その翌年に、プール、ゴルフ場などを整備して、ナガシマスパーランドが誕生した。現在、日本最大級の温泉リゾートとして、多くの宿泊客や日帰り客を受け入れている。

交通：JR関西本線桑名駅、バス20分

④湯の山・千草　24万人、96位
放射能泉、単純温泉

　県北部、鈴鹿山脈の御在所岳東麓にある温泉地であり、718（養老2）年に浄薫上人が薬師如来のお告げを受けて温泉を発見したという伝説が残されている。渓谷の三滝川両岸に旅館が分布しているが、別名で鹿の湯とよばれるほどに険しい山峡の温泉地である。景勝地の御在所岳へはロープウェイが通じており、切り立った岸壁の景観は見事で、特に新緑や紅葉の時期は観光客で賑わう。御在所岳へ登れば、琵琶湖、伊勢湾を一望でき、晴れた日には富士山も見えるという。10月上旬に行われる僧兵祭りは県下最大の火祭りともいわれ、火炎神輿を担いで練り歩く光景は、伝統文化の素晴らしさを実感できる。また、菰野町千草地区で1963（昭和38）年に天然ガス探査中に温泉を発見し、開発が始まった。宿泊施設では露天風呂などが評価されて客が増えている。

交通：近鉄湯の山線湯の山温泉駅、バス10分

⑤榊原　23万人、97位
硫化水素泉

　県中東部、津市の南東に位置する温泉地であり、古来、七栗郷の地名にちなんで「七栗の湯」とよばれてきた。清少納言の『枕草子』にも、「湯は、ななくりの湯、有馬の湯、玉造の湯」と記されており、日本三名泉に選ばれるほどである。お伊勢参りの参詣者にも利用され、伊勢神宮に献上するサカキを清めるために、この温泉が使われたという。射山神社では毎年2月と7月に神宮献枝祭と献湯祭が行われる。榊原自然の森には、日帰り温泉施設の「ふれあいの里湯」があり、近くの青山高原は、初夏のツツジや秋のススキの原が見事である。

交通：近鉄大阪線榊原温泉口駅、バス15分

⑥湯ノ口　国民保養温泉地
塩化物泉

　県南部、北山川支流の湯ノ口川の河畔、奈良時代以降開発が進んだ金鉱山跡にある温泉地で、1997（平成9）年に国民保養温泉地に指定された。700年ほど前、後醍醐天皇の指示で金山を発掘した際に温泉を発見したという。1979（昭和54）年に鉱山跡地で地下1,300mの大深度掘削を行い、

新温泉を確保して湯ノ口温泉が誕生した。また、別の源泉をトンネル経由で引湯した旅館があり、2つの温泉宿を結ぶトロッコ電車がある。一帯には渓谷美で有名な瀞峡をはじめ、布引の滝、鉱山資料館、日本一の丸山千枚田、熊野古道など、観光対象が多い。

交通：JR紀勢本線新宮駅、バス60分

25 滋賀県

地域の特性

　滋賀県は、近畿地方東部の内陸県であり、中央に県の面積の6分の1を占める琵琶湖がある。湖を境に湖北地方と湖南地方に分かれる。江戸時代以降、近江商人が全国各地を訪ね、活躍した。湖南地方を中心に工業化や物流基地の整備が進んだ。大津は三井寺の門前町として栄え、比叡山延暦寺は天台宗の総本山で、788（延暦7）年に最澄が開山した。湖東の近江八幡は近江商人の発祥地で、その町並みは国の重要伝統的建造物群保存地区に指定され、井伊35万石の彦根城の天守閣は国宝に指定されている。

◆旧国名：近江　県花：シャクナゲ　県鳥：カイツブリ

温泉地の特色

　県内には宿泊施設のある温泉地が22カ所あり、源泉総数は81カ所である。42℃以下の温度の低い源泉で占められ、湧出量は毎分9,000ℓで全国43位にランクされている。年間延べ宿泊客数は約100万人を数え、都道府県別では全国33位である。県内の温泉地別延べ宿泊客数は、雄琴が39万人で最も多く、以下に米原市の朝宴筑摩と長浜市の長浜が各15万人ほどで並び、近江八幡市の島町と大津市の浜町が各9万人で続いている。かつての歓楽温泉地から脱し、落ち着いた温泉場を整備している。

主な温泉地

①雄琴　40万人、57位
単純温泉

　県南西部、比叡山を背にし、琵琶湖に面する位置にある温泉地で、約1,200年前に伝教大師（最澄）によって開湯されたといわれる。雄琴の地名は「大炊神　今雄宿禰命」の屋敷から琴の音が聞こえたことに由来するという。また、法光寺の境内にある念仏池から地下水が出ていたが、これ

を飲むと難病が治るので霊泉として守られてきた。大正期にこれを分析したところ、ラジウム鉱泉であることがわかり、温泉開発が進んだ。その後、鉄道が開通したことから、1929（昭和4）年には最初の温泉旅館が創業し、続いてその数が増えて9軒になった。第2次世界大戦後、温泉地は歓楽地化して発展したが、低成長期となって新たな温泉観光振興の方向性が検討されることになった。現在、各温泉旅館、ホテルがそれぞれの個性を前面に出して、差別化を図っていることは、多様な客の満足度を高めることにつながるであろう。比叡山延暦寺、坂本門前町なども近い。

交通：JR湖西線おごと温泉駅、タクシー

②長浜（ながはま）　含鉄泉

　県中北部、琵琶湖東岸にある長浜は、豊臣秀吉ゆかりの歴史を有する旧城下町であり、近世期には北国街道の宿場として栄えた。市制40周年の記念として長浜城が復元されて歴史博物館が誕生し、街道筋の黒壁漆喰土蔵の再生運動が活発化し、さらに寂れていた大通寺門前町並みの整備を図った。こうした動きに合わせて、市民参加の「出生まつり」「着物大園遊会」が開かれ、その一方では観光対象を案内するボランティアガイドの養成が始まった。ここに、まず観光客に長浜の土地柄とそのよさを知ってもらいたいという市民を挙げての姿勢がうかがえる。同時に、観光客の宿泊滞在を図ることが重要であるが、城址公園内に長浜太閤温泉が開発されることになり、1983（昭和58）年に温泉が湧出して国民宿舎が設置された。長浜地域を持続可能な観光地にするために、多くの市民の後押しがあったのである。

交通：JR北陸本線長浜駅

③石山（いしやま）　単純温泉

　県南西部、琵琶湖南端近くの名刹石山寺の門前町にあり、引湯による温泉地である。温泉は16℃の低温のラジウム泉で、加熱して利用されている。瀬田川の河岸に沿って和風の旅館が並ぶ落ち着いた環境にある。聖徳太子や弘法大師ゆかりの史跡があり、紫式部がここで源氏物語を構想したとも伝えられる。

交通：京阪電鉄石山寺駅

26 京都府

地域の特性

　京都府は、近畿地方の中央部にあり、京都市は琵琶湖南端近くに位置している。北の丹後半島は日本海の若狭湾に面しており、丹後天橋立大江山国定公園に指定されている。気候条件は厳しく、過疎化が進行している。日本三景の天橋立や伊根の舟屋の漁村景観は忘れられない思い出となるが、近年では舟屋のガイドも行われている。京都は約1,100年にわたって日本の首都として栄えた古都であり、金閣寺、銀閣寺、清水寺、平等院、龍安寺など数々の貴重な文化財が残されている。

◆旧国名：山城、丹波、丹後　府花：シダレザクラ　府鳥：オオミズナギドリ

温泉地の特色

　府内には宿泊施設のある温泉地が40カ所あり、源泉総数は61カ所であるが、42℃未満の源泉が多い。温泉湧出量は毎分1万2,000ℓで全国40位にランクされている。年間延べ宿泊客数は36万人であり、全国44位である。国民保養温泉地は京丹後市の久美の浜と南丹市のるり溪高原の2地区が指定されており、前者は日本海に面し、後者は兵庫県境に近い内陸部にあって、それぞれ海と山の自然と生活に触れることができる。

主な温泉地

①久美の浜　国民保養温泉地
塩化物泉

　府北西端、日本海に面する田園に立地した温泉地であり、温泉は高温で、湧出量も多く、1996（平成8）年に京都府内で最初の国民保養温泉地に指定された。6kmに及ぶ久美浜の砂浜海岸が続き、海水浴客も多く、山陰海岸国定公園に指定されている。砂丘上ではスイカ、メロン、ナシなどの

栽培も盛んである。

交通：京都丹後鉄道久美浜駅、タクシー5分

②るり渓高原　国民保養温泉地　放射能泉

　府中西部、南丹市にある温泉地で、2000（平成12）年に国民保養温泉地に指定された。泉質は放射能泉でラドン含有量が全国有数であり、神経痛、筋肉痛、関節痛などに効果的であるという。観光ポイントの「るり渓谷」は滝や岩場が続き、4kmほどの遊歩道を楽しめる。また、テニスコート、釣り堀、天体観測施設もある。特に春の山ツツジや秋の紅葉の時期には、温泉地が京都府、大阪府、兵庫県の境界地点にある地の利によって、大都市圏からの観光客の来訪が多い。

交通：JR山陰本線園部駅、バス

③湯の花　放射能泉

　府中西部、亀岡市西方の山間部にある温泉地である。かつては、戦国時代に武士が刀傷を癒すために利用したともいわれる。1955（昭和30）年頃以降に知られるようになったとされ、京の奥座敷として利用されることも多くなって発展した。山峡の川魚や山菜、きのこなどの料理を味わい、嵐山までの保津川の船下りも楽しめるので、四季を問わず多くの観光客が訪れる。

交通：JR山陰本線亀岡駅、バス15分

④木津　単純温泉

　府北端、丹後半島の西部にあり、1,250年ほど前に僧行基が白鷺の湯浴をみて温泉を発見したと伝えられる温泉地である。現在、毎分約2,000ℓもの大量の温泉が湧出しており、わずか6軒の温泉宿が利用しているにすぎない。丹後半島は、陸繋砂州の天橋立が日本三景として知られるが、さらに、舟屋という1階部分が小型船の置き場として海と直結している漁家が230軒も並ぶ景観が、国指定重要伝統的建造物保存地区となっており、これらの観光地も訪ねるとよい。

交通：京都丹後鉄道夕日ヶ浦木津温泉駅

27 大阪府

地域の特性

　大阪府は、西は大阪湾に面し、淡路島の北の明石海峡、南の鳴門海峡を通じて瀬戸内海と連絡できる。特に別府航路が早くから開かれており、関西地方から多くの客が別府温泉を訪れた。四国とは、高速道路を利用して淡路島を縦断し、陸路で往来できる。大阪府は工業製品出荷額は愛知県、神奈川県に次いで3位であり、商店数は東京に次いでいる。大阪城、道頓堀、通天閣などは大阪での観光に欠かせない。

◆旧国名：摂津、河内、和泉　府花：ウメ、サクラソウ　府鳥：モズ

温泉地の特色

　府内には宿泊施設のある温泉地が35カ所あり、源泉総数は171カ所である。42℃未満の中低温の源泉が多く、湧出量は毎分3万6,000ℓで、全国22位である。年間延べ宿泊客数は190万人を数え、全国22位にランクされている。このように、大阪府は温泉資源、宿泊客数ともに全国温泉地の中位に位置づけられ、温泉地域としての地位が上がっている。

主な温泉地

①箕面（みのお）　塩化物泉

　府中西部、明治100年を記念して指定された明治の森箕面国定公園内にあり、箕面山の渓谷入口に誕生した温泉地である。阪急電鉄の開発によって箕面公園が整備され、箕面温泉スパガーデン、ホテルなどもあり、温泉浴を楽しめる。温泉は塩化物泉が多量に湧出しており、宿泊客も多い。箕面滝は観光の目玉であり、特に秋の紅葉期には多くの観光客が訪れ、高原部ではテニス、水泳、スケートなど、四季折々の野外レクリエーションが楽しめる。東海自然歩道の西の拠点でもある。

交通：阪急電鉄箕面線箕面駅

②犬鳴山(いぬなきやま)　炭酸水素塩泉

　府南部、泉佐野市の南東にあり、犬鳴山の参道近くにある温泉地で、夏は大阪近郊の避暑地としても賑わう。南北朝時代に、楠正成が傷ついた兵を癒したという伝説がある。この地は七宝滝寺の門前町として栄えたが、第2次世界大戦後に温泉掘削が行われ、関西の奥座敷として客が増えた。犬鳴山七宝滝寺は修験道の聖地として、多くの信者が参詣しており、犬鳴山温泉は信仰と観光の客を受け入れて発展している。

交通：南海電鉄泉佐野駅、バス35分

28 兵庫県

地域の特性

兵庫県は、近畿地方の西部にあり、西は岡山県と接し、北は日本海、南は瀬戸内海に面している。日本海沿岸から淡路島まで、変化に富んだ自然景観と地域性を有し、「日本の箱庭」ともよばれる。京都、大阪を後背地として古くから高度な産業技術や文化を形成し、清酒や織物等の伝統的地場産業が受け継がれている。1998（平成10）年の明石海峡大橋の開通で、四国と直結することになった。

◆旧国名：摂津、播磨、丹波、但馬、淡路　県花：ノジギク
　県鳥：コウノトリ

温泉地の特色

県内には宿泊施設のある温泉地が74ヵ所あり、源泉総数は431ヵ所であり、42℃以上の高温泉が3分の1、42℃未満が3分の2を占める。湧出量は毎分4万9,000ℓであり、全国11位にランクされるほどである。また、延べ宿泊客数は421万人を数え、全国11位である。県最北西端の鳥取県境近くに、浜坂国民保養温泉地（浜坂、七釜、二日市）があり、温泉保養に最適な環境と施設が整備されている。兵庫県には、神戸市郊外の六甲山地北麓にある有馬温泉と山陰海岸に近い城崎温泉の2大観光温泉地があり、いずれも歴史に裏打ちされた日本を代表する温泉地として高く評価される。

主な温泉地

①**有馬**（ありま）　92万人、16位
　　　　　塩化物泉、二酸化炭素泉

県南東部、六甲山地の標高約400mの山間地、有馬川に沿って日本最古ともいわれる有馬温泉が広がっている。湯泉神社縁起には、大己貴命（おおなむちのみこと）と少彦名命（すくなひこなのみこと）が傷ついた三羽の烏の湯浴みをみて、温泉を発見したと記され

ている。『日本書紀』には、温泉行幸の嚆矢とされる舒明天皇による86日間の有馬湯治の様子と、7年後に再び訪問したことが記されている。奈良時代の724（神亀元）年、僧行基が薬師如来のお告げで病人治療のために温泉を復興し、温泉寺、蘭若院、施薬院、菩提院の一寺三院を建立して湯治場を整備した。温泉寺には衆生の病を癒す薬師如来像が鎮座し、その周りに薬師様を護る十二神将が安置されている。有馬温泉は1097（承徳元）年に大洪水に見舞われ、その後人家も温泉も長らく廃墟と化していた。約100年後の1191（建久2）年、大和国吉野郡川上村の仁西上人が山籠りをしていたところ熊野権現のお告げを受け、余田氏、河上氏などの平家の残党12人を引き連れて有馬に赴き、ここで十二坊の湯宿を経営させて有馬温泉を復興した。

　後世の人々は行基菩薩と仁西上人を有馬復活の恩人として厚く敬い、その恩に報いるために毎年正月2日、両師を輿に乗せて練行列をし、初湯をかける「入初式」の儀式が江戸時代初期以来、約400年間にわたって行われている。この儀式は湯泉神社の大己貴命と少彦名命の2神と僧侶である行基、仁西上人を一緒に祀る神仏混交の儀式である。練行列では、神官と僧侶が先導し、旅館主や芸妓が扮した湯女がこれに続いて歩き、最後に屋内で白衣赤袴の湯女が太鼓囃子に合わせて踊り、行基菩薩と仁西上人の木像に初湯をかける。

　有馬温泉は中世末期に度重なる大火のために衰微したが、豊臣秀吉が泉源の修復をし、浴場や寺院の改築をして、従来の十二坊の宿を二十坊として温泉集落の拡大を図った。1452（享徳元）年に『有馬入湯記』を著した京都五山相国寺の僧瑞渓は、湯治養生表目として一廻り七日として三廻り、計二十一日間の湯治法を説き、長期間の温泉療養が広まって温泉地の発展をもたらした。近世期には、多くの庶民も遠隔地から集まり、集落中央の共同浴場の湯に入った。17世紀末の湯治客の国別分布では、播磨と伊勢国を中心に畿内が6割を占め、四国、関東、中部、中国地方が3割強であった。御所坊を筆頭とする二十坊は付随した数軒の小宿を抱えており、共同浴場には中央に仕切りがあって、湯泉神社に向かって南は一之湯、北は二之湯に分けられ、10坊ずつ利用する浴槽が割り当てられていた。湯治宿のほかに各種の商店が賑わいを醸成し、有馬温泉は江戸時代中期の温泉効能鑑では、西の最高位の大関にランクされ、東の草津と比肩されるほど

であった。

　今日、有馬温泉には天神泉源をはじめ、数カ所の泉源から引いた黄褐色の塩化物泉が「金の湯」として利用され、別に開発された二酸化炭素泉の「銀の湯」があって温泉入浴の楽しみを高めている。町並みを散策すれば、由緒ある神社、仏閣が集まった落ち着いた雰囲気に触れることができ、和風建築の町並みには特産の有馬筆、有馬籠、炭酸せんべいの店舗があり、太閤の湯殿館も開設されていて、有馬温泉の観光資源の豊かさを感じることができる。

交通：神戸電鉄有馬温泉駅

②城崎（きのさき）　59万人、33位
　　　　　　塩化物泉

　県北部、円山川下流の海岸に近い支流の大谿川（おおたに）に沿って、細長く延びた町並みが形成されている山陰第一の城崎温泉がある。この温泉の歴史は古く、7世紀前半の舒明天皇の御代に、コウノトリが温泉で足の傷を治していたところから発見されたという。現在、外湯の鴻の湯にその名を残している。奈良時代初期の720（養老4）年、神託を受けた道智上人が千日修行をした結願の日に、曼陀羅の湯が湧出したといわれている。上人は738（天平10）年に温泉寺を開基したが、この寺院は聖武天皇の庇護の下に温泉の守護寺となり、本堂をはじめ十一面観音像、千手観音像などの国指定重要文化財も多く、城崎温泉の歴史の重みを伝えている。

　温泉入浴法として、まず温泉寺別当坊で竹の柄杓を手に入れ、観音薬師の御眞言とともに「南無大慈大悲開山道智上人」と唱え、霊湯を2、3口飲んだ後に病める部位にかけ、病気回復後にこれを薬師堂に奉納することがならわしであった。江戸時代中期には、この湯柄杓に込められた宗教的意義を知る湯治客は少なくなった。漢方医の後藤艮山は、城崎温泉についての科学的温泉療法の創始者であり、弟子の香川修徳は艮山の成果を踏まえて、我が国初の温泉医学書『一本堂薬選続編』を世に出した。共同浴場は曼陀羅湯、一の湯、御所湯の3カ所があったが、香川修徳が「海内第一泉」と評価した一の湯を中心に温泉町が形成されていた。1799（寛政11）年の記録には大小59軒の宿屋があったが、190年後の1988（昭和63）年の時点でそのうちの14軒が残り、10軒が営業を続けており、その歴史を今に伝えている。

明治初期の共同浴場は一の湯、新湯、常の湯（上の湯）、御所の湯、曼陀羅湯、鴻の湯、裏の湯、地蔵湯に増えたが、いずれも外湯として湯治客も地元民も一緒に湯に入った。現在、一の湯、まんだら湯、御所の湯、鴻の湯、柳湯、地蔵湯、さとの湯の7カ所の外湯があり、旅館宿泊客は提供される無料券をもって、これらの外湯七湯めぐりをすることが城崎観光のハイライトとなっている。2004（平成16）年の外湯入浴者は157万人を数えたが、その3分の2は宿泊者であった。大谿川沿いの町並みを散策すると、伝統的な二層、三層の和風旅館や商店が連なり、柳の並木によく調和していて心が和む。町並みの各所には、文学碑、飲泉場、和風電話ボックスなども設置され、一部電話線の地下埋設や大谿川への鯉の放流も行われた。この見事な温泉情緒豊かな伝統的な町並みは、城崎温泉最大の観光資源として全国から集まる多くの観光客に評価されている。しかし、早くから三層の和風木造建築群を守るために地元有志が「城崎の町並みを守る会」を発足させ、城崎町環境保全基本条例を踏まえて、建築物の外観、色彩、高さや広告物などの規制に尽力するなど、地元民の景観保全に対する地道な努力の積み重ねがあったのである。

　東京の山手線で事故に遭い、療養で訪れた城崎での小動物との出会いを綴った志賀直哉の『城の崎にて』は有名である。

交通：JR 山陰本線城崎駅

③**洲本**(すもと)　28万人、89位
　　　　単純温泉

　県南部、淡路島東岸の大阪湾に面する温泉地で、開湯は1961（昭和36）年で新しい。その後、1993（平成5）年に1,300mの大深度掘削が行われて湯量を確保し、温泉地が活性化された。温泉街は洲本の中心に近い大浜海岸から古茂江海岸に至る間で展開し、高層の温泉ホテル群や企業の保養所などさまざまな観光施設もあって、賑わいをもたらしている。地の利を活かし、京阪神や徳島、香川県の四国からの日帰り観光客も多い。由良漁港で水揚げされる新鮮な魚介類も宿泊客にとっては楽しみであり、特に赤うには特産として知られている。標高133mの三熊山山頂には洲本城があり、その眺望のよさとともに、桜祭り、城祭り、武者行列などのイベントも多い。

交通：JR 東海道本線大阪駅、バス120分、同三宮駅、バス80分

④浜坂温泉郷(浜坂・七釜・二日市) 国民保養温泉地
塩化物泉

　県北西端、鳥取県境に接して浜坂町があり、浜坂、七釜、二日市の3温泉地からなる浜坂温泉郷がある。隣接地には湯村、岩井などの歴史のある温泉地があるが、浜坂町は温泉とは無縁の土地であった。1962(昭和37)年に七釜地区で温泉が掘削され、以後二日市と浜坂で温泉開発が進み、地域住民を巻き込んだ新しい温泉地域が形成された。特に、健康増進を踏まえた温泉地づくりが展開され、1991(平成3)年に国民保養温泉地に指定された。大阪からは、福知山線経由山陰本線または智頭急行線鳥取経由で約3時間半、車では4時間の距離にある。

　浜坂温泉郷の開発と経営については、当時の町役場企画課長で後に助役を務めた陰山毅の尽力が大きい。その回想録「浜坂温泉の温泉集中管理」によると、七釜温泉は1958年末、地区住民が飲料水確保のために井戸を掘ったところ、地下30mで29℃の温泉が自然湧出したことに始まる。以後、町当局が本格的な温泉開発を進め、49℃、毎分340ℓの有力な塩化物泉を確保、第2、第3の源泉を開発して50℃、毎分500ℓの第3源泉が使用されている。この温泉は当初、主に地元農家が経営する民宿旅館に魚骨方式で配湯されていたが、冬場の湯量減少が著しく、中央温泉研究所の集中管理方式を導入して温泉供給が安定した。現在静かな田園環境のもとに20軒の旅館があり、源泉かけ流しの共同浴場には露天の釜風呂もあって心身ともに癒される。さらに、温泉病院では温泉療法医による診断が受けられる。隣接する二日市温泉も有力な温泉を得て、国民宿舎(現在廃業)とリハビリ施設のある町立浜坂病院やデイサービスセンターなどに供給され、福祉保健温泉地域となっている。

　一方、海岸に近い浜坂温泉は1978(昭和53)年、消雪用地下水掘削工事の際に地下50mから温泉が湧き、翌年本格的に122mほど掘削して76℃、毎分動力揚湯で600ℓの豊富な温泉を得た。その利用については、共同浴場、15軒の民宿旅館と兵庫県立温泉保養荘や希望する家庭に配湯をする画期的な開発方式がとられた。中央温泉研究所の細谷昇の参画を得て、浜坂、芦屋地区に総延長約19kmの配管が完成し、1982年に給湯が開始された。配湯工事費6億3,000万円のうち1億4,000万円は、省エネルギー対策事業として評価された通産省の国庫補助金である。一般家庭は1口40

万円の加入金を支払ったが、今日では795戸に上り、約半数の家庭に配湯されている。
　冬の浜坂町では、松葉ガニが日本一の水揚げを誇り、カニ料理で温泉民宿旅館は潤ってきた。ユートピア浜坂は300円の低料金で利用でき、夏の海水浴シーズンに限らず年間を通じて10万人を超える入湯客がある。海岸には「白砂青松100選」のサンビーチがあり、情緒のある漁村集落へと続く。山陰海岸国立公園の名勝但馬御火浦へは遊覧船も出る。また、城山公園の海岸には孤高の登山家・加藤文太郎記念碑や前田純孝歌碑が立ち、街中には伝統の縫い針工場が点在し、ユニークな川下祭りや麒麟獅子舞い、さんざか踊りなどもみられる。七釜温泉では現在環境省の「ふれあい・やすらぎ温泉地整備事業」が進められており、地域環境に合った新しい保養温泉地域が形成されつつある。

交通：JR 山陰本線浜坂駅

⑤湯村（ゆむら）　単純温泉

　県北西端、春木川が流れる小渓谷の河岸に立地した温泉地であり、山陰東部では城崎温泉と並び称せられる名湯である。平安時代の848（嘉祥元）年に慈覚大師が発見したと伝えられる歴史的温泉地である。湯村温泉の象徴でもある荒湯源泉では、98℃の高温泉が湯けむりを上げて毎分470ℓほど湧出し、源泉と一体化して地蔵尊が祀られている。その脇には日本一長い足湯もあり、毎日曜日には朝市が開催される。湯村温泉といえば、吉永小百合主演のドラマ「夢千代日記」が有名で、原爆被災者の主人公と温泉場で働く人々との人間模様を浮き彫りにした。温泉地には高級旅館から民宿まであり、多様な客層を取り込んでいるが、温泉場の一角には「リフレッシュパークゆむら」があり、打たせ湯、箱蒸し風呂や酒樽風呂など各種の温泉浴を楽しめる。また、近くには但馬牛を飼育する但馬牧場公園や但馬牛博物館があり、温泉客の訪問も多い。

交通：JR 山陰本線浜坂駅、バス25分

29 奈良県

地域の特性

　奈良県は、近畿地方のほぼ中央に位置する内陸県である。北部は平坦な盆地、南部は紀伊山地の険しい山岳地域であり、我が国屈指の多雨地帯となっている。大和朝廷の発祥の地といわれ、平城京が造営されるなど古代日本の政治、文化の中心地として栄えた。『万葉集』の主な舞台となっており、今日なお日本人の精神文化のふるさとでもある。多くの遺跡、史跡、神社仏閣が各地にみられ、国内有数の観光地域となっている。
◆旧国名：大和　県花：ナラヤエザクラ　県鳥：コマドリ

温泉地の特色

　県内には宿泊施設のある温泉地が29カ所あり、源泉総数は75カ所、湧出量は毎分1万ℓで全国42位である。温度は42℃未満が85％を占めていて、温泉資源性は高くはない。延べ宿泊客数は37万人で、全国44位にランクされる。紀伊半島の中南部、県南部に位置する湯泉地温泉、十津川温泉、上湯温泉の3温泉地が十津川国民保養温泉地に指定されており、共同浴場も整備されており日帰りの温泉客も訪れる。

主な温泉地

①十津川（湯泉地・十津川・上湯）　国民保養温泉地　炭酸水素塩泉

　県南部、紀伊半島の森林地域の真っ只中、十津川村にある湯泉地、十津川、上湯の各温泉地では、いずれも55～87℃の高温の温泉が湧出している。1985（昭和60）年に国民保養温泉地に指定された。奈良の近鉄八木駅からバスで吉野杉の森林を通り4時間、紀勢本線新宮からではバスで2時間かけて到達できる。

　歴史のある湯泉地温泉は、江戸時代中期の1705（宝永2）年に温泉が

湧いたとされ、薬師如来を祀る東泉寺があったため、以前にはその名でよばれていた。明治中期の洪水で現在の高台へ移転し、60℃を超える硫黄泉が旅館と民宿に配湯されている。十津川温泉は元禄期に発見された温泉を引湯するとともに、2本の温泉掘削で得られた74℃の有力な炭酸水素塩泉をダム湖畔に引いて、新しい温泉地を誕生させた。この温泉が温泉施設へ給湯されている。上湯温泉はさらに支流の川原にあり、87℃の高温泉が湧いていて、野趣豊かな露天風呂もある。

「昴の郷」は1986（昭和61）年に、過疎地域振興のために村当局、観光協会、奈良交通の3者が出資して、第3セクター方式のもとに3億7,000万円で建設した温泉プールである。その3年後には、7億3,000万円でホテルと多目的温泉保養館が併設され、奈良県内や大阪方面からの観光や保養の客の増加をもたらした。十津川村では1982（昭和57）年より林野庁と奈良県の手で、「21世紀の森・紀伊半島森林植物公園」が整備され、さらに国土庁（現国土交通省）の「田園都市構想モデル事業」の助成を受けた。自然と林業に触れる自然教育林や森林館が開設され、教育委員会はこうした地域に根ざした自然、歴史、文化についてのガイドブックを発行した。十津川村には、高さ54m、長さ297mの日本一の谷瀬の吊り橋、川を渡る1人乗り手動ロープウェイの一種である野猿、熊野三山奥の院の玉置神社などの地方色豊かな観光資源があり、周辺の瀞峡、熊野本宮、湯の峰温泉、那智の滝や勝浦温泉へ足を延ばすこともできる。

交通：JR紀勢本線新宮駅、バス2時間

②大峰山洞川　単純温泉

県中南部、修験道の聖地である大峰山の登山口に湧く秘湯であり、修行をする人々が宿泊をする場所でもある。1,300年ほども前に、役小角によって開かれたという歴史をもち、その信仰は今に引き継がれているが、大峰山は女人禁制である。温泉地の旅館は信仰温泉地の特性を反映した様式を伝えているが、1993（平成5）年に観光客や登山客にも配慮した日帰り温泉施設「洞川温泉センター」が開設された。

交通：近畿日本鉄道下市口駅、バス1時間半

30 和歌山県

地域の特性

和歌山県は、紀伊半島の南西部に位置し、本州最南端の県である。山岳地域が広く、森林地域が80％を占めるほどである。熊野三山や高野山など、古くから日本人の信仰のよりどころであったが、明治時代以降は地の利の悪さから近代化の波に乗り遅れた。県北部では、関西国際空港の開港による経済波及効果が期待されている。全国1位のミカンをはじめ、ウメ、カキなどの産地として全国有数の生産量を誇っている。

◆旧国名：紀伊　県花：ウメ　県鳥：メジロ

温泉地の特色

県内には宿泊施設のある温泉地が49カ所あり、源泉総数は498カ所で、中高温泉が多い。湧出量は毎分約6万ℓほどで、全国14位にランクされる。25〜42℃の源泉が多くて60％を占め、高温の42℃以上の26％を加えると86％になり、温泉資源性は高い。年間延べ宿泊客数は約325万人で全国15位である。主な温泉地としては、全国7位の白浜（174万人）、25位の那智勝浦（69万人）の2大観光温泉地があり、いずれも豊富な温泉資源に支えられて発展している。国民保養温泉地として、熊野本宮（湯の峰・川湯・渡瀬）と龍神（竜神・小又川）が指定されており、紀伊山地の山峡の湯として知られている。

主な温泉地

①白浜（しらはま）
174万人、7位
塩化物泉、炭酸水素塩泉

県南西部、白浜半島の景勝地に形成され、1,350年ほどの歴史を有するという日本の代表的観光温泉地であり、道後、有馬と並んで「日本三古湯」として知られる。今に残されている「崎の湯」浴場は、古代の飛鳥時代か

ら続く最古の温泉といわれ、『日本書紀』や『続日本紀』などに斉明、持統、文武天皇らが来湯したことが記されている。江戸時代になって紀州徳川藩の支配下に置かれ、また、湯崎温泉街にある「牟婁の湯」など、温泉場の発展に伴って各地に共同浴場が造られ、現在7カ所を数える。白浜温泉では大正時代以降、新たに白良浜地区の開発が始まり、温泉地域が広がった。

第2次世界大戦後は、観光ブームの流れに応じて歓楽温泉地としての発展を遂げ、高層の温泉ホテルや旅館、民宿、企業の保養所、別荘など、多様な宿泊施設が増え、また各種の観光施設が開設された。ジャイアントパンダで知られる複合型遊園施設のアドベンチャーワールド、ゴルフ場、海水浴場や外湯、足湯なども各所に整備された。また、観光協会を中心に、花火大会、ビーチフットボール大会、砂祭り、埋蔵金探しなどのイベントも催されてきた。しかし、バブル崩壊後は経済的停滞を余儀なくされ、宿泊客の減少によるホテル、旅館の閉鎖や保養所の撤退、個人別荘の売却などが増えた。

白浜温泉に限らず、近年の客層は家族連れ、友人同士のグループなど、個別化した少人数の観光形態に変わってきており、その志向性もまた多様である。白浜のシンボルである円月洞や周辺の観光地を取り込んだ数々のメニューを考え、広域観光の一つの拠点として白浜温泉を位置づけることが求められている。

交通：JR紀勢本線白浜駅、バス15分

②那智勝浦　69万人、25位
硫黄泉

県南東部、熊野灘に面する日本有数の温泉地であり、熊野詣の信仰とも一体化して宿泊拠点となって発展している。黒潮が洗う波間に紀の松島とよばれる島々が点在し、また中ノ島や岬の高台に高層の温泉ホテルが聳え、船で渡る楽しみのある宿泊施設もある。温泉資源に恵まれており、源泉数は約100で、毎分1万4,000ℓもの大量の温泉が湧出しているが、その半数は未利用である。那智勝浦温泉を代表する大規模ホテルは、宿泊収容人数が約3,000人といわれ、勝浦港から専用の船でホテルへ渡ると、名所の海食洞が海を眺める温泉浴場となっている「忘帰洞」をはじめ、天然洞窟風呂の「玄武洞」など数々の温泉浴場が配置されており、まさに温泉デパートの名に恥じない。熊野詣が盛んであった平安時代末期、熊野三山に参

詣した貴族がこの温泉で疲れを癒したといわれ、また大正末期に訪れた徳川頼倫が、「帰るのを忘れさせるほど心地よい」として名づけたという。

一帯は「紀の松島」として知られ、ラクダ島、ライオン島や海食の洞窟がある鶴島など、島々の奇岩などを遊覧船で巡ることができる。また、勝浦漁港は近海、遠洋の一大拠点となっており、特にマグロの水揚げで知られ、延縄漁法による生鮮マグロの水揚げは日本一である。そこで、そのセリの光景を観光客に見学させるガイド（有料）もあり、漁港と一体となっているJR紀伊勝浦駅前には3カ所の足湯が整備されている。

一方、那智勝浦温泉の観光で欠かせないのは、5kmほど北にある那智の滝、熊野那智大社、青岸渡寺である。一段の滝としては落差日本一を誇る133mの那智の大滝は、滝そのものが信仰の対象であり、高台には西国巡礼第一番寺の青岸渡寺がある。本堂は1590（天正18）年に豊臣秀吉によって再建された桃山様式の寺院である。三重の塔の背後に那智の滝を眺める景観は、2004（平成16）年に世界遺産「紀伊山地の霊場と参詣道」に登録され、7月14日の那智の火祭りは一大イベントである。なお、瀞峡や潮岬、捕鯨の町として知られる太地も近い。

交通：JR紀勢本線紀伊勝浦駅

③熊野本宮（湯の峰・川湯・渡瀬）

国民保養温泉地
硫黄泉、炭酸水素塩泉

　県南東部、紀伊山地の山間部に湯の峰、川湯、渡瀬の3温泉地があり、1957（昭和32）年に国民保養温泉地に指定された。古代から中世にかけて、本宮、新宮、那智の熊野三山の信仰が高まり、上皇から庶民に至るまで身分に関係なく参詣し、「蟻の熊野詣」といわれるほどであった。1,800年もの昔に発見されたという湯の峰温泉は、熊野本宮参拝に際して身を清める「湯垢離場」として知られ、河床にある「つぼ湯」は1日に温泉の色が7度変わるという。川湯温泉は川底から湧く温泉に浸かる屋外の千人風呂が有名で、夜間の幻想的な照明がよい。渡瀬温泉は健康志向の温泉地づくりを志向しており、旅館、民宿、クアハウス、キャンプ場、バンガローなどが整備されている。

交通：JR紀勢本線新宮駅、バス1時間

④龍神(りゅうじん)（龍神・小又川）　国民保養温泉地
　　　　　　　　　　　　　　炭酸水素塩泉

　県中東部、日高川源流に近い山間の温泉地であり、高野龍神国定公園内にある。1996（平成8）年に国民保養温泉地に指定された。開湯伝説によると、1,300年ほど前に役小角(えんのおづの)によって発見され、弘法大師が後に浴場を開いたといわれ、また、地名は難陀龍王の夢のお告げで龍神となったという。江戸時代には、紀州藩主の徳川頼宣によって温泉別荘が造営された。小又川温泉は、日高川支流の小又川河畔に湧く温泉地である。群馬県の川中、島根県の湯の川とともに、「日本三美人湯」といわれる。
交通：JR紀勢本線紀伊田辺駅、バス1時間20分

⑤湯川(ゆかわ)　硫黄泉

　県南東部、那智勝浦温泉の南西に隣接する静かな保養温泉地である。歴史的には、熊野詣の参詣客が旅の疲れを癒し、身を清めた「湯垢離場」の名残のある温泉地である。郷土の詩人である佐藤春夫が命名した「ゆかし潟」のほとりに温泉場が形成されており、近年、宿泊施設の整備が進んだ。
交通：JR紀勢本線紀伊勝浦駅、タクシー

31 鳥取県

地域の特性

　鳥取県は、県の面積では全国41位であるが、人口は58万人で最下位の47位である。日本海に臨む東西に長い県であるが、東半分は鳥取市を中心とした因幡地方、西半分は米子市を核にまとまっている伯耆地方に分かれている。鳥取砂丘は広がりをみせ、観光利用だけではなく、二十世紀ナシやスイカの生産が多く、特に福部砂丘では一面にラッキョウが栽培されており磨きラッキョウとして生産力を高めた。また、県北西端の境港は、日本屈指の水揚げ量を誇る漁港として知られる。

◆旧国名：因幡、伯耆　県花：ニジッセイキナシ　県鳥：オシドリ

温泉地の特色

　県内には宿泊施設のある温泉地は18カ所あり、源泉総数は368カ所で、42℃以上の高温泉が多く67％を占めている。湧出量は毎分2万ℓで全国35位であり、年間延べ宿泊客数は118万人を数え、全国31位である。宿泊客数が多い温泉地は皆生の46万人と三朝の36万人が突出している。国民保養温泉地は鹿野・吉岡、関金、岩井の3地区が指定されており、関金温泉では地域住民を対象とした温泉利用による健康づくりも行われている。

主な温泉地

①**皆生**（かいけ）　46万人、48位
　塩化物泉

　県北西部、米子平野の一角を占め、美保湾に面した山陰を代表する鳥取県随一の温泉地である。地元では温泉の起源は安土桃山時代に遡るというが、詳細は不明である。明治初年、海岸から200ｍほど沖合の水深十数ｍの海中に泡が出ているのを漁師が発見し、これを泡の湯とよんでいた。1900（明治33）年、福生村（ふっさ）の漁民が海岸の浅瀬で温泉を発見したが、こ

れは日野川から流出した土砂で海岸が前進し、30年近くを経て泡の湯が地上に姿を現したものといわれる。福生村村長は清酒5升でこの温泉の権利を得たといい、当初は露天の砂湯とし、後に鉄管を引いて温泉をポンプアップして村営浴場を開設した。明治末期に米子の住民が源泉から50mほど離れた土地に温泉を引いて小屋を建てたが冬の荒波で維持できず、村当局との交渉で10年間の温泉権利を経て新たに源泉を掘削し、温泉宿の経営を始めた。しかし、源泉の維持は困難を極め、このときに山陰線建設で財を成した県会議員が温泉郷開発に乗り出し、さらに経営者の交代を経て今日の基礎を築いた。

そのプランは①温泉源の確保と集中管理、②土地買収と温泉都市計画、③米子町、米子駅との連絡交通路の整備からなる総合温泉地域開発であり、大正末期には旅館15軒、料亭9軒、商店15軒、別荘など21軒と遊園施設などからなる計画的な温泉市街が白砂青松の地に形成された。現在、温泉は42℃以上の高温泉が毎分5,700ℓも湧出するほどに温泉資源に恵まれており、その給湯システムが集中管理されていて、安定した温泉利用のもとに観光温泉地として発展している。

交通：JR山陰本線米子駅、バス20分

② 三朝（みささ）　36万人、63位　放射能泉

県中央部、三朝川に沿って山陰の有力な温泉地である三朝温泉が形成されている。世界屈指のラジウム含有の放射能泉として知られ、国立温泉療養所や岡山大学医学部三朝分院なども早くから設置されたが、観光温泉地としての地域を挙げての取り組みも進めてきた。

温泉発見伝説に、二条天皇の1164（長寛2）年に源義朝の家臣大久保左馬之介が三徳山に参詣した折に白狼に会い、故意に矢を射損じて助けたところ、夢枕に妙見菩薩が現れて「白狼に会った場所の楠木の株に霊湯があるので、人々の病苦を救うように」とのお告げがあったという。これが三朝温泉発祥の温泉であり、「株湯」と名づけられて今日に及んでいる。江戸時代に入って湯村に新しい温泉が発見されて温泉場が形成され、1912（明治45）年の山陰線全通と1916（大正5）年の世界一の高温のラジウム泉発見によって著しい発展を遂げた。村営の三朝ラジウム温泉療養所が設立されるほどであった。

第2次世界大戦後、新しい三朝川北岸山田地区の温泉集中管理事業が実施され、温泉配湯が可能となって温泉地域が拡大した。また、国民保養温泉地指定を解除し、観光温泉地づくりの一環として外来資本のゴルフ場も開設された。その後、温泉観光客の志向性が変わり、1989（平成元）年から4年計画で7億3,000万円の事業費をかけ、三朝町当局や観光団体が一体となって第3セクター方式のもとに多目的広場、物産館、織物工房からなる「ふれあい体験村」、休憩所、管理棟、散策路を造った。その2年後には隣接地に2億円をかけて植物園バオバブを開設した。

　一方、こうした施設づくりとは異なった温泉地活性化が求められる時代となり、歴史的な温泉場の復活のために、1993（平成5）年から「湯の街ギャラリー」事業を始めた。まず、空き店舗を利用して花祭りの際の伝統的大綱引きの資料を展示した陣所の館、三朝川に生息する河鹿蛙に因むカエル人形館、当地を訪れた文人を紹介した伝説の館などを整備し、さらに各店舗が店の一角に切り絵、古美術品などの展示をした。また、冬場を除く毎週日曜日に開催される温泉広場での朝市も、地元の農民と観光客との交流の場を提供している。現在、三朝温泉では岡山大学医療センターと三朝病院（前国立温泉病院）の温泉医療機関の支援をもとに、温泉と地域医療の連携を進めており、また旅館の入浴指導員（ラジウムリエ）が相談役を務めている。

交通：JR山陰本線倉吉駅、バス20分

③鹿野・吉岡　国民保養温泉地　単純温泉

　県中央部、鳥取市の鹿野温泉と吉岡温泉は、1966（昭和41）年に国民保養温泉地に指定された。鹿野温泉は戦国大名亀井氏の居城の雰囲気を残し、落ち着いた町屋の風情も各所にみられる。城址公園は桜の名所であり、体験施設のそば道場もある。吉岡温泉は1000年ほど前に薬師如来のお告げで発見されたといわれる。江戸時代には藩主池田氏の湯治場として保護され、現在でもひなびた雰囲気が漂う。ホタルの里として知られ、6月には源氏ボタルの乱舞がみられる。

交通：JR山陰本線浜村駅、バス15分（鹿野）、JR山陰本線鳥取駅、バス30分（吉岡）

④関金(せきがね)　国民保養温泉地
　　　　　　　放射能泉

　県中部、中国山地の大山(だいせん)の山麓にあるこの温泉は、756（天平勝宝）年に僧行基が発見し、後に弘法大師が再興したという伝説がある。微量のラジウム放射線効果で免疫力や自然治癒力を増すといわれ、1970（昭和45）年に国民保養温泉地に指定された。閑静な温泉場が形成されており、共同浴場の関の湯を中心にし、国の重要文化財である地蔵院の境内には大小のお地蔵さんが数多く奉納されており、心が和む。1994（平成6）年、近くに新たに打たせ湯、泡湯、寝湯、サウナなどを配した大規模で温泉保養、健康づくりを視野に入れた日帰り温泉施設「湯命館」がオープンし、自炊施設もある「湯楽里」も整備されている。無色透明、無味無臭の温泉は、「白金の湯」とよばれるほどにきれいで、入浴客に喜ばれている。

交通：JR山陰本線倉吉駅、バス35分

⑤岩井(いわい)　国民保養温泉地
　　　　　　硫酸塩泉

　県北東端、蒲生川(がもうがわ)に沿って温泉場が形成され、1973（昭和48）年に国民保養温泉地に指定された。蒲生川の清流に沿った落ち着いた温泉地で、山陰最古の歴史があるともいわれる。岩井温泉では、手ぬぐいをかぶって、湯かむり唄を唄いながら柄杓で温泉をかける風習があり、ユニークである。温泉街を流れる川には錦鯉が泳ぎ、和風の共同浴場「ゆかむり温泉」が新設されて、落ち着いた雰囲気を醸成している。近くに山陰海岸国立公園の浦富海岸があり、日本海の荒波で浸食された海食崖が続き、洞門が形成されて海岸の景観美をつくり上げている。

交通：JR山陰本線岩美駅、バス8分

32 島根県

地域の特性

　島根県は、日本海に面して北東から南西方向へ細長く延びた土地と隠岐諸島からなる県である。中心都市の松江や出雲は宍道湖の近くにあり、国づくりや国引きの神話や伝説が残されている。松江城は築城当時の天守閣が残されており、春の桜と一体となった景色は見事である。松江から近い出雲大社は、縁結びの神の大国主命を祀った社であり、大社造の本殿は国宝に指定されている。また、出雲平野には築地松とよばれるクロマツの防風林で囲まれた散居村といわれる民家が点在しており、樹齢200年以上のものもあるという。県内には山陰の小京都といわれる津和野、日本海に浮かぶ隠岐島、主に横山大観の日本画を展示した安達美術館、世界遺産にも関係する温泉津温泉などがあり、見所が多い。
◆旧国名：出雲、石見、隠岐　　県花：ボタン　　県鳥：オオハクチョウ

温泉地の特色

　県内には宿泊施設のある温泉地が43カ所あり、源泉総数は265カ所、42℃以上の高温源泉は少ない。湧出量は毎分3万ℓで全国26位にランクされ、年間延べ宿泊客数は94万人で34位である。島根県を代表する歴史的な玉造は、年間59万人の客を受け入れている。国民保養温泉地は県央の三瓶山麓にある三瓶と東端の中海に近いさぎの湯の2地区が指定されている。

主な温泉地

① **玉造**　59万人、35位
　　　　　単純温泉

　県北東部、宍道湖に近い玉湯川沿いにあり、約1300年もの古い歴史を有する温泉地であるといわれる。『出雲国風土記』には、「この温泉は海岸

の近くの川辺にあって多くの老若男女が集まって温泉に浸かり、市をなすほどである。一度入浴すればきれいになり、再び浸かれば万病が良くなるので、人々は神の湯といって崇めてきた。」と記されるほどであった。出雲大社に近く、大国主命（おおくにぬしのみこと）と国づくりをした少彦名命（すくなひこなのみこと）が発見したという温泉の価値が高く評価され、薬湯、美人の湯として発展してきた。川沿いの情緒ある町並みを形成している温泉宿は、高温の毎分1,500ℓもの豊富な温泉を利用しており、大きな庭園露天風呂をもつ宿もある。川沿いに玉造の地名に関係する勾玉のモニュメントがあるが、神代の昔から勾玉を作ってきたことの象徴であり、現在も青メノウの産地として知られている。川沿いに少彦名命を祀る玉作湯神社があり、国指定史跡の出雲玉作跡も整備されている。また、毎年8月20日の湯薬師の縁日に合わせて温泉祭りが開催される。

交通：JR山陰本線玉造温泉駅、タクシー5分

②三瓶（さんべ）　国民保養温泉地
　　　　　塩化物泉

　県中部、三瓶山の南麓にある温泉地で、泉質は塩化物泉、温度は40℃ほどであるが、湧出量は毎分3,000ℓも自噴していて、温泉資源性は高い。1959（昭和34）年に国民保養温泉地に指定された。三瓶山の西の原ではワラビ採りやピクニックの客が集まり、東の原はスキーやマウンテンバイクなどが楽しめ、北の原はオートキャンプのできるキャンプ場が整備されている。さらに、三瓶自然館サヒメルでは20mのドームスクリーンで映画やプラネタリウムも上映されている。近接地には、三瓶小豆原埋没林公園や史跡石見銀山があり、教養観光に適している。

交通：JR山陰本線大田市駅、バス45分

③さぎの湯　国民保養温泉地
　　　　　硫酸塩泉

　県北東部、中海に流れる飯梨川左岸の温泉地であり、泉温は40～60℃と高温であり、泉質は硫酸塩泉である。温泉地名の由来は8世紀前半の神亀年間、白鷺がこの湯で足の傷を癒したといわれる。1962（昭和37）年に国民保養温泉地に指定された。隣接して安達美術館があり、横山大観をはじめ、著名画家の作品が展示されており、絵画だけでなく見事な和風庭園に驚かされる。

交通：JR 山陰本線安来駅、バス20分

④松江　硫酸塩泉

　県北端、宍道湖岸に温泉旅館が並んでいるが、1971（昭和46）年に天然ガスの発掘中に77℃の高温の温泉が湧出したことを契機に、湖岸の埋立地が温泉旅館街として開発された。この温泉は地下1,250mから汲み上げられている。宍道湖に面しているので、松江の味覚である宍道湖七珍のスズキ、アマサギ（ワカサギ）、白魚、ウナギ、鯉、シジミ、モロゲエビが味わえる。松江城は現存する12天守の一つで、桃山時代の様式を伝える入母屋破風は見事であり、2015（平成27）年5月に国宝に指定された。また、小泉八雲の居宅や記念館、水路から水郷の歴史的町並みを眺める観光船もある。

交通：JR 山陰本線松江駅、バス15分

⑤温泉津　塩化物泉

　島根県中西部、日本海に面する漁港の背後に展開する温泉地である。江戸時代、石見銀山の銀の積出港として栄え、その背後に温泉街が形成されている。この温泉は、約1,300年も前に、大国主命が病のウサギを湯に浸けて助けたとか、旅の僧が湯に浸かっている狸を発見したとか伝えられる歴史の古い温泉地であり、現在15軒の温泉宿が営業していて落ち着いた温泉場の雰囲気を醸成している。温泉場の中心に共同浴場の「元湯泉薬師」と「薬師湯」があり、特に長命館が管理している元湯では、長い歴史を経て今日なお湧き出す本物の温泉に浸かることができる。温泉津では、毎年7～8月に温泉街で日曜朝市が開かれており、鮮魚やウニなどの海産物をはじめ、農産物が販売されていて賑わう。また、1～3月の土曜日のうち3回ほど、龍御前神社で伝統的な夜神楽が催行される。近くの石見銀山は世界遺産に登録され、石州瓦の赤い屋根で統一された見事な歴史的町並みが整備されており、旧代官所跡の石見銀山資料館もあって必見である。

交通：JR 山陰本線温泉津駅、バス5分

⑥有福　単純温泉

　島根県中西部、江津市の南10kmほどに位置する温泉地である。丘陵斜

面に旅館が雛壇状に並んでおり、山陰の伊香保といわれる。この温泉地は1,350年ほど前の650（白雉2）年に天竺の法道仙人が発見したという歴史を有し、落ち着いた雰囲気を醸成している。また、石見国の国司として赴任した万葉歌人の柿本人麻呂が、妻を同伴して訪れたという。現在、これまでの3カ所の外湯を中心にしつつ、6カ所の貸切露天・半露天風呂を開設したり、土曜日には石見神楽の実演を行い、有福でのユニークな結婚式をプロデュースするなど、新たな感覚での地域づくりに取り組んでいる。
交通：JR山陰本線江津駅、バス40分

33 岡山県

地域の特性

　岡山県は、中国地方の南東部、瀬戸内海に面する県であり、1988（昭和63）年の瀬戸大橋開通で四国と直結した。瀬戸内気候のもとに温暖少雨で自然災害は少なく、古来農業の先進地域であり、ブドウ、マスカットの産地として知られる。岡山城を借景とした日本三名園の後楽園がある。倉敷は水島工業地帯の開発地でもあるが、一方、「重要建造物群保存地区」制度のもとに、倉敷川岸の白壁土蔵が残る歴史的町並みが整備されて美観地区を構成し、ツタの這う大原美術館も多くの客を集めている。

◆旧国名：備前、備中、美作　県花：モモノハナ　県鳥：キジ

温泉地の特色

　県内には宿泊施設のある温泉地が41カ所あり、源泉総数は213カ所である。25℃未満の冷鉱泉が多く、3分の2を示している。湧出量は毎分2万ℓで全国34位であり、年間延べ宿泊客数は85万人で全国37位にランクされている。中国山地の山間地域に、湯原、湯郷、奥津の主な3温泉地が分布し、湯原と奥津は国民保養温泉地に指定されている。湯原はダムを背景にした露天砂風呂、奥津は足踏み洗濯の風習で知られる。

主な温泉地

①湯原温泉郷（湯原・真賀・足・郷緑・下湯原）　国民保養温泉地　単純温泉

　県中北部、中国山地の中央部に近い美作三湯の一つであり、湯原温泉郷の中心でもある湯原温泉は、旭川の上流にかかる湯原ダムの真下にある。砂湯の露天風呂は西の横綱に位置する評価を受けた。近くに真賀、足、郷緑、下湯原などの温泉地が点在し、これらを含めて湯原温泉郷を形成し、1956（昭和31）年に国民保養温泉地に指定された。

江戸時代、中心集落の湯原は森藩の支配下にあり、武士、農民、町人の湯治場として賑わい、大山信仰の経路であったため往来が盛んであった。温泉浴場は貸切の「幕湯」をはじめとして、身分によって4カ所の浴場があり、その一つは村民が無料で利用できた。明治中期には通行人が増加し、宿屋や料理屋、芸妓置屋の数も増えた。1934（昭和9）年の大水害によって温泉地再興の力を失った旅館経営者は、温泉の権利を湯原村へ譲渡し、村営大浴場が建築された。

　第2次世界大戦後は観光化が進展したが、1956（昭和31）年の早い時期に国民保養温泉地の指定を受け、山間の保養地として機能してきた。湯原は旭川の渓谷沿いに旅館が並び、1995（平成7）年には宿泊施設の数は18軒になり、中心部には飲食店が集中している。湯原温泉の象徴でもある湯原ダム下の名泉砂湯をはじめ、温泉郷内や近くには湯原富士の櫃ヶ山八合目付近のブナの原生林、特別天然記念物のオオサンショウウオ生息地、民俗資料館、こまの博物館などやマス釣り場、ゴルフ場、温泉プール、運動施設なども整備されている。

交通：JR姫新線中国勝山駅、バス35分

②奥津　国民保養温泉地
単純温泉

　県中北部、吉井川が温泉地の中央を流れ、名勝奥津渓でも知られる観光温泉地であり、美作三湯の一つである。1966（昭和41）年に国民保養温泉地、1991（平成3）年には国民保健温泉地に指定された。大国主命の命を受けた少彦名命が、地方巡視をした際、温泉を発見したという。戦国時代には、石州津和野藩主の坂崎氏など、多くの人々が身体を癒した。美作藩主は奥津温泉で入湯するために別荘を建設し、現在でも御殿屋敷の地名が残されている。藩主入湯の際は浴室に鍵がかけられ、一般人の入湯を禁止したために「鍵湯」といわれた。鍵湯は上湯、村湯は下湯といわれ、奥津温泉は昔から湯治場として賑わった。

　1914（大正3）年、錦泉楼が建設されたが、当時としては珍しい近代的温泉旅館の第1号であり、収容人員は約150人、芸妓が十数人いたという。しかし、1926年に出火して、温泉街は焼失した。その後、対岸の川西共同湯が村民のために建設され、旅館が増えた。第2次世界大戦前には文人墨客が訪れ、1933（昭和8）年の夏には与謝野鉄幹、晶子夫妻が訪れ、歌

を残している。奥津温泉の3km下流の奥津渓は1932（昭和7）年に国の名勝に指定され、観光価値を高めた。1962（昭和37）年、映画「秋津温泉」で一躍有名になり、その後、道の駅奥津温泉、日帰り温泉施設花美人の里が開業し、2001（平成13）年からは温泉手形による湯めぐりが始まった。足踏み洗濯は奥津を代表するイベントに成長した。

交通：JR姫新線津山駅、バス約1時間

③湯郷（ゆのごう）　塩化物泉

県中東部、吉井川に沿って形成された温泉地で、美作三湯の一つとして知られる。平安時代初期、文殊菩薩の化身である白鷺に導かれて、円仁（滋覚大師）が発見したと伝えられる。鷺の湯共同浴場を中心に旅館が配置し、第2次世界大戦後の高度経済成長期には歓楽的色彩が強かった。現在では中国自動車道の美作インターに近く、ゴルフ場、テニスコートなども整備された温泉リゾートとして知られ、またブドウ、イチゴや栗の観光農園も分布していて、家族連れの温泉観光客が来訪している。

交通：JR姫新線林野駅、バス10分

34 広島県

地域の特性

　広島県は、南に瀬戸内海、北に中国山地と接していて、面積で全国11位、人口で12位にランクされている。製造品出荷額では鉄鋼業、自動車、重工業が全国の上位5位以内に入っており、農漁業では鶏卵が5位、養殖カキが1位（収穫量の56％）である。新広島空港の開港や山陽自動車道も開通して中国地方の物流拠点になるとともに、人々の訪問先も多種多様になっている。広島県の主な訪問地として、まずは原爆ドーム、平和記念資料館、宮島、尾道、鞆ノ浦などが挙げられよう。

◆旧国名：安芸　県花：モミジ　県鳥：アビ

温泉地の特色

　県内には宿泊施設のある温泉地が65カ所あり、25℃未満の低温泉がほとんどで、加熱して利用されている。湧出量は毎分3万3,000ℓで多く、全国23位にランクされている。年間延べ宿泊客数は86万人で全国36位である。国民保養温泉地として、中国山地の県中西部に湯来・湯の山、中東部に矢野の2地区が指定されており、それぞれ落ち着いた自然環境の下に諸施設が整備されている。

主な温泉地

①湯来・湯の山
国民保養温泉地
放射能泉

　県中西部、中国山地の山間部に位置する湯来温泉は、2005（平成17）年4月に広島市佐伯区に編入された。広島の奥座敷といわれ、静かな農山村を流れる渓流に沿って、数軒の旅館が並んでいる。1955（昭和30）年にいち早く国民保養温泉地に指定され、その後、湯の山温泉を加えた。交通はJR山陽本線五日市駅からバスが出ており、約1時間で到達する。こ

の温泉は9世紀初頭の大同年間に、白鷺が湯浴みをするのが発見されたという。戦国時代末には、戦乱を避けた真宗の安芸門徒がこの地に集まって温泉を利用し、近郊の農民も湯治でやって来た。近世期、近くの湯の山温泉は、広島藩主浅野氏の御前湯として利用されていた。明治に入り、資本家の河野氏が温泉を掘削し、温泉旅館が新築された。

　湯来温泉が発展する契機は、第2次世界大戦後の1949（昭和24）年に広島東亜興業社長の前勘一が温泉を掘削し、毎分750ℓの放射能泉を確保できたことによる。リウマチ、消化器病などによいといわれ、旅館が増加した。高度経済成長期には、広島電鉄の観光ホテルも開設されたが、現在、宿泊施設は3軒の旅館と隣接の水内川沿いにある国民宿舎1軒のみとなった。一帯には桜並木が続き、朱塗りの橋が架かった渓流に沿って和風の旅館が配置され、背後には森林が広がる自然環境には心が洗われる。初夏にはホタルが群れ飛び、カジカ蛙が鳴いて、季節感を高める。旅館は新源泉を加えて毎分1,750ℓの豊富な湯量があり、水車のある露天風呂など趣向を凝らしている。各旅館とも、特産の山の幸の「山ふぐ」（コンニャク料理）や猪鍋、鴨鍋、アユ、ヤマメ、鯉料理などを提供している。国民宿舎では、秋には松茸三昧料理を出し、広島を中心とした保養客や観光客に喜ばれている。

　湯来温泉の観光客数は、2003（平成15）年では観光客数13万人、うち国民宿舎の客は11万人でそのウエイトを高めた。しかし、宿泊客数は約4万人ほどであり、日帰り温泉地としての特性が強められている。温泉場には、素朴な半露天風呂の温泉元湯浴場があり、足湯も設置された。湯の神神社や温泉開発者の記念碑、浄土真宗本願寺派の善ески寺、馬頭観音などの観光ポイントも点在し、保養客の散策に好適である。湯来ニューツーリズム推進実行委員会は、夏休みに格安の夜神楽体験ツアーを企画し、地域活性化を図っている。温泉地周辺には、特別名勝の三段峡をはじめ、西日本有数のオートキャンプ場でスキー場も整備された広島県立もみの木森林公園があり、宮島や錦帯橋も近い。

交通：JR山陽本線五日市駅、バス70分

② 矢野　国民保養温泉地
　　　　放射能泉

　県南東部、福山と三次の中間に位置する府中市の山間の温泉地である。

この温泉地は、800年ほど前に豊成法師が諸国巡錫の折に発見したといわれる。1972(昭和47)年に国民保養温泉地に指定され、ヘルスセンターを兼ねた旅館やユースホステルも整備されている。また、春はかたくりまつり、夏のあやめまつり、秋のかかしまつりなど、イベントも多い。これらの保養客を集めるためにも温泉の安定した供給が欠かせないが、温泉ボーリングが成功して30℃の放射能泉が毎分200ℓほど自噴するようになった。

交通：JR福塩線上下駅、タクシー10分

③宮浜(みやはま)　放射能泉

　県南西部、日本三景の宮島を望む地に、1964(昭和39)年に開設された新興の温泉地である。5軒の温泉宿泊施設が集まっており、ラドン湯は湯上がり後も温かさが持続し、健康増進によいという。和風庭園の宿は落ち着いた趣がある。広島湾に浮かぶ宮島へのアクセスはよい。

交通：JR山陽本線大野浦駅、タクシー5分

④三段峡(さんだんきょう)　放射能泉

　県北西部、大田川支流の柴木川(しわき)源流部に形成された三段峡にある温泉地で、2軒の温泉宿が経営している。三段峡は1953(昭和28)年に国の特別名勝に指定され、13kmもの自然の造形が残された唯一の峡谷であるといわれる。

交通：広島バスセンター1時間20分

35 山口県

地域の特性

　山口県は、本州の最西端に位置する県であり、山陽、山陰、九州の接点でもあることから、交通の要所として発展した。幕末における萩藩の平安古地区と堀内地区には武家屋敷や土蔵が建ち並び、高杉晋作や木戸孝允などの旧宅もあって、国の重要伝統的建造物群保存地区に指定されて残されている。その他、山口県といえば、カルスト地形の秋吉台、秋芳洞、青海島や日本最古の防府天満宮、壇ノ浦で沈んだ安徳天皇の霊を祀る赤間神社、錦帯橋などの自然、文化財や史跡が多い。

◆旧国名：周防、長門　県花：ナツミカンノハナ　県鳥：ナベヅル

温泉地の特色

　県内には宿泊施設のある温泉地が55カ所あり、源泉総数は約400カ所で、25℃未満の低温泉が大半を占める。湧出量は毎分2万5,000ℓで全国30位である。年間延べ宿泊客数は185万人を数え、全国で23位にランクされる。源泉の温度は25未満が多く、非火山帯にある温泉地の特徴を示している。俵山と三丘の2地区が国民保養温泉地に指定されており、俵山は湯治や保養の客が多い温泉地、三丘は八代から鶴が飛来する温泉地として知られる。

主な温泉地

① 湯田　44万人、52位
　　　　単純温泉

　県中央部、山口市内にある山陽随一の温泉地であり、また年間延べ宿泊客数は44万人を数えていて全国42位にランクされるほどである。アルカリ性の単純温泉が毎分3,300ℓも湧いており、泉温は高温から低温までほぼ均等に分布している。有力旅館では露天風呂を中心に10カ所もの温泉浴場が設けられているほどである。湯田温泉は500年ほど前の室町時代に、

寺の和尚が傷ついた白狐が境内の池で湯浴みをしているのをみて温泉を発見し、仏堂を建てて薬師如来を祀ったといわれ、これが白狐の湯となった。源泉は非火山地域であるが活断層に貫入した70℃を超える高温泉もあり、湯田温泉発展の一要因をなしている。温泉舎では温泉の流れる様子が観察でき、中原中也記念館、国宝瑠璃光寺五重塔、秋の紅葉が美しいパークロードなど市内各地に観光対象が分布している。

交通：JR山口線湯田温泉駅

② 俵山（たわらやま）　国民保養温泉地
　　　　　　　単純温泉

　県北西部、長門市にある療養温泉地として知られ、木屋川上流の正川の浅い谷間に集落が形成されている。伝説では、916（延喜16）年に薬師如来の化身である白猿が発見したという。1688（貞享5）年、萩藩主が入湯する御茶屋が建設され、湯治場としての名声が高まった。1727（享保12）年には、1ヵ所の源泉を中心に22軒の宿があったという。1810（文化7）年には川湯（河原湯）が開かれ、2ヵ所の共同浴場と農業兼業の28軒の湯宿があった。各宿が1株ずつ湯株を所有し、この28軒が温泉地の経営を独占してきた。

　その後、旅館が増加したのは1955（昭和30）年の国民保養温泉地の指定以後である。1978（昭和53）年には旅館は44軒を数え、収容人員は1,660人となった。2004（平成16）年、旅館業者で構成する俵山温泉合名会社の外湯施設「白猿の湯」がオープンした。従来の湯治場には似合わない近代的な温泉施設であるが、新しい湯治場のあり方として注目されている。

交通：JR山陰本線長門市駅、バス40分

③ 三丘（みつお）　国民保養温泉地
　　　　　　硫黄泉

　県東南部、島田川沿いの県立自然公園内にある温泉地で、1961（昭和36）年に国民保養温泉地に指定された。1955（昭和30）年、田園地帯で鶴が傷を癒していたことから温泉が発見され、ボーリングの結果、温泉が湧出したという。三丘温泉のある周南市は特別天然記念物の八代の鶴の渡来地としても知られている。市内の黒岩峡は、散策に格好の地であり、冬季を除いて家族連れで賑わう。

交通：JR 山陽本線徳山駅、バス40分

④川棚（かわたな）　塩化物泉

　県中西端、響灘に面する歴史のある温泉地であり、1182（寿永2）年にはすでに温泉があったと伝えられる。下関から北へ25kmほどの鬼ヶ城の山麓に開けており、旅館やホテルが軒を連ねている。江戸時代には長州藩の御前湯であり、3代藩主の毛利綱元が病の治療で温泉に浸かったところ、回復したので薬師院を建立し、御殿湯や御茶屋を設けた。以後、川棚温泉は殿様の湯として保護されるとともに、浴槽も身分によって区分された。

　明治以降では、俳人の種田山頭火やフランス人ピアニストのコルトーも、川棚の風景に魅せられて地元民との交流を深めた。川棚温泉では毎年4月初旬の土・日に、800年の歴史を有する「川棚温泉まつり舞龍祭」が行われる。地震で死んだ沼の主の青龍の霊を慰めるために神前で太鼓を打ち鳴らしたところ、青龍の住んでいた場所から温泉が湧き出たそうで、これが川棚温泉の始まりと伝えられている。

交通：JR 山陰本線川棚温泉駅、バス5分

⑤湯本（ゆもと）　単純温泉

　県中北部、長門市の音信川（おとずれ）の両岸に旅館が並び、落ち着いた環境を保っている温泉地である。この温泉は室町時代の1427（応永34）年、大寧寺の定庵禅師が座禅の最中に住吉大明神のお告げで発見されたと伝えられ、史実に残っている山口県の温泉地で最も古い歴史を有する。江戸時代には藩主が湯治でたびたび訪れたが、武士階級や僧侶が入浴する「礼湯」と一般の庶民が使う「恩湯」に区分されていた。温泉街を音信川が流れ、初夏にはカジカ蛙が鳴き、源氏ボタルが舞う情緒豊かな温泉場を形成している。

交通：JR 美祢線長門湯本駅

36 徳島県

地域の特性

　徳島県は、四国の中東部を占め、淡路島を挟んで紀伊水道と播磨灘に面している。吉野川が県の西を北流して大歩危、小歩危の奇岩をつくり、県境付近で東流して紀伊水道へ流れている。中西部の祖谷地方の秘境のかずら橋が観光対象となっていて、多くの客が山奥まで訪ねてくるが、実際に峡谷に架けられたかずら橋を渡った思い出を忘れることはないであろう。
　また、鳴門海峡の渦潮も必見であり、現在は橋の上から観察できるので安心である。8月12～15日に行われる阿波おどりは、全国に知られた郷土芸能である。

◆旧国名：阿波　県花：スダチノハナ　県鳥：シラサギ

温泉地の特色

　県内には31カ所の温泉地が存在している。源泉数は86カ所であり、その3分の2は25℃未満の冷泉で、湧出量は毎分7,000ℓで全国45位である。年間延べ宿泊客数は35万人で、全国46位であり、温泉資源、温泉客の両面から温泉県であるとはいいがたい。

主な温泉地

①祖谷　硫化水素泉

　県中西部、四国山地の真っ只中にある今なお平家伝説が残る秘境の温泉地である。祖谷川が形成した急傾斜地に畑が開かれ、谷底の渓谷にかずら橋が架かっている。温泉地は1965（昭和40）年に開発された。山峡の秘湯でありながら、宿泊料金が1泊2食付きで数万円の高級旅館もある。ケーブルカーで谷底の露天風呂に入るようになっており、ユニークである。一帯は剣山国定公園に指定されており、宿泊施設が点在していて秘湯人気

の高さがうかがえる。近くの吉野川の浸食によって形成された大歩危、小歩危の渓谷美を楽しむこともできる。
交通：JR土讃線安房池田駅、バス50分

②土柱休養村(どちゅうきゅうようむら) 硫化水素泉

　県中北部、吉野川中流域に土層が柱のように群立するユニークな土柱景観が形成されており、国の天然記念物に指定されている。その地に、阿波町営休養村の日帰り温泉施設が開設された。土柱群から少し離れた山の中腹に建つ「阿波土柱の湯」には、吉野川や阿波平野を見渡せる展望大浴場がある。
交通：JR徳島線阿波山川駅、タクシー

37 香川県

地域の特性

香川県は、瀬戸内海に面して讃岐平野が広がっており、雨が少なくて水量のある河川に乏しいので、以前は灌漑用のため池が数多く分布していた。現在は香川用水が引かれており、水の不安は解消された。また、坂出と岡山県の児島半島を結ぶ瀬戸大橋が開通して交通の便がよくなり、経済や観光の発展をもたらしている。温泉地は少ないが、源平の古戦場がある屋島、高松藩主が造園した栗林公園、海運守護の金刀比羅宮、壷井栄の名作『二十四の瞳』の舞台であり、オリーブの里でもある小豆島と寒霞渓など、見所は多い。

◆旧国名：讃岐　県花：オリーブ　県鳥：ホトトギス

温泉地の特色

県内には宿泊施設のある温泉地が36カ所あり、源泉総数は192カ所であるが、湧出量は毎分1万ℓほどで、全国41位にランクされている。源泉温度は25℃未満の冷泉が94%であるが、一部に25〜42℃の温泉地もある。温泉資源に恵まれていないが、年間延べ宿泊客数は地の利を得て90万人であり、全国35位となっている。行基や弘法大師に因む塩江温泉は、国民保養温泉地に指定されて施設整備が進み、客足が伸びている。

主な温泉地

①塩江（しおのえ）
国民保養温泉地
硫黄泉、放射能泉

県中央部、高松市南部の香東川に沿っている温泉地で、1300年ほど前の奈良時代初期に僧行基が温泉を発見したといわれている。また、この地は四国にゆかりのある弘法大師が修行をした場所でもある。一帯は大滝大川県立自然公園であり、ブナの原生林が広がっているので、森林浴や6月

の源氏ボタルの乱舞を楽しみむ客が多い。2002(平成14)年には国民保養温泉地に指定され、共同湯「行基の湯」も整備された。
交通：JR予讃線高松駅、バス1時間

②こんぴら　塩化物泉

　県中西部、讃岐平野のため池景観が広がる中に琴平山があり、その中腹に海運関係の信者が多い金刀比羅宮が鎮座している。参拝には758段もの急な階段を上ることになり、高齢者などのために駕籠かきがいて助けてくれる。社殿の展望台からは古代条里制の遺構でもある規則的に区画された水田や畑が一面に広がり、数多くのため池も残されている。

　この門前町には多くの宿泊施設があるが、その経営者の1人である近兼考休は1997(平成9)年に温泉を掘削して温泉旅館とした。また、近くの旅館にも配湯して、こんぴら温泉を名乗ることになった。こうして、2000(平成12)年から毎年1月に「こんぴら温泉まつり」を開催している。また、2007(平成19)年からは琴平町当局が町有地で温泉を採掘し、温泉を供給している。
交通：JR土讃線琴平駅

38 愛媛県

地域の特性

愛媛県は、四国の北西部を占め、北は瀬戸内海、西は佐田岬半島によって豊後水道に面している。地域的に東予、中予、南予に区分されている。特産のミカンは傾斜地に植えられており、和歌山県に次いで全国2位の生産量を上げている。また、ブリの養殖では鹿児島県の5万tに次いで3万tで他県を引き離している。東予地域は四国随一の工業地域を形成しており、伊予三島の製紙、パルプ、新居浜の金属、今治のタオルなどが有名である。

◆旧国名：伊予　県花：ミカンノハナ　県鳥：コマドリ

温泉地の特色

県内には温泉地が35カ所、源泉総数が200カ所あり、源泉温度は25℃以下の低温のものが多く60％を占める。湧出量は毎分1万9,000ℓで全国32位にランクされるが、これには道後温泉に加えて東道後の温泉開発が影響している。延べ宿泊客数は133万人で全国28位であり、これも道後温泉一帯の有力な温泉資源のお陰である。県中北部、今治市の瀬戸内海に面する位置に湯ノ浦国民保養温泉地がある。公園や各種スポーツ施設が整備され、健康づくりに適した温泉地である。

主な温泉地

①道後　76万人、21位
単純温泉

県中北部、松山市の市街地北東部の標高約50mの丘陵の麓に、日本最古の歴史を有する道後温泉がある。道後は有馬、白浜（湯崎）とともに「日本三古湯」ともいわれ、温泉の歴史にその名をとどめてきた。『伊予国風土記』には、道後の温泉は豊後国別府から海底を通じて引湯しており、大

己貴命（なむちのみこと）が重病の少彦名命（すくなひこなのみこと）をこの湯に浸けたところ元気になり、近くの石の上に立ち上がったという。これが玉の石であり、道後温泉本館脇に祀られている。また、聖徳太子が596（法興6）年に僧恵慈と葛城臣を従えて来湯し、温泉の効験を得て伊佐爾波岡（道後公園）の地に温泉碑を建立した。これは我が国最古の金石文であるといわれ、「天には月日が照り、地上では温泉が湧いてあまねく人々に恩恵を与えている。極楽浄土と同じである。人々は入浴をして病を治し、温泉を囲んで椿の花が咲き誇り、鳥はさえずって地上の楽園である。この温泉を大切に守り育てることが根本精神である。」と書かれた。『日本書紀』には、舒明天皇と皇后や中大兄皇子などの温泉行幸の様子が記されており、中世には、豪族の河野氏が伊佐爾波岡に温泉館を設置し、一遍上人は1288（正応元）年に湯釜の宝珠に南無阿弥陀仏の名号を書いた。14世紀前半には、河野通盛が湯築城を築き、四国八十八箇所五十一番札所の石手寺に温泉経営を任せた。

　近世期、1631（寛永8）年に松平定行が入府して、一之湯は武士や僧侶、二之湯は婦人、三之湯はそれ以外の男子の浴槽とし、さらに温泉排水の最下流に牛馬の洗い場があった。大名が入浴するときは貸切湯とし、幕を張った。道後はたびたび大地震に見舞われて温泉が止まった。特に1854（安政元）年には、185日間も温泉が枯れたが、湯之町の町民は神に祈り、94名もの若者が道後と三津浜間2里余りを往復して、必死の「潮垢離」を124日間も続けた。幸いにも温泉が湧出し、温泉祭りの際に湯祈禱が行われる。

　明治維新後、住民は温泉浴場を国から借用し、その経営にあたった。1872（明治5）年、一之湯、二之湯、三之湯を二層楼に改め、3年後には原社を組織して愛媛県から温泉の管理と運営を任せられた。1889（明治22）年に道後湯之町が発足、伊佐庭如矢初代町長の尽力のもとに外湯が整備され、1894（明治27）年に本館（神の湯）が三層に改築された。松山中学校の英語教師として滞在し、『坊っちゃん』を世に出した夏目漱石や郷土の俳人正岡子規が入浴した。1899（明治32）年には、特別湯（霊の湯）と御召湯（又新殿：皇室専用浴室）が新設され、現在の道後温泉本館が完成した。道後温泉は長い間、湯量が少ない不利を外湯の温泉本館によって解決してきた。

　第2次世界大戦後、長い間の懸案であった各旅館の内湯化は時の流れで

あり、共同で新規に温泉を掘削して多量の単純温泉が確保された。1994（平成6）年、三層楼の道後温泉本館は温泉施設としては日本初の国の重要文化財に指定された。多くの地元民や温泉利用客の支援のもとに、日本で最高の共同浴場が今なおその威容を保ち、訪問者の心身を癒してくれる。また、市電の道後温泉駅前にからくり時計台のある観光スポットが整備されており、ボランティアのガイドもいる。温泉地に接して1000年の歴史を有する八幡造りの延喜式内伊佐爾波神社、一遍上人生誕の宝厳寺、湯釜、坊っちゃん列車や近くの聖武天皇勅願の四国霊場第51番札所の石手寺などを巡るのも楽しい。

交通：JR予讃線松山駅、バス15分

② 奥道後（おくどうご）　34万人、70位
硫黄泉

　県中北部、道後温泉から4kmほどの石手川沿いに、かつて湯山七湯とよばれていた温かい湯を活かし、150万㎡の土地に大規模な宿泊施設を核にした総合温泉レジャーランドづくりが行われ、1964（昭和39）年に奥道後温泉が誕生した。毎分3,850ℓもの大量の温泉が自噴し、その一部が各種の温泉浴場や露天風呂に利用されている。亜熱帯植物が茂り、26種類の湯船が配置された大規模なジャングル温泉、ロープウェイ、遊園地などがあり、多くの宿泊客や日帰り客が訪れる。

交通：JR予讃線松山駅、バス40分

③ 湯ノ浦（ゆのうら）　国民保養温泉地
放射能泉

　県北部、高縄半島の一角にある温泉地であり、泉温は20℃未満で低く、泉質は放射能泉である。温泉は1873（昭和48）年に開発されたが、瀬戸内海国立公園の白砂青松の海岸にも近く、保養地としての立地条件に恵まれている。その後、1989（平成元）年に18種類の浴槽、トレーニングジム、SPAコースのあるクアハウス今治が完成し、一帯にいまばり湯ノ浦ハイツ、ホテル、パークゴルフ場、総合運動公園遊歩道、展望台、ボブスレー、モノレールカーなどが整備された。1994（平成6）年に国民保養温泉地に指定され、健全な保養温泉地として発展している。

交通：JR予讃線今治駅、バス30分

④鈍川(にぶかわ)　単純温泉

　県中北部、今治市の南部にある鈍川温泉は、8世紀の奈良時代に起源をもつ歴史的温泉地である。江戸時代、今治藩主の藤堂高虎が湯治場の開設に尽力して発展した。明治以降には時代の変化に対処できずに衰退したが、1921（大正10）年に鈍川村の有志が温泉組合を設立して再生の基礎づくりをした。第2次世界大戦後、1952（昭和27）年に株式会社鈍川温泉を設立し、新規温泉の開発、交通条件の整備、旅館施設の充実などを図ってきた。1989（平成元）年に温泉を掘削して地下300ｍから多量の温泉を確保し、日帰り温泉施設「せせらぎ交流館」や温泉スタンドなどが整備された。鈍川渓谷一帯は四季折々の変化をみせ、春は山菜採り、夏はカジカの声を聞きながらの森林浴、秋の紅葉めぐり、冬は植林された杉や檜の雪化粧などを楽しみ、特産のイノブタ料理を味わえる。
交通：JR予讃線今治駅、バス35分